"思想摆渡"系列

人格与爱

——德国当代著名哲学家文集

江 璐 编译

中山大学出版社
SUN YAT-SEN UNIVERSITY PRESS

·广州·

图书在版编目（CIP）数据

人格与爱：德国当代著名哲学家文集/江璐编译. —广州：中山大学出版社，2022.9

（"思想摆渡"系列）

ISBN 978 - 7 - 306 - 07589 - 5

Ⅰ.①人… 　Ⅱ.①江… 　Ⅲ.①哲学—文集 　Ⅳ.①B - 53

中国国家版本馆 CIP 数据核字（2022）第 130853 号

出　版　人：王天琪

策划编辑：嵇春霞

责任编辑：潘惠虹

封面设计：曾　斌

责任校对：郑雪漫

责任技编：靳晓虹

出版发行：中山大学出版社

电　　话：编辑部 020 - 84110283，84113349，84111997，84110779，84110776
　　　　　发行部 020 - 84111998，84111981，84111160

地　　址：广州市新港西路 135 号

邮　　编：510275　传　　真：020 - 84036565

网　　址：http://www.zsup.com.cn　E-mail：zdcbs@ mail. sysu. edu. cn

印　刷　者：广州市友盛彩印有限公司

规　　格：787mm×1092mm　1/16　12.75 印张　222 千字

版次印次：2022 年 9 月第 1 版　2022 年 9 月第 1 次印刷

定　　价：56.00 元

"思想摆渡"系列

总　序

一条大河，两岸思想，两岸说着不同语言的思想。

一岸之思想如何摆渡至另一岸？这个问题可以细分为两个问题：第一，是谁推动了思想的摆渡？第二，思想可以不走样地摆渡过河吗？

关于第一个问题，普遍的观点是，正是译者或者社会历史的某种需要推动了思想的传播。从某种意义上说，这样的看法是有道理的。例如，某个译者的眼光和行动推动了一部译作的问世，某个历史事件、某种社会风尚促成了一批译作的问世。可是，如果我们随倪梁康先生把翻译大致做"技术类""文学类"和"思想类"的区分，那么，也许我们会同意德里达的说法，思想类翻译的动力来自思想自身的吁请"请翻我吧"，或者说"渡我吧"，因为我不该被遗忘，因为我必须继续生存，我必须重生，在另一个空间与他者邂逅。被思想召唤着甚或"胁迫"着去翻译，这是我们常常见到的译者们的表述。

至于第二个问题，现在几乎不会有人天真地做出肯定回答了，但大家对于走样在多大程度上可以容忍的观点却大相径庭。例如，有人坚持字面直译，有人提倡诠释式翻译，有人声称翻译即背叛。与这些回答相对，德里达一方面认为，翻译是必要的，也是可能的；另一方面又指出，不走样是不可能的，走样的程度会超出我们的想象，达到无法容忍的程度，以至于思想自身在吁请翻译的同时发出恳求："请不要翻我吧。"在德里达看来，每一个思想、每一个文本都是独一无二的，每一次的翻译不仅会面临另一种语言中的符号带来的新的意义链的生产和流动，更严重的是还会面临这种语言系统在总体上的规制，在意义的无法追踪的、无限的延异中思想随时都有失去自身的风险。在这个意义上，翻译成了一件既无必要也不可能的事情。

如此一来，翻译成了不可能的可能、没有必要的必要。思想的摆渡究竟要如何进行？若想回应这个难题，我们需要回到一个更基本的问题：思想是如何发生和传播的？它和语言的关系如何？让我们从现象学的视角出发对这两个问题做点思考。我们从第二个问题开始。众所周知，自古希腊哲学开始，思想和语言（当然还有存在）的同一性就已确立并得到了绝大部分思想家的坚持和贯彻。在现象学这里，初看起来，各个哲学家的观点似乎略有不同。胡塞尔把思想和语言的同一性关系转换为意义和表达的交织性关系。他在《观念Ⅰ》中就曾明确指出，表达不是某种类似于涂在物品上的油漆或像穿在它上面的一件衣服。从这里我们可以得出结论，言语的声音与意义是源初地交织在一起的。胡塞尔的这个观点一直到其晚年的《几何学的起源》中仍未改变。海德格尔则直接把思想与语言的同一性跟思与诗的同一性画上了等号。在德里达的眼里，任何把思想与语言区分开并将其中的一个置于另一个之先的做法都属于某种形式的中心主义，都必须遭到解构。在梅洛－庞蒂看来，言语不能被看作单纯思维的外壳，思维与语言的同一性定位在表达着的身体上。为什么同为现象学家，有的承认思想与语言的同一性，有的仅仅认可思想与语言的交织性呢？

这种表面上的差异其实源于思考语言的视角。当胡塞尔从日常语言的角度考察意义和表达的关系时，他看到的是思想与语言的交织性；可当他探讨纯粹逻辑句法的可能性时，他倚重的反而是作为意向性的我思维度。在海德格尔那里，思的发生来自存在的呼声或抛掷，而语言又是存在的家园。因此，思想和语言在存在论上必然具有同一性，但在非本真的生存中领会与解释却并不具有同一性，不过，它们的交织性是显而易见的，没有领会则解释无处"植根"，没有解释则领会无以"成形"。解构主义视思想和语言的交织为理所当然，但当德里达晚期把解构主义推进到"过先验论"的层面时，他自认为他的先验论比胡塞尔走得更远更彻底，在那里，思想和句法、理念和准则尚未分裂为二。在梅洛－

庞蒂的文本中，我们既可以看到失语症患者由于失去思想与言语的交织性而带来的各种症状，也可以看到在身体知觉中思想与语言的同一性发生，因为语言和对语言的意识须臾不可分离。

也许，我们可以把与思想交织在一起的语言称为普通语言，把与思想同一的语言称为"纯语言"（本雅明语）。各民族的日常语言、科学语言、非本真的生存论语言等都属于普通语言，而纯粹逻辑句法、本真的生存论语言、"过先验论"语言以及身体的表达性都属于"纯语言"。在对语言做了这样的划分之后，上述现象学家的种种分歧也就不复存在了。

现在我们可以回到第一个问题了。很明显，作为"纯语言"的语言涉及思想的发生，而作为普通语言的语言则与思想的传播密切相关。我们这里尝试从梅洛－庞蒂的身体现象学出发对思想的发生做个描述。首先需要辩护的一点是，以身体为支点探讨"纯语言"和思想的关系是合适的，因为这里的身体不是经验主义者或理性主义者眼里的身体，也不是自然科学意义上的身体，而是"现象的身体"，即经过现象学还原的且"在世界之中"的生存论身体。这样的身体在梅洛－庞蒂这里正是思想和纯粹语言生发的场所：思想在成形之前首先是某种无以名状的体验，而作为现象的身体以某种生存论的变化体验着这种体验；词语在对事件命名之前首先需要作用于我的现象身体。例如，一方面是颈背部的某种僵硬感，另一方面是"硬"的语音动作，这个动作实现了对"僵硬"的体验结构并引起了身体上的某种生存论的变化；又如，我的身体突然产生出一种难以形容的感觉，似乎有一条道路在身体中被开辟出来，一种震耳欲聋的感觉沿着这条道路侵入身体之中并在一种深红色的光环中扑面而来，这时，我的口腔不由自主地变成球形，做出"rot"（德文，"红的"的意思）的发音动作。显然，在思想的发生阶段，体验的原始形态和思想的最初命名在现象的身体中是同一个过程，就是说，思想与语言是同一的。

在思想的传播阶段，一个民族的思想与该民族特有的语音和文字系统始终是交织在一起的。思想立于体验之上，每个体验总是连着其他体验。至于同样的一些体验，为什么对于某些民族来说它们总是聚合在一起，而对于另一些民族来说彼此却又互不相干，其答案可能隐藏在一个民族的生存论境况中。我们知道，每个民族都有自己的生活世界。一个民族带有共性的体验必定受制于特定的地理环境系统和社会历史状况并因此而形成特定的体验簇，这些体验簇在口腔的不由自主的发音动作中发出该民族的语音之后表现在普通语言上就是某些声音或文字总是以联想的方式成群结队地出现。换言之，与体验簇相对的是语音簇和词语簇。这就为思想的翻译或摆渡带来了挑战：如何在一个民族的词语簇中为处于另外一个民族的词语簇中的某个词语找到合适的对应者？

这看起来是不可能完成的任务，每个民族都有自己独特的风土人情和社会历史传统，一个词语在一个民族中所引发的体验和联想在另一个民族中如何可能完全对应？就连本雅明也说，即使同样是面包，德文的"Brot"（面包）与法文的"pain"（面包）在形状、大小、口味方面给人带来的体验和引发的联想也是不同的。日常词汇的翻译尚且如此，更不用说那些描述细腻、表述严谨的思考了。可是，在现实中，翻译的任务似乎已经完成，不同民族长期以来成功的交流和沟通反复地证明了这一点。其中的理由也许可以从胡塞尔的生活世界理论中得到说明。每个民族都有自己的生活世界，这个世界是主观的、独特的。可是，尽管如此，不同的生活世界还是具有相同的结构的。也许我们可以这样回答本雅明的担忧，虽然"Brot"和"pain"不是一回事，但是，由面粉发酵并经烘焙的可充饥之物是它们的共同特征。在结构性的意义上，我们可以允许用这两个词彼此作为对方的对等词。

可这就是我们所谓的翻译吗？思想的摆渡可以无视体验簇和词语簇的差异而进行吗？仅仅从共同的特征、功能和结构出发充其量只是一种"技术的翻译"；"思想的翻译"，当然也包括"文学的翻译"，必须最大限度地把一门语言中的体验簇和词语簇带进另一门语言。如何做到这一点呢？把思想的发生和向另一门语言的摆渡这两个过程联系起来看，也许可以给我们提供新的思路。

在思想的发生过程中，思想与语言是同一的。在这里，体验和体验簇汇聚为梅洛－庞蒂意义上的节点，节点表现为德里达意义上的"先验的声音"或海德格尔所谓的"缄默的呼声"。这样的声音或呼声通过某一群人的身体表达出来，便形成这一民族的语言。这个语言包含着这一民族的诗－史－思，这个民族的某位天才的诗人－史学家－思想家用自己独特的言语文字创造性地将其再现出来，一部伟大的作品便成型了。接下来的翻译过程其实是上面思想发生进程的逆过程。译者首先面对的是作品的语言，他需要将作者独具特色的语言含义和作品风格摆渡至自己的话语系统中。译者的言语文字依托的是另一个民族的语言系统，而这个语言系统可以回溯至该民族的生存论境况，即该民族的体验和体验簇以及词语和词语簇。译者的任务不仅是要保留原作的风格、给出功能或结构上的对应词，更重要的是要找出具有相同或类似体验或体验簇的词语或词语簇。

译者的最后的任务是困难的，看似无法完成的，因为每个民族的社会历史处境和生存论境况都不尽相同，他们的体验簇和词语簇有可能交叉，但绝不可能完全一致，如何能找到准确的翻译同时涵盖两个语言相异的民族的相关的体验簇？可是，这个任务，用德里达的词来说，又是绝对"必要的"，因为翻译正是要通过对那个最合适的词语的寻找再造原作的体验，以便生成我们自己的体验，并以此为基础，扩展、扭转我们的体验或体验簇且最终固定在某个词语或词语簇上。

寻找最合适的表达，或者说寻找"最确当的翻译"（德里达语），是译者孜孜以求的理想。这个理想注定是无法完全实现的。德里达曾借用《威尼斯商人》中的情节，把"最确当的翻译"比喻为安东尼奥和夏洛克之间的契约遵守难题：如何可以割下一磅肉而不流下一滴血？与此类似，如何可以找到"最确当的"词语或词语簇而不扰动相应的体验或体验簇？也许，最终我们需要求助于鲍西亚式的慈悲和宽容。

"'思想摆渡'系列"正是基于上述思考的尝试，译者们也是带着"确当性"的理想来对待哲学的翻译的。我想强调的是：一方面，思想召唤着我们去翻译，译者的使命教导我们寻找最确当的词语或词语簇，最大限度地再造原作的体验或体验簇，但这是一个无止境的过程，我们的缺点和错误在所难免，因此，我们在这里诚恳地欢迎任何形式的批评；另一方面，思想的摆渡是一项极为艰难的事业，也请读者诸君对我们的努力给予慈悲和宽容。

方向红
2020 年 8 月 14 日于中山大学锡昌堂

本书的出版获教育部人文社会科学研究青年基金项目"人格、自由和尊严：'Persona'概念在中世纪的发展"（项目号：16YJC720009）的资助

序　言

　　本译文集收录了当代德国著名哲学家的论文共 7 篇，均译自德语原文，且除了汉斯·莱纳·塞普（Hans Reiner Sepp）[①] 和奥拓·珀格勒（Otto Pöggeler）的论文之外，其他所有论文都是国内首次翻译和出版。论文选题主要围绕着人格、自我、自我与他者、自我与虚无、人格与爱、人格与自然展开，彰显出哲学角度下人格在生活世界和历史中的多重维度。译文集选取了两篇德国宗教哲学家伯恩哈德·维尔特（Bernhard Welte）的论文，一篇是《人格的概念》，另一篇是《共在与超越》，均选自德国弗莱堡维尔特协会编辑的《维尔特文集》（*Gesammelte Werke*）中的第一卷《人格》（*Person*），如编者贝尔哈德·卡斯帕（Bernhard Casper）[②] 所述，此卷是对人之存在的基本形式，如人格存在（Personsein）、自由（Freiheit）与历史性（Geschichtlichkeit）的哲学思索[③]。译文中保留了原文的页码，以便懂德语的读者对照[④]。

　　维尔特的重要性在于他将哲学史中的经院学传统与现代欧陆哲学加以融合。他对卡尔·雅斯贝尔斯（Karl Jaspers）等现代德国哲学家有着深入的研究，并且是马丁·海德格尔（Martin Heidegger）在弗莱堡大学开讲座时的忠实听众和朋友。两人的母亲彼此相识，海德格尔在 1976 年 1 月，也就是在他去世前不久，还特意邀请维尔特到家中面谈。按照麦克格拉斯（S. J. McGrath）的说法，维尔特创立了一个后海德格尔的现象学（post-Heideggerian phenomenology）流派，此流派将海德格尔诠释为一个把真正

[①]　汉斯·莱纳·塞普（Hans Reiner Sepp）：1954 年出生，现任布拉格查尔斯大学哲学系教授。

[②]　德国哲学家，弗莱堡大学的教授。

[③]　Bernhard Welte. *Person*, eingeführt und bearbeitet von Stephanie Bohlen（ = Gesammelte Schriften, Bd. 1）, Freiburg i. Br.：Herder, 2006, S. 11.

[④]　正文中【　】内的数字表示原文页码。——译者注

的有神论从本体论神学（*onto-theology*）的禁锢中解放出来的思想家。① 海德格尔与维尔特的通信集于 2003 年在德国的克莱特 – 珂塔（Klett-Cotta）出版社得以出版。该通信集一共收录了两个人从 1945—1976 年的 33 封信。维尔特关于人格的理论受到了生存主义哲学、马丁·布伯（Martih Buber）对话性诠释学的影响。可以说，他对人在世界中的具体生存状态的分析，使用了现代的西方哲学重新诠释西方的传统。

维尔特与海德格尔一样，出生在德国西南部的小镇梅斯基希（Meßkirche）。维尔特是一位律师的儿子，1938 年在弗莱堡大学神学系的信理史专业获得博士学位，1946 年在该大学获得教授资格。他的教授资格论文题目为《雅斯贝尔斯的哲学信仰以及对其以托马斯主义哲学加以诠释的可能性》（"Der philos. Glaube bei Karl Jaspers u. d. Möglichkeit seiner Deutung durch d. thomistische Philosophie"）。1952 年，维尔特成为弗莱堡大学负责"神学与其他学科交叉领域"的正职教授。1954 年，这个席位的名称被改为"基督教宗教哲学"（"christliche Religionsphilosophie"）。1955—1956 年，维尔特担任弗莱堡大学校长。1983 年 9 月 6 日，维尔特去世。2006—2011 年，在位于弗莱堡大学的维尔特协会的努力下，他的著作陆续得到编辑出版，共五部书，合计十五册。按维尔特的学生波鸿（Bochum）和弗莱堡大学神学教授克劳斯·赫美勒（Klaus Hemmerle）的划分，可以把维尔特的作品分成为七类：①灵修类的作品；②关于人基本现象的思索，把这些看作奥秘在我们世界中的痕迹；③对伟大思想家和思路的诠释；④对托马斯·阿奎那（Thomas Aquinas）基本思想的现代诠释；⑤与海德格尔思想的对话；⑥关于信仰和理解间根本问题的思考；⑦神学诠释学的作品。②

本译文集中所选取的两篇论文属于第二类作品。《人格的概念》（"Zum Begriff der Person"）在 1966 年首次发表于《关于人的询问——哲

---

① Sean J. McGrath, *The Early Heidegger and Medieval Philosophy*：*Phenomenology for the Godforsaken*, Washington D. C. ：Catholic University Press, 2006, p. 19。

② Hemmerle Klaus, " Art. Welte, Bernhard, Religionsphilosoph und Theologe," in *Baden-Württembergische Biographien*, hg. im Auftrag der Kommission für geschichtliche Landeskunde in Baden-Württemberg von Bernd Ottnad, Bd. I, Stuttgart：Kohlhammer, 1994, SS. 378 – 380.

学人学概论：马克斯·穆勒六十岁纪念文集》（*Die Frage nach dem Menschen. Aufriß einer philosophischen Anthropologie. Festschrift für Max Müller zum 60. Geburtstag*）。另一篇《共处与超越》（"Miteinandersein und Transzendenz"）则在 1963 年首次发表于《个体与共同体》（*Der Einzelne und die Gemeinschaft. Vorträge von Arnold Bergsträsser u. a.* ）一书中。在这两篇文章中，都可以见到海德格尔的影响。在第一篇文章中，维尔特对德语中的动词"greifen"（把握、掌控）以及与其相对应的名词形式"Griff"进行了多重的展开，他谈到了"Zugriff"（操纵）与"Ausgriff"（向外伸展）【143】之间的区分："zugreifen"或"Zugriff"指的是朝向某一个已经被给予的东西，抓住它，使用它的一个动作，此物是被对象化、工具化了的；与此不同，"ausgreifen"或"Ausgriff"所代表的是一种走出自我向外延伸的动作，它指向一个超越性的他者，并且在自我与他者之间的场域与其相会，而这恰恰是人格所处的场域。因而，人格性的概念，即人格性之"Begriff"，其根本性的内涵，是一种呼唤与回应的交互间关系。维尔特对人格的这种诠释，受到了马丁·布伯（Martin Buber）的超验对话性人格主义的影响，类似的思想在列维纳斯那里也可以找到。而对"greifen"的语义蕴含加以哲学性的展开，这是来自海德格尔的方法。海德格尔的影响在此文集中维尔特的另一篇论文中则更加明显。"Miteinandersein"（共处，陈嘉映与王庆节先生译为"共处存在"）是海德格尔在 1924 年夏季学期他的讲稿《亚里士多德哲学的基本概念》（"Grundbegriffe deraristotelischen philosoplie"）中所讨论到的核心概念之一，而"Transzendenz"（超越）则是海德格尔 1927 年在《存在与时间》（*Sein und Zeit*）中赋予"Dasein"（此在存在）的一个基本结构，他延续胡塞尔的术语，将此书称为一部"超越论现象学"的著作。如他在其中写道："存在地地道道是 transcendent［超越者］。此在存在的超越性是一种与众不同的超越性，因为最彻底的个体化的可能性与必然性就在此在存在的超越性之中。"① 而海德格尔所指的此在存在，也就是人在世界中的具有历史性的具体存在，即在

---

① 海德格尔：《存在与时间》，陈嘉映、王庆节译，商务印书馆 2015 年版，第 48 页。

威廉·狄尔泰（Wilhelm Dilthey）那里就已经提到过的人格的具体存在。海德格尔写道，"人格不是物，不是实体，不是对象"。① 他同时指出，人格主义与生命哲学却尚未能够找到一个充分的人类学之存在论基础，生存论所要做的对此在的阐释需要揭示的是人之"在世界之中的存在"（In-der-Welt-sein），此在的这个基本建构就已经包含了超越性，因为人是必须要与世界打交道的，他必然要超越自身，打破传统的主体性哲学的禁锢。就如同德莫特·莫兰（Dermot Moran）所指出的那样，超越的概念提供了一条不以主体性出发来思索人之此在的新思路。② 显然，维尔特的《共处与超越》是对海德格尔生存哲学分析方法的具体运用。

本译文集所收录的另一篇有关人格的文章是德国现象学家塞普的《戴着面具的自我：人格的家园现象学》（"Das Maskierte Selbst-Zu einer oikologischen Phänomenologie der Person，2010"），首次发表在会议论文集《现代现象学的新概念——发生学方法和跨学科的问题》（New Concepts in Modern Phenomenology. Genetic Method and Interdisciplinary Problems）中。此论文的译文以《人格——戴着面具的自我》为题发表在张任之编的塞普文集《现象学与家园学：塞普现象学研究文选》（商务印书馆，2019 年，第 271 ~ 290 页）中，也在《广西大学学报（哲学社会科学版）》（2019 年第 1 期，第 32 ~ 40 页）中发表过。本译文集所收录的版本为在这两个版本基础上的修订版，最重要的修改在于将"oikos"统一翻译为"家园"，以便与当下国内由朱刚教授和孙尚扬教授领头的关于家园的讨论接轨。当下现象学界中也有专门的"家园学"研究。塞普将古希腊戏剧的几个基本环节作为基本模式，并以剧院为比喻，展现出人格在空间中的具体展开形态。

与现象学传统相关联的还有德国学者诺伯特·哈特曼（Norbert Hartmann）的论文《爱的秩序》（"Ordo Amoris"）。虽然此文副标题指出，这是一篇关于圣·奥勒留·奥古斯丁（Saint Aurelius Augustinus）对伦理的

---

① 海德格尔：《存在与时间》，陈嘉映、王庆节译，商务印书馆 2015 年版，第 65 页。

② Dermot Moran, "What Does Heidegger Mean by the Transcendence of Dasein?", *International Journal of Philosophical Studies* 22, no. 4（2014）, p. 494.

本质规定的研究论文，但作者却是在舍勒哲学的启发下撰写这篇文章的，是马克斯·舍勒（Max Scheler）重新拾起了奥古斯丁的"爱的秩序"（ordo amoris）的概念，并借此建构了他自己的价值伦理学。其中，他在《爱的秩序》中讨论了人格、自由和个体。他的这篇分成两部分发表的长文①也是一个利用现代哲学来诠释和复兴古代哲学思想的一个典型范例。

　　本译文集也收录了德国当代著名哲学家罗伯特·施佩曼先生（Robert Spaemann）关于自我、人格与秩序的两篇论文，即《"我思，我在"中的"我在"》（"Das 'sum' im 'Cogito sum'"），始发于《哲学研究期刊》（*Zeitschrift für Philosophische Forschung*），以及《自然目的与行动》（"Naturteleologie and Handlung"），始发于《哲学研究期刊》（*Zeitschrift für philosophische Forschung*），为赫尔曼·柯林斯（Hermann Krings）65 周岁纪念论文。此文初稿是施佩曼先生于 1977 年 11 月 12 日在汉诺威举办的第三届莱布尼兹国际会议上所做的演讲。施佩曼先生是当代德国最具有影响力的哲学家之一，他的文章与专著早已被翻译为英文在国际上广为传播，例如他影响深远的著作《人格——就"某物"与"某人"之间的区分的探讨》（*Personen：Versuch über den Unterschied zwischen 〈as〉 und 〈jemand〉*），2006 年被译成英文在牛津大学出版社出版；《道德基本概念》（*Moralische Grundbegriffe*）是他在巴伐利亚电台做的一个通识讲座系列讲稿的汇编，此书在 1989 年被译成英文（*Basic Moral Concepts*），由劳特利奇出版社（Routledge）出版，在 2007 年又被译成中文由上海译文出版社出版。由于施佩曼先生的重要影响，德国雷克拉姆出版社（Reclam）在 1994 年将他的几篇最重要的论文结集出版，其中包含了《自然目的与行动》。在德国学习过哲学的朋友应该知道，雷克拉姆出版社是专门服务于哲学教学的出版社，它出版供学生使用的哲学原著和针对哲学专业学生的哲学参考书，如果哪一位哲学家的作品由此出版社编辑出版的话，那就说明他已经被哲学界视为一名重要的哲学家、思想家，他的论文不仅是学院里的研究型论文，而且可以作为哲学经典原著流传于世。《自然目的与行

---

① 发表于期刊《科学与智慧》（*Wissenschaft und Weisheit*）1955 年第 18 卷，第 1 – 23 页（第一部分），第 108 – 121 页（第二部分）。

动》在 1991 年还被翻译为西班牙文发表在期刊《哲学年鉴》（*Anuario Filoso'fico*）1994 年第 7 卷第 1 期中。这里的译文是从德语原文中翻译出来的中文首译版本。

在出版社的介绍中，施佩曼会经常被视为"里德学派"的重要代表人物。然而他的生活经历和思想远远超过了这个定义。他于 1952 年在德国明斯特大学博士毕业，在德国学术出版社科尔哈姆出版社（Kohlhammer）担任过 4 年的编辑，随后他进入学术界，在明斯特大学任教，1962 年获得教授资格证书，他的教授资格论文是关于法国哲学家弗兰斯瓦·费奈隆（Francois Fénelon）的。1963 年，施佩曼在克莱特·珂塔出版社（Klett-Cotta）出版了关于费奈隆的专著《反思与自发性——费奈隆研究》（*Reflexion und Spontaneität. Studien über Fénelon*）。实际上，他在早期的学院研究工作中讨论最多的是法国哲学。1953 年，他出版了关于法国 18 世纪思想家德·博纳尔（L. G. A. de Bonald）的专著《发自复辟精神的社会学源头：博纳尔研究》（*Der Ursprung der Soziologie aus dem Geist der Restauration. Studien über L. G. A. de Bonald*）。1980 年，他在皮沛出版社（Piper）出版了关于卢梭的专著《卢梭——没有祖国的公民：从城邦到自然》（*Rousseau-Bürger ohne Vaterland. Von der Polis zur Natur*）。施佩曼在明斯特大学任助理科研员的时候，就已经是约阿希姆·里德（Joachim Ritter）所主持的"Collegium Philosophicum"哲学小组成员。而施佩曼与赫尔曼·吕贝（Hermann Lübbe）、奥多·马奎德（Odo Marquard）均为从里德学派中成长出来的影响了德国哲学界和德国知识界，甚至整个德国社会好几代人的哲学家、思想家。此小组于 1947 年成立，可以说奠定了"二战"之后联邦德国的哲学研究基础。里德本人是恩斯特·卡西尔（Ernst Cassirer）的学生，他在后者的指导下，在汉堡大学完成了关于尼古拉斯·库萨（Nikdausvon Kues）的博士学位论文。里德延续了黑格尔的传统，他思想中最为核心的是对亚里士多德自然法的继承和发展，他结集出版的论文集《形而上学与政治——亚里士多德和黑格尔研究》（*Metaphysik und Politik. Studien zu Aristoteles and Hegel*）中题为《亚里士多德的自然法》["Naturrecht bei Aristoteles"，1962 年首发于《哲学研究》（*Les Etudes Phi-*

losophiques）第 17 期，第 566 – 566 页〕的一篇文章几乎影响了里德学派的所有成员，此影响也体现为收录在本译文集中的施佩曼的《自然目的与行动》中。① 然而，如施佩曼的学生，现德国艾希施泰德大学哲学教授瓦尔特·施瓦尔德勒（Walfer Schweidler）所评价的那样，施佩曼是"里德学派成员中从里德思想出发，最大程度地超出里德的思想与黑格尔的局限性的人"。② 他将亚里士多德形而上学中的目的论作为伦理和政治的基础，近年来的英美学界中，爱德华·费泽（Edward Feser）和大卫·奥登堡（David Oderberg）采取了类似的立场。施佩曼的目的论思想不仅受到了亚里士多德的启发，同时也受康德（Kant）、莱布尼兹（Leibniz）等哲学家，以及德国观念论、现象学等流派的影响。目的论有着一个超越自身的指向，而这个指向同时又建基在本身就已经拥有的可能性之上，对亚里士多德目的因的这个维度的挖掘，使得施佩曼得以将古希腊的目的论概念与现代哲学的意向性概念结合在一起。而正是因为自然中万物拥有一个基础在目的因上的超越性，它们与人格有着相似的本体论的基本结构。③《自然目的与行动》这篇撰写于作者就任慕尼黑大学讲席教授期间的论文可以说是对这一思想的详细展开说明和论证。施佩曼最先是在斯图加特科技大学（Techuische Universitat Stuttgart）获得哲学教授席位，直到 1968 年调任至海德堡大学担任哲学教授，1973 年到慕尼黑大学任哲学教授，1992 年荣休。

本译文集所收录的另一篇文章《"我思，我在"中的"我在"》（"Das 'Sun' in ' Cogito sum'"）同样出自施佩曼的慕尼黑任教阶段。此文后来被翻译为英文，收录在 2015 年牛津大学出版社出版的《施佩曼选集》（*A Robert Spaemann Reader：Philosophical Essays on Nature，God，and the Human Person*）中。这篇论文给予勒内·笛卡尔（René Péscartes）的"我思"一个从

---

① 参见瓦尔特·施瓦尔德勒（Walfer Schweidler）《形而上学与政治：当前哲学讨论中的"里德学派"（Ritter Schule）》，贺念译，载《清华西方哲学研究》2017 年第 3 卷第 2 期，第 493 页。

② 瓦尔特·施瓦尔德勒（Walfer Schweidler）：《形而上学与政治：当前哲学讨论中的"里德学派"（Ritter Schule）》，贺念译，载《清华西方哲学研究》2017 年第 3 卷第 2 期，第 498 页。

③ Anselm Ramelow, "Teleology and Transcendence：The Thought of Robert Spaemann," *Communio* 45（Fall 2018），pp. 569 – 573。

多重现代哲学思潮出发的新颖的解读，笛卡尔的思考者的"我"在施佩曼的眼中并不是如同康德诠释下被实体化了的一个对象，而是一个具有超越性结构的人格，它朝向一个绝对的"他者"开放。此解读实际上也与笛卡尔之《第一哲学沉思集》（*Meditationes do Prima Philosophia*）的论证相融洽：笛卡尔在第三个沉思中引入了作为他者的"上帝"的概念。施佩曼想要指出的是，在"我思"中本身就含有了一个超越的维度，恰恰是此维度使得后来的极端怀疑成为可能。真正的确定性并不止步于"我思，我在"的这个发现上，而是在于意识到"我在"的对象性和有限性，而此对象性和有限性是因为"我思"中一个面向无限他者的超越性才成为可能的。因而，"存在"并非最为根本的概念，它实际上是一种衍生的概念。这个思想与马里翁对存在论的批评不谋而合。这或许也是为何后来施佩曼的学生施瓦尔德勒与马里翁有着密切合作的原因之一。

当然，本译文集选译的这两篇论文还并不足以覆盖施佩曼思想的丰富性和深度，但希望它们能够引起读者进一步研读施佩曼论著的兴趣。施佩曼的哲学思想也映照了他不同寻常的一生。施佩曼先生的父亲——海恩里希·施佩曼（Heinrich Spaemann）就是一位非同寻常的知识分子。20 世纪20 年代，他曾经担任《社会主义月刊》（*Sozialistischen Monatshefte*）文化栏目的编辑，与著名的马克思主义哲学家恩斯特·布洛赫（Ernst Bloch）共事，此期刊由社会主义者约瑟夫·布洛赫（Joseph Bloch）于 1895 年创刊。这样的工作氛围充满了先锋艺术气息，在表现主义版画家凯特·柯勒惠支（Käthe Kollwitz）的介绍下，海恩里希·施佩曼结识到了他未来的妻子——舞蹈家露丝·克莱默（Ruth Krämer）。由于各种变故，其中有露丝·克莱默个人健康的原因，也随着纳粹党的出现和上台，海恩里希·施佩曼夫妇进入了天主教的圈子。1936 年，露丝·克莱默因病早逝，海恩里希·施佩曼在以勇敢反抗纳粹而闻名于世的明斯特主教克莱门斯·奥古斯特·冯·加伦（Clemens August Graf von Galen）伯爵的祝圣下成为明斯特教区的一名神父。冯·加伦被誉为"明斯特之雄狮"（der Löwe von Münster），因为他能够勇敢地站出来公开反对纳粹的非人道行径，特别是纳粹在推行极端的种族主义优生法的时候对智障人士的灭绝政策。在这样的氛围下长大的罗伯特·施佩曼从小就是一名反纳粹人士，他在学生时代曾在黑板上画了一幅讽刺希特勒的漫画，当时盖世太保都介入了，幸运的是没有查出作者是谁。由于其父早年接触了大量社会主义、共产主义思想，施佩曼也积极阅读过马克思和列宁的论著。他曾经前往东柏林，在社会统一党（Sozialistische Eihheitspartei Deutschlands，SED）那里参加过活动，并在20世纪50年代积极反对联邦德国军队升级到核武器装备而被人视作"左派"。虽然这一段经历并没有使他成为一名马克思主义者，但是他对生态、环保、人民的具体关切与马克思主义中的诸关切相同且是可以交流和达成对话的。①

施佩曼对18世纪法国思想的研究是他对学术界的卓越贡献，他对目的论的重新诠释奠定了他在现代德国哲学界、思想界中的独特地位，可以说，目的论和超越是两个始终贯穿了他的主要哲学作品的关键词。在他1989年的著作《幸福和仁爱——伦理学尝试》（*Glück und Wohlwollen. Versuch über Ethik*）中，他揭示了亚里士多德伦理学中作为人生完美的终极目的——"幸福"（eudaimonia）与康德实践哲学中出于义务的仁爱（Wohlwollen）之间的逻辑关联，他所要做的并不是想要在两者间达成一种综合，而是以人的具体生存体验为出发点，以现象学的方式来对这两者间的关系进行描绘。与此同时，他克服了近现代哲学中出现的道德与意志之间的二分，所要做的是真正地理解实在是什么。在实在的层面上，仁爱先于义务，因为，对他者人格的体验才是最根本和最具有范式性的对实在的体验，这种超越的概念也是列维纳斯思想的核心内容，而后者还仍然在预设一个现代的"存在"的观念。与其不同，施佩曼不再迷信现代人将存在简化为科学探索之对象的做法。因而，施佩曼反对的是现代哲学中将本体论与伦理学分离开来讨论的习惯。他重新树立起一个尊重自然目的的伦理学，其中，生命为存在之范式。本体论与伦理学虽然在范畴上相互区分，但是伦理学并不脱离本体论，原因是两者都具有同一个源头，也就是

---

①　施佩曼的生平参见汉斯·约阿斯（Hans Joas）、罗伯特·施佩曼（Robert Spaemann），《在迷雾中祈祷：信仰是否有未来》（*Beten bei Nebel. Hat der Glaube eine Zukunft？*），Volker Resing 编，Freiburg：Herder，2018，pp. 7 - 24。

说，两者都是在同一个将存在作为自我存在（Selbstsein）的直观活动中得以构建的。因而，伦理学并非作为第一哲学先于本体论，而是与后者相互依赖的。从而，实体性与主体性并非相互分离，而是相辅相成的。它们都建基在对一个人格性他者以及其实在的体验中，此实在为自我存在，这并非一种反思性的存在，而是与其本性相关的存在。任何自我关系都需要建基在一个本性之上。施佩曼的自我存在是一个对存在更为根本的理解。而本性也是目的论的基础和出发点，是本性中被给予了的目的论导向构建了伦理中的规范性，同时它也是一切存在之首要活动的指向，唯独目的因才能给予存在其可理喻性。①

施佩曼在荣休之后更多地参与了关于现实问题的讨论。2001 年，他出版了《界限——论行动之伦理维度》（*Grenzen. Zur ethischen Dimension des Handelns*）。2011 年，在福岛核电站事故之后，他出版了《在我们以后就是核熔毁——核时代的傲慢》（*Nach uns die Kernschmelze. Hybris im atomaren Zeitalter*）。2010 年起，克莱特·珂塔出版社开始陆续出版施佩曼的作品全集。关于施佩曼先生的思想和著作，至今很多已经以专题会议论文、研究专著和期刊论文的形式发表，他不愧为我们这个时代最重要的思想家之一。施佩曼于 2018 年 12 月 10 日辞世，德国的各大报刊都发文缅怀他一生的贡献与成就。施佩曼先生不仅在哲学作品中讨论了美和艺术创作，也将其艺术天赋传给了下一代，他的女儿成为著名的音乐家，他的外孙女是一位多次获得大奖的大提琴演奏家。施佩曼先生的儿子是一位心理医生，他的从业准则、方法和思路也受到了其父伦理学的影响。

本译文集收录了一组论文，包括奥拓·帕格勒和吕迪格尔·布伯纳（Rüdiger Bubner）的两篇关于黑格尔的论文。与其他的几篇论文相比，这两篇论文的学院气息更浓，看似为黑格尔哲学的诠释性论文。帕格勒的《黑格尔和虚无主义讨论之开端》（"Hegel und die Anfänge der Nihilismusdiskussion"）原载于《人与世界》（*Man and World*）第 3 卷，第 3—4 期（1970 年），第 163—199 页，中译文已在刘森林等编的《虚无主义：本质

---

① 就《幸福与仁爱》的哲学蕴含参见 Holger Zaborowski, "Review Article: Happiness and Benevolence, by Robert Spaemann," *Studies in Christian Ethics* 14, no. 2 (2001), pp. 112–115。

与发生》（华东师范大学出版社，2020 年，第 63—103 页）中发表，在这里略有修订。1949 年起，帕格勒曾经在波恩大学与尤尔根·哈贝马斯（Jüvgen Habermas）、卡尔·阿佩尔（Karl Apel）、哈曼·施密兹（Herman Schmitz）等人一同学习哲学。最早通过奥斯卡·贝克（Oskar Becker）的讲座，他结识了早期海德格尔的作品，但后来通过德语文学研究者约翰内斯·霍夫迈斯特（Johannes Hofmeister）的课程，他将研究的主要注意力转向了早期浪漫派与德国观念论。1966 年，他在海德堡大学以题为《青年黑格尔的作品和关于精神现象学的观念》（"Hegels Jugendschriften und die Idee einer Phänomenologie des Geistes"）的论文获得教授授课资格，他的指导教授是汉斯－格奥尔格·伽达默尔（Hans-Georg Gadamer）。1969 年，黑格尔档案馆从波恩迁移到波鸿，帕格勒成为档案馆的负责人。帕格勒与海德格尔从 1952 年开始，一直延续到 1972 年的对话使他获得了对海德格尔作品的深刻洞见，帮助他成为一位卓越的海德格尔研究者。1963 年，帕格勒出版了《马丁·海德格尔的思想历程》（*Der Denkweg Martin Heideggers*）。1978 年，他当选为现象学协会主席，直到 1983 年卸任。[①] 他结识的另一位重要的思想家是诗人保罗·策兰（Paul Celan）。1986 年，帕格勒出版了策兰诗歌的诠释《言语的痕迹》（*Die Spur des Worts*）。1994 年，帕格勒荣休后仍然不知疲倦地持续讲学和从事研究工作。

本译文集选出的论文《黑格尔和虚无主义讨论之开端》，表明帕格勒在思想史上追寻了现代性虚无主义问题的根源。他同时也从用语上追寻了"虚无主义"（Nihilismus）的最早使用情况，这一点在他发表此论文的 5 年后，即 1975 年在《概念史档案》（*Archiv für Begriffsgeschichte*）中发表的《"虚无主义者"与"虚无主义"》（"'Nihilist' und 'Nihilimus'"）有着更为详尽的阐述。可以说，自康德以降，哲学家们就面对着各种"虚无主义"的指责，在弗里德里希·海因里希·雅格比（Friedrich Heinrich Jacobi）看来，先验哲学中的知识回溯到有限的主体性而陷入了虚无主义，德国观念论者都曾努力地去克服虚无主义，克服有限与无限之间的鸿沟。帕

---

① Christoph Jammer, "Otto Pöggeler † (12. 12. 1928 – 10. 12. 2014)," in *Phänomenologische Forschungen* 2014, pp. 5 – 7.

格勒指出，黑格尔让绝对者在"无"（Nichts）中展现，通过他的"自由的体系"来实现一种不需要跳跃的到绝对者的过渡。帕格勒将虚无主义的讨论视为一个对哲学本身来说具有决定性意义的主题。从而也可以看出他在一篇学院派论文背后的现实关切：哲学最终是关于具有主体性的人与现实之间的关系，而这种关系由于现代性的出现变得充满了张力，思想史上试图调和的诸多尝试实际上也映照了人在历史发展中的具体处境，而此处境恰恰对于当代的我们是具有现实意义的。

本译文集选取的另一篇有关黑格尔的文章是布伯纳的《黑格尔现象学之问题史及系统性意义》（"Problemgeschichte und systematischer Sinn einer Phänomenologie"），此文于 1969 年发表在《黑格尔研究》（*Hegel-Studien*）中。当时，布伯纳在海德堡大学哲学系担任伽达默尔的助理研究员。布伯纳曾在图宾根大学、海德堡大学、牛津大学学习哲学。1964 年，仅 24 岁的他就在伽达默尔和哈贝马斯的指导下以一部关于萨特的论文获得了博士学位。布伯纳是德国哲学家中少有的跨越了两个德国现代哲学主要流派的人物。一方面，他延续了诠释学的传统，20 世纪 60 年代，德国哲学学界注重的是细致的文本研习和对经典文献的信任。布伯纳在海德堡的诠释学阶段中所养成的文献阅读习惯伴随了他的一生，他以同样的态度面对当时激烈的社会变革。因此，他也在法兰克福与他的老师哈贝马斯有交锋，以至于哈贝马斯给他赋予了一个"新亚里士多德主义者"的外号。[①] 而另一方面，他与法兰克福学派一样，关心社会变革。1973 年，他在法兰克福大学获得了教授席位，成为西奥多·阿多诺（Theodor Adorno）的继任者。1979 年，来到图宾根大学。20 世纪 80 年代起，他从政治哲学转向了美学研究，1989 年他出版了《美学经验》（*Ästhetische Erfahrung*）。1996 年，他来到海德堡大学就任哲学教授，成为他的老师伽达默尔的继任者。2019 年，布伯纳的《城邦与国家》（*Polis und Staat*）被翻译为中文（高烨译，人民出版社）。

布伯纳的哲学生涯从早期开始就对德国观念论有着深入的研究。1973

---

① 参见 Martin Gessmann，"Letzter Grandseigneur"（https：//www.uni-heidelberg.de/presse/news07/2702letz.html，2022 年 1 月 22 日）。

年，他编辑出版了黑格尔大会的论文集《最早的体系纲领——德国观念论早期历史研究》（*Das älteste Systemprogramm：Studien zur Frühgeschichte des deutschen Idealismus*）。1996—2007 年，他担任国际黑格尔协会的主席。本译文集所选的论文《黑格尔现象学之问题史及系统性意义》（"Problemgeschichte und Uystematischer Sinn einer Phänomenologie"）是他学术生涯早期的作品，此时他尚未获得教授席位，文章的学院式风格更为明显。但仔细阅读的话，即可观察到作者卓越的独立洞察力，其中也可看出他与法兰克福学派之间的关系。例如，他将黑格尔的哲学诠释为一种"哲学性的批判"，而黑格尔的《精神现象学》（Phänomenologiedes Ceistes）的根本目的就是在清除哲学的诸现象之后，使得真实的哲学得以出场。黑格尔所要做的，是将哲学从反思的强制中解放出来。作为批判的哲学是对真实的哲学的预备，精神现象学指的也就是对绝对精神在历史上作为哲学而显现的诸现象的考察与批判。现象学方法的主要贡献在于，让本来有着确定性的意识进行反思，而此反思是由一个现象式的观察者所进行的，当意识的立场从其最早的立场过渡到后者的立场的时候，现象学反思的外在性也就消失了。在转换立场的时候，就出现了一种看似对立的假象，而当此对立被意识到是实际上的同一的时候，真实的哲学也就出现了。而这一点恰恰突显出观念史的重要性：真实的哲学是对先前被反思所禁锢而变得僵化的哲学体系的批判，因而，哲学活动就必须要在思想史的维度中进行。这恰恰就是欧陆传统的思想家们重视思想史的根本原因。布伯纳的这篇论文给予读者一个通透地理解黑格尔之《精神现象学》的切入点，同时也在文献和概念史上对《精神现象学》之成文加以详细的阐述。它并不局限于学院内部的讨论，相反，布伯纳以一个独立的思想家的敏锐性，通过对黑格尔文本的阐述，回答了哲学是什么这个永恒的问题。哲学是人类精神在理性上最全面的展现，回答了哲学活动是什么的同时，也回答了人是什么这个问题。

目　录

第一部分

人格与超越

人格的概念[①]

伯恩哈德·维尔特[②]

关于人是什么的这个问题，也包含了他是谁的问题，即关于人之人格的问题。本篇论文将会从几个方向来对这个问题加以讨论。

我们问道：我们称之为人格的人，他是谁呢？我们可以先用一个概念来回答这个问题：人格是这或那。此时，如果我们把人格作为人格加以关注，那么就可以观察到一些引人注目的东西：我们也可以试图用定义来规定的人格来自己问自己：我真的就是那个定义所规定的东西吗？在这样一种询问式的后思（Nachdenken）中，人格往往以一种不显眼的方式表明了，他是作为人格来面对每一个关于人格的定义的。他同时也点出定义是他外在的一面："我所说的那些到底是什么？"或者，在对此问题进行后思的时候，他也以某一种方式站在这个定义上。作为站在定义上面或对面的那个人格，恰恰是处在定义之外，而不是在定义之中。所以说，如果定义想要限定或把握和掌握人格的话，它的这种打算是不成功的。人格没有被掌握或是被把握住，而是处在想要掌控他的定义之外，他首先摆脱了定义的掌控。

人格不仅仅是上述先讨论过的情况下，而且是在所有他可能被规定或通过规定加以描述的情况下，处于掌控之外的地位。关于人，可以有非常多的不同的陈述方式，比如形而上的、性格描述性的、心理学的、生物学的、生理学的等等。在这些陈述或是陈述系列中，会包含着许多关于人是什么和人是如何的内容，然而，我们又发现了人最内在的一点，这一点在每种情况下，都是置于所有这些陈述系列的定义之外的。从这个点出发，

[①]　原文选自《维尔特全集》第一卷第一册《论人格的概念》（*Zum Begriff der Person*），Freiburg: Herder, 1966 年版（aus Bd. I/1），第 140－150 页。

[②]　伯恩哈德·维尔特（Bernhard Welte, 1906—1983），德国弗莱堡大学教授，哲学家、神学家。

人总是可以开始思索整个陈述系列，并且对此采取态度，比如说对他在性格上得到的描述，他可以采取接受或驳斥的态度。在此，我们又见到，人作为"我来就此考虑""我对此持态"中的我总是处在他这样加以考虑和对此持态的对象之外的。他，即人，会思考、行动、说话，从一个在所有可能的规定之外（也是在一切可能为正确的规定之外）的出发点出发来行动。但没有一个可能的规定性表述可以描述在人格之最深内心处为其标识的尊严。在这一点，所有可能的概念都像从水晶岩壁上滑落一样，是不可通向这块岩壁的，它已经丝毫不会受到侵犯了。

人在他与自身的关系中也无法获得对这一点的把握。我当然可以问自己：我是什么？我是谁？我也可以就这些问题找到有意义的答案。但是，我在这些答案之中所把握到的我自己，是那个被把握到的自我。但是，自我是否也是进行把握的那个东西呢？这又是立在背后的那个东西了，而概念无法掌控它。这根本就不会发生，因为就此无论我想的是什么，思考者的那个东西就一直在每一个我关于自己的设想之后。被思考的和思考者之间的区分是存在的。这样，自我作为思考者、作为发起一切思考的源头，就永不能成为对象，它也不可能成为对象——既不会成为我自己，也不会成为他者和异己者思考的对象。我们又进入到最内在的源头的领域，它伴随着一切概念。①

人是什么这一问题的最内在的源头和源泉本身是不可能成为对象的，这不仅仅是对思考，也是对人之此在的所有其他对象化形式来说，都是适合的。比如，人作为人格不可能成为行动或措施的对象。虽然我们对人，可以使他们屈服于所施加的措施，但是所有如此的措施，【141】② 虽然想要让人进行某一特定行动或采取某一特定态度，都不会使得那人自己考虑要求他的是什么并自行决定是否按照此措施或命令去行动。他自己就此加以考虑，他自己就此采取态度，以此他也表明，他是不处在这条命令之下的。我本身、你本身最内在的一点，皆是处在这个命令之上的，并且通过措施或命令抑或是其他一切类似的对象化形式都是不可直接把握的。我是自由的，处在一切可能的对象化形式之外，首先，只是属于我自己的源头，此源头也因此总是可以自由地接受或拒绝某事。可以通过采取适当的

---

① 参见康德《纯粹理性批评》，B131："'我思'必须能够伴随着我的一切表象……"
② 方头括号内的数字表示原文的页码。——译者注

心理学上的措施或使用药物来改变一个人的行为方式，但是在所有可做并且也做了的事中，不可避免地得出另一种特别的可能性。通过这样的心理学或药物的方式来改变并掌控人的行为，他也会按计划行动。然而，那样就不是自己发出的行动，你也不会自己进行考虑，你并没有持态。那我们更应该说：它行动，它执行功能；你的反应空间和反应方式则变成了从外所施加的措施的效应和延伸，它们同样穿透了你，但却没有触及作为你的你。你自身被排除在外了，你根本就没有参与。所以，谁要是以刚才提到过的方式确切掌控了另一个人的反应的时候，他还并不知道他是否确切地把握到了那人的你自身，而且也不知道，当对方作为自我在受到治疗或操纵之中哪天醒过来了并且开始加以反思"我到底出了什么事"的时候，会发生些什么。他不知道当对方自己开始作为自我本身而开始面对一个你自身的时候，会发生什么事。而整个治疗和操纵的过程则停留在这以前。这是两种不同可能性中的一种。

而另一种是在这样的治疗和操纵过程之中当然可能会出现这样一种情况，即我进行的治疗或操纵措施是伴随着与你的会面一起发生的，那么，我或许也与你本人打了交道。那你也就会有所行动，面对我【142】以及我对你所开展的措施。当你行动时，并且从你那不可侵犯的自我出发而对药物的影响、对心理压力或无论其他什么持某一种态度的时候，你自身也就凸显其中，你赞同、抗议或者有其他行为。而我在其中当然也与你打交道，但在同一时刻中也呈现出来你作为你自身就不仅仅是对象，而且也不是处在那些所采取的措施之下的，就算是你处在其影响范围之中。甚至，你又处在你的自我之不可侵犯的自主性之核心中。我和你最内在的核心和源头在一个外在的功能性关联之中从不消散，也不会消散，这不是出于弱点，而是由于其存在性的地位。一切此类的关联都没有网罗住我们所称为我和你的那个东西，或是会与此擦肩而过。我和你的核心表明，它虽然处在一切可能的关联之中，然而却是这样，它在这一切的关联面前，仍然保留它自身，它能够承受一切关联，在此之外却又同时处在一个存在性的而不单单是伦理上不可侵犯的自由这一基点上。

我们第二次尝试着来观看这一切。不受任何对象化行动所操纵（Zugriff）的，也之所以成为我们从不能够掌控的那个东西，是一个向外伸展（Ausgriff）的起点，并且在此起点处与我们会面。

在那先是清空了的空间中，我们试着来通过这个思索以积极的方式触及那先是显得抗拒所有接触的那个东西。那个我们可以对它说你的存在有一个特别的力量，能够开始。它从不是先前某一过程的结果，也不在它那已经开始的作用关联的东西之外。当一个我面对着一个你出现时，便有一存在物开始了。我们对之说你的实体是有着起源的力量的。那每次开始的，不是先前就已经开始了的，它也不是一个对象概念之可演绎的案例，它是纯粹的，并且从此一直在一切情况下，都是新的开端，它不是从外在原因出发或是受外在逻辑规定出发而开始的。所以，我们也能追溯到一个规定它的东西，不管那是逻辑性质的或是原因和效果性质的。这个意义上的开端没有【143】一个在它之外的从何而来的问题。在一个人作为我自身面对这一个你自身而呈现之处，那儿也每次都发出了那不可掌控的源头，而我们或许就感受到那开端的不可比拟的新颖和力量，这个开端拥有着纯粹自我并且也是以我自身为运动方向的。

你在问候我、呼唤我并做诸如此类的活动的时候即开始成为你。其中，你展现出来你是那拥有着你自身和实现着你自身的开端。你展现出来你是你自身的效应。然而，这个效应并不是要开始脱离你，并且把你留在其身后的那个意义上的效应。你开始给我问候之处，也就是你作为开始的那位让效应出现的地方，恰恰也就是你自身。开始的那位和被起始的那位成为一体并且保持为一体。你是那稳定的、存留的、与自身同一的、拥有自身的并实现自身的那位——同时也是那一直重新起始的并展现自身的那位。你恰恰是与你保持在一起的，因为你总是在你面对我和许多其他人的生命出发（Aufbruch）中，以无法比拟的方式开始。当我面对你意识到你的出发时，我不是意识到一个在你之外的一种效应，而是在我见到你的问候的时候，我意识到呼唤我、问候我的你自身。在你开始时，并与此也恰恰是走出了你所是的那个的时候，你就是你的东西。变中的不变，异中的同。我们尝试用这个辩证的表述来观看那个应该要看的奇迹：我起始了，你起始了，我作为我，你作为你。

我和你的这个起始性特征之效应，则为在你、我会面之中，总是新颖的那些在会面，这些新颖者，是以前从未有的，并且也不能从规则中推导出来的。无论此时有多少规则和原因参与，总是有这么一些是从无中的创造。

这里，人那位格性的起始总是在一个媒介中发生，这并不损坏其原初性。当然，这就如同是在一个起始之前的起始的一样。那每次都起始的那位发现自己被容纳进入了一个维系着他的世界（eine ihn tragende Welt），他之起始的可能性和方式也出于这个世界而给予他。没有这些被给予的可能和条件，人就不能够作为位格而起始。在他作为他自身在世界亮相之前，作为被给予的可能与条件的世界是为他所预备了的。这样【144】，它就对他来说，是他起始之前的开始。我们更多地把处在这个地位的世界称之为人之本性。属于这个已经作为本性而被给予的世界的有人之此在之生理上、社会学的，以及特别是语言性的规定因素。

你作为你在这些多种形态的世界媒介之中每次都起始的那个，或是你作为起始了的你在其中所是的那个，并且展现出是你的那个东西，每次都是新的。比如在说话语调中，每次都会掺入有些原来从未有过的成分。由此，在那已经起始了的开端之中，新的、之前还没有的那一切也起始了：你开启了那之前还没有的那个东西。在这个多种意义上可比较的质料中，你作为你总是无法比较的。这个不可比较性是人格作为人格之起始的力量以及起始的尊严的效应，也就是人格性的你作为你的效应。

常常，孩童们在某一时刻开始用第一个稚嫩的词语问候母亲。这情况差不多总都是一样的。然而，一位母亲在当时体验到的，在世上一直都会出现的日常和可比较的事物之中作为一个纯粹的起始，是完全不可比拟的和独一无二的。或是，恋爱中的人总是友好地与对方说话，而且他们互相说的那些，一直就是差不多一样的言语。但是，在具体的情况中，你所说的和所想的，就只有一回，就算所使用的言语是司空见惯的。所以，从本质上来看，总是新的和独一无二的，就算是曾上千次被重复。

因为这纯粹自立的起始是不可比拟的，人格之基本范畴，即我、你、我们，就永不会有意义地成为类别概念。作为人格的人格从来就不是一个普遍概念中的一例的。作为人格，人格就永远是完全单一（singulare tantum）的。所以，也不能把作为人格的人格归类计数。只有那些同类的东西才可以被归类计数，就人构成同类的、可数的单元的这一方面来看，人（Mensch）也是可以被计数的。

但是，在此当然要不顾这么一个事实，即每一个人都有可能作为一个你而来会面，而当这种会面发生的时候，那你也就永远是不可比拟的了，相对这样的你，进行计数也就不再有意义了。【145】

从这些关联出发，我们以新的方式再次来观察人格不可支配的那一面与世界这一包揽万物和作为一切比较的前提的媒介之间那一面的独特的关联。人格建基在世界之中，就如同建基在一个已经在人格这一起始之前就有的一个开端上一样。这样，人格也就与世界相关，后者是人格实现的境域。人格实现在世界之本来普遍的语言中，以及在所有其他一切可能的领域中，人格的世界之起始就不断地把人格带到这些领域面前。这总是一个世界之中的人格，在可比较的物体之中的不可比拟者，而且，他也不可能以别的形式实现。由于人格这不可比拟者在世界之可比拟的万物之中得到了实现，人格也就把这些可比较的物体提升到了一个与人格进行传达的不可比拟性之高度，而人格则以其人格性尊严的光彩，穿透了他的世界。起始于普遍的语言，却唤醒了独一无二的言语与应答，而在到处都开放的世界可能性之普遍之中，人格会在其中奏鸣的独一声响就苏醒了。当人格在世界中实现的时候，他也实现了世界本身。在人格化了的世界中，人格独一无二的同时也变得普遍，同时也变得可以被理解，普遍的东西进而变得唯一，并由此充满了人性的尊严。

我们尝试第三个对我和你这个奥秘的观察。但负面地来看人格为某一不可把握者，而正面地来看人格只是属于自身的一个起始并且因此不可比较的话，那就算是他在世界之可比较的事物之间实现自身，我们还是可以问道：到底怎么可能见到作为人格的人格呢，也就是那个独一无二者，就是在其在世界的实现之中也一直保持现状？人格不是一直都展现出他就像一个没有任何通往他的通道的水晶球一样吗？

然而，仍然可以见到作为位格的位格，虽然无法在形式上把握你，这具有人格性的那位，然而，可以在我和你的会面之中认识到具有人格的那位。在一个起始与另一个起始、一个起源与另一个起源、一个自由与另一个自由的会面之中，横贯世界媒介，蕴藏着认识你的可能，却不是去掌控这个人格：如果我们用马丁·布伯的那个著名表述的话，也就是在言说你这个基本词之中。你这个基本词在会面中所表述的，并不能通过其他的概念或【146】范畴来获取。如果谁不是已经知道这个所表述的是什么，那也就没有可能就此教他或向他解释，就如同从来都无法向一个没有视觉感官的人解释什么是颜色一样。可以给一个人看另一个人的外部面容，但是他如何得知可以对这样的一个面容说是你呢？这肯定不是通过对外在要素的确认。外在可确定的一切顶多是必要条件（conditio sine qua non）罢了。我们从何而知这个你呢？我们一直就已经知道它了，我们掌握了这项伟大的人性技能，也就是能够理解你和你的言语，并且自己能够从我们的源头出发，说出"你"。这项技能是无法传授的，当然，它是可以得到发展的，但是在其核心，在其最内在的本质中，它是无法传授的。但是我们从我们最先的起源那就已经有了习授，所以也就已经被置入与你的亲密之中，从而，我们也就有能力说你，并且从中我们能够与你会面并且在其中互相理解。我们能够在会面中认识到那个你。我们其实一直都是在与你的会面之中，这个你不是外在地能被见到的，也不能外在地对其加以解释或演绎。在一个人真实地与另一个人的每一次会面之时，在会面中，接触的瞬间就立刻成为可能了，并且成为可能的是，双方的相互理解，知道这儿是一个起源与另一起源、一个起始与另一个起始的会面。真是个奇迹！在会面中也就有着独一无二的通往人格的渠道，通往作为你的你的渠道。

然而，真正的会面，也就是那个在会面中的奇迹不断地更新，并且你在其不可比较性中也一直被触及的那种会面，虽然这样的会面总是可能的，但它不应当每次都成功或者总是那么真实。在我们的世界中，它容易被忽视或排挤，以及被各种事实和理性的关联遮掩。它是可能的，因为在世界的语言普遍性之中，它对每一个你都许诺其独特性。当我们听到这个语言的时候，并且在听到的同时也就对此进行解释的时候，我们会使得它的普遍性要素变得具有主导地位而忽视了在其中被表述的独一无二的和非普遍的那一面，而且我们会忽略这一点，在我们为自己所做的解释中，遗漏这一点。在世界中普遍的内容关联对占主导地位的理解变得过分重要的时候，这就特别容易发生。

所以说，为了人格性会面能成功发生，就必须认识并避免这个危险。我们必须学会在【147】普遍的语言中识别到你的那个永远不可比较的言语，并且在其中也就识别到你自身。

属于这种其中会发生人格性会面的识别的，有聆听的尊重，也就是说，面对你那起始性的不可比较的特性，有着倾听的能力。这就是说，我去除我一直准备和守候着的掌控，而让你做你自己，并期待你那只属于你的起始，这不是他人的起始，也不会是他人的起始。同样，属于人格性会面的还有我展现出我自己并且参与会面，在每次会面的不可预测性面前，在面对每次会面的可能命运面前，我都不会藏匿和躲避。因为，命运作为不可演绎者，是属于人格性的会面的，它发生在接触中，或者一直都可能发生。

当我展现我自己并在其中让你感受到我的时候，我同时也首先和原初性地感受到我自身，我是作为我面对着你的。在会面的开放性中，我成为我所是的那位，面对着你自身，我就是我自身。我是在你对我来说成为你是的那位的一瞬间成为我自身的，在那一瞬间，你每次都崭新地成为你自身。这两方面都是联系在一起并合一的。

在我聆听的时候，我向你开放了我自己，并让你成为你，我自身参与会面并且在向你展现的同时，我也首先成为自身，并为可能的命运开启空间。在此，我也获知，这一切都是统一的，是会面的同一个活生生的现实，这是取决于我的。由于我面对你以聆听方式的开放就是我以你为方向的自我展现，而我的自我展现本身就已经是我对你的承认，我让你做你自己。这两方面就是同一个发生——我会面。

这同一个发生——我会面却又一直都已经是这个发生——我回应。由于这是从我起始的，我察觉到，这同时也不是从我起始的，而是我在聆听的同时，就已经是站在从你发起的招手和呼唤之中的，站在你的招手和呼唤之时，我在聆听，参与到这个召唤之中，面对这个召唤，我就给出一个同样的回应：你。在我会面中，我说出了你。在我说出你的时候，我回应着。当我欢迎会面的命运之时，我在就处在回应（Ver-antwortung）之中。在会面的回应中，我首先体会到，你【148】是不能被把握到任何一个普遍概念中去的。会面就是这样。我和你，我们，是我们通过人格这一词所要表达的那一切之展现之处，是它变得可见之处。在会面中，发生了那个被人们称为"人格的概念"。

作为人格面对世界之展现的地点，那儿，人格回应着（antwortend），答应着（Ver-antwortend），会面是何样的呢？我们现在问道。我们又一次提出关于世界的问题。在思索这个问题时，会显得我和你、会面在世界的巨流之中都是无足轻重的。更仔细的观察却可以展现给我们那看起来是微不足道的，其实按其重要性来说是宏大的，宏大得如同天穹和大地，宏大得如同世界。对于那些作为我和你相互会面了的人来说，在会面中，所有一切都变得不同了。对他们来说万物都沉浸了会面的喜悦或决裂的伤痛之中，沉浸了他们在会面中命运的悲喜之中。万物，即世界，对他们来说，显得与以前不同了。从重要性这一角度来看，那就不再是我和你、会面处在世界之中，而是世界在我和你之中。世界被会面的本质所环绕，被其色彩渲染，并且在整个境域中，被那独一无二的会面所散发出来的光芒或阴影所照亮或遮掩。所以，对人来说世界所是的并在整体上具有意义的那些，在会面中成就了或失落了。在此中，世界作为世界成立。我和你在这个意义上就与整个世界一样大。

又一次，世界作为人格的关系领域浮现了。它首先是人格在其起始性中崛起的基质，然后则是人格相应实现的领域。而现在，它则显现出是被人格之重要性所环绕了，这样，现在才显现出来，是为了人们而得以构造的。

所以，人格与世界之间的关系是多样的，但永远是本质性的。

在作为人格之原本处所的会面中，最后还显现出来的有一个最高的和最本质的，比世界还要宏大。显然，这在人格会面的本质中，并不仅是以偶然的形式时不时地出现的。能够被称为会面之爱着的争斗或争斗着的爱的，是按其本质引导而进入那些境况的，其中，绝对的忠诚跨越过一切可能，如同发自【149】深处的要求和力量，同时浮现出来。这个要求是无价的，就是整个世界都不可与其相抵。它比世界要宏大，它是绝对的。在一个必要的讨论中，绝对性的要求也可以得到认可。在会面的命运中，绝对性的要求一再地显现并让人能察觉到它。在这一时刻的显现中，会面才达到了它本质性的人格和本体的高度，而命运则达到了使得牺牲成为可能的尊严。或是这样：我们见到了会面可能会发展出来的幸福，但也见到了会面可能会带给人的挫败。在这两种情况之中，都至此显现出来了一种广度，面对这种广度，整个世界都没有什么特别的重要意义。而在这种广度显现出来的时候，虽然经验上很罕见，然而，人格会面的幸福或挫败就又一次以其本质性和决定性的维度展现。会面的幸福和挫败比世界要宏大。它们处在绝对者的召唤中，在永恒的召唤中。从本质出发，会面就处在了永恒的要求中，从其本质来看，它就是回答（Antwort）和托付（Ver-Antwortung），并且恰恰就处在最高的言语和承诺（Zuspruch）之下。这是托付（Ver-Antwortung）之原初的深度，它摆动在你我之间，使得你我相互会面，并以此，开启和构建了人格性的空间。

其中，神学的维度就已有所展现，它从一切起始开始，在所有的实证神学之前，就已经属于人格性本身了，因为这个维度是属于会面这个人格性"概念"的，而且这是以对人格和人格性都为本质的方式的。

如果人格和人格的会面是前置世界并创造世界的，也就是说在多重意义上具有世界性的，那么，具有人格的那个（das Personale）同时也就一

同（in einem）并首先（vor allem）是永恒的你的发生之处所。

　　从而，并且也从那在最高意义上为不可掌控的那个出发，我们才能够开始理解，人格是什么。【150】

人　格
——戴着面具的自我①

汉斯·莱纳·塞普②

　　人格的概念和内容是与欧洲文明相联系的，且构成了欧洲如何在世界上安营扎寨、组织运行的奠基性要素。接下来阐述的主导论点是："人格"代表的是"自我"的实现方式。从而，"人格"所指的是一个进程、一个运动，其中，当今流行的以自由、自律、人之尊严这些概念表述的人格之诸规定实为后来的阶段，它们的可能性则奠基在更早的阶段中。此进程是一个流动着的媒介，其中人格的意义运动着、移动着，在此进程之上，欧洲这个家园（oikos）得到了很大一部分的定义并且获得了现实基础。这一切所发生的地点是欧洲这个剧场，在其中它重新定义自身，其基本坐标则成为欧洲人的居所，并且扩展到整个世界。对此进程加以详细的描绘则是一个单独的任务。这里只能将此进程的结构在家居学（Oikologie）的上下文中呈现出来，家居学的任务是展现人之存在是在哪些条件之下介入（eingreift）到人之共同体和自然的环境之中的。

　　由于这里所涉及的是一件事物本身的结构，这样的一种分析也就与概念史研究有着不同的进行方法。形象地说，它所关注的并不是对一栋建筑之建造的物质技术上的重构，而它所询问的首先是这栋建筑的结构与设计，并且意图阐明那些导致此建筑实际建造之结果的决定，最终还是为了一个家居学的目的，即以在此建筑的意义维度中所具有的可能性为定位，

---

　　① 原文标题为"Das Maskierte Selbst-Zu einer oikologischen Phänomenologie der Person"，原载于会议论文集《现代现象学的新概念——发生学方法和跨学科的问题》（*New Concepts in Modern Phenomenology. Genetic Method and Interdisciplinary Problems*），St. Pefersburg：St. Pefersburg University，2010，第3－18页。

　　② 汉斯·莱纳·塞普（Hans Reiner Sepp，1954—），布拉格查理大学哲学教授，知名现象学家。

从而可以在它里面更好地构建一个未来的家。① 从那借着欧洲悲剧（在此表述的双重意义上）之起源所固定下来的场域出发，有着一所建筑，它自原初而来就有着脆弱、短寿、变化多端的特性，且有着不稳定的危险。随着欧洲这个剧场的出现，欧洲人也一同登台亮相，他试着演出他自身特有的那场关系欧洲的戏剧，希望他的这个尝试也能获得相应的结构，也就是说，具有铺陈（Exposition），这是一个出发点，进入到突转（Peripatie），其中危机呈现而出并要求得到解决，且进入到悲剧终局（Katastrophé），在这里冲突得到化解。

一、铺陈

众所皆知，人格这个概念来源于"persona"——这是戏剧术语中的一个表述，指的是"面具"，从而"人格"也就被定位在欧洲戏剧源头的环境中。演员佩戴面具——这是悲剧诞生之际的一个残余，是从对酒神迪奥斯索斯的崇拜中发展出来的。意味深长的是，面具成为"persona"之后，获得了一个显赫意义的转变。当然几乎所有的文化都知道面具。其共同的基本含义在于，在一段特定的时间和一个特定的地方为另一人格。仪式性的庆典使得个人脱离他日常事务的环境，而某一特殊的服饰特别是面具则具有完成这种脱离的功能。面具隐藏了戴面具的人，为的是让他接近神。阿提卡悲剧的面具也遮盖了其佩戴者，也就是演员。同时它却也进行着揭示，而这却并非揭示对一种原初根基的可能分有，而是展现出一种新的凸显方式，即个体性的隔离，它以一种同样鲜明或更具有丰富轮廓的方式从它的共同体背景中脱颖而出，而同时，单个的人也就开始从他的共同体中解放出来。

在人格的面具中，自我并没有退隐到一个无名的原初之中；相反地，

---

① 因为这个说法是有效的："哪里没有了源头，那里也就无法把握住任何东西。"［Dean Komel, *Tradition und Vermittlung. Der interkulturelle Sinn Europas（Orbis Phaenomenologicus Studien*, Bd. 10），Würzburg：Königshausen & Neumann，2005，S. 115］。此外还可以补充到："而哪里无法把握到任何东西，那么在未来展现之前，在那儿也不能实际地构建当下。"柯美尔（Komel）以他的著作给予了哲学性的欧洲研究丰富的现象学出发点［也参考他的著作 *Intermundus. Hermeneutisch-phänomenologische Entwürfe（Orbis Phaenomenologicus Studien*, Bd. 19），Würzburg：Königshausen & Neumann，2009］。我们在这里不讨论将此类关于"场域"或欧洲这一"家园"的研究融入家居现象学里，这种现象学还有待发展。

它将自己作为个体彰显于世——站到了舞台的光锥之中。人格的姿势则完全是一种铺陈：一种自我彰显。它的运动方向更强化了绽出（ekstasis）：这是奠基在欲望中的意愿，并把握住时间与空间——首先是它表演之地的空间以及表演长度的时间。戏剧之铺陈却只有在它之中那个自我彰显的个人意欲要有一个时间性、摄取并占据一个时间的情况下，才会是如此。它的时间性为戏剧的时间做了奠基；它的意愿则为戏剧的开展做了奠基。个人的自我彰显能够为人格开创出一个时间空间，开创世界（Welt）。与此偕同而前的，则是一种可见化的过程，这却并不强调佩戴面具的特殊性。个人并不隐藏自身，而是展现自身，即便它这么做也不仅要借着面具，而是首先作为面具而展现出来。它作为佩戴面具的自我之彰显同时也是一种外置（Aus-stellen）。通过在将其面具前置之下而毫无保留地呈现自身的做法，它不仅变得触手可及，而且也变得可被胁迫。

　　自我通过人格这一概念在一个由它自身所影响的世界中展现出来，而它本身对此世界却并无可支配的权力，它的人格试图想要在这世界之中占据一席之地——但却失败了。的确，我们可以说，人格将它以面具所掩盖住的自我拉入到了发生的漩涡之中，而这些发生是人格所唤起的。从而，人格最终所达到的并非自我的释负，它并不是人们可以将生存托管于它的代表，最后，也不是自我表达、清除自我规范和约束的有效手段。它反而是自我的记录，此自身出发是为了借着（整体）可见性来征服世界的，而它的戏剧就在于，它陷入了自身的创造中——首先是在如同戏剧那样的创造中，而此戏剧恰恰是想标识单个个人之混杂状态的。此类创造是唯一可引入到"自我"本身的痕迹，自我一开始就脱离出来了，它一直都是在背后待着的，而这些痕迹的特殊之处在于，它们所指向的东西还有待被发现。阿提卡悲剧发出的哀叹落在了它的意图之后，它并不能实现此目的，因为很明显，它的手段并不合适。

　　那么，在阿提卡悲剧中的人格到底意味着什么呢？在基督教之前的世纪中，埃修罗斯、索福克罗斯、欧里庇得斯这些名字标识了这种人格。通过它所引起的那些现象学成分又是什么呢？一方面，这是人格，面具本身得到了复制。它凸显且外置个人，从而它就变成了两个。这就是人格性分裂的诞生。它将自我在此给予——并使其变得更为可见，这是发生在借着对舞台之时间的发生空间加以隔离性的限定所获得的有限性（peiron）之可见的限定中的。另一方面，通过一个进一步的分化又出现了内与外之间

的两部分。从而就得在借着面具从自身中凸显且想要在外呈现的东西，与那以此方式外在呈现、自我展现的东西之间加以区分。自我展现此进程却是不会表现出来的：在一个自我影响的生活之间以及其可见性的呈现、外化（Veräußerlichung）和让渡（Veräußerung）之间有着一个不可跨越的隔阂，后者引发了前者，并将自身向外运转，但实际上无法处在外部。第三点则是发现一个视角，一个特定的视角，即那个能够多重复制自己的视角。埃修罗斯和索福克罗斯先后发明了主角——第一个人格以及其对立角色——第二个人格。第三个人格也在沉默中被发现且被添加。第三个人格是观众。从一开始起，观众就与面具、人格（即第一个人格）相互关联，因为后者已经呈现出来。借着面具的自我外置，即将自身带入到可见性之中，这要求一个自我外置可向其呈现自身的目光。随着面具转移为凸显之后，观众也就登场了。而随着凸显创造出一个时间发生空间，观众之支配领域也就得到了定义：他并不是在舞台上，他无动于衷。与有限的舞台相对，他处在一个无限之中——当然是相对而言的无限，因为他的存在是依赖于面具的。在这个意义上，他既有参与，又没有参与，他作为不参与者参与。他是必需的，戏剧需要他。他以离心的方式面对着舞台中心——处在舞台之外，但是却关注着上面的发生，并且舞台完全是需要他的。

当第一个自我客体化的进程成为人格之后，自我就完成了成为第一个舞台人格的转变，从而第三个人格的视角就得以出现：作为戏剧媒介中静观（theoría）的诞生，一位观众的首次登场，他自恃居高临下——就像剧场的座位逐排增高一样——然而却还是受制于自我之世界化（Verweltlichung）。就如同自我异化为它的人格（并陷入其中），舞台上真正的戏剧也为第二阶的戏剧所围绕，此戏剧将人格以及其舞台与它的观众融入同一环境之中——从建筑上来看就是一种圆形露天剧场，后来的方形剧场便是从这演化而来的。为了使戏剧之表演空间以及剧场的空间本身也能发挥功能，不仅仅得着重有限舞台和无限观众席之间的相对界限，而这是就整体而言的，也就是说，着重斜坡，而且也要着重舞台背景。它通过隐蔽的方式展开了世界之深度。这种掩蔽，即背景图，制造出一种幻境，好像在这里世界真的被创造了一样，只要人愿意，并且不被舞台上发生的事情阻碍，这个世界就可以无穷尽地被穿越。舞台上的发生以及仅是视觉上看似透明的舞台背景墙使得观众留在他们的座位上。更甚的是，它将他们固定在那里。

当戏剧性的发展开展出一个时间发生空间的时候，也就发展出一种神秘的东西——一个环形、一个圆圈。阿提卡悲剧中的神话之运动图形也就在舞台上，并随同它一起，开展出具身性。此神话的图形之下却有一个不可见的魔法图形，它使得舞台发生于观众间的关联获得稳定性。在与人格之外置相连的绽出运动的定位中，有着一种魔法的东西，它不仅想要使得所获取的存在显得更加可信，而且首先也想利用此可信度来抓取和捕捉，即想要紧紧地吸引住观众的目光。这种吸引创建了人格与观众之间的联系——如果没有它的话，这种联系也就消散了。这种使得人被固定的吸引力还借着一个手段得以被加强，而且它是专门用来吸引观众之目光的，那就是舞台背景。希腊的戏剧与其舞台绘画，也是具有视角性的舞台背景，创造了欧洲的透视概念，后来它继续发展为中心透视法。这种视角就是那严格安排的目光图示，它可以驯化观众的目光。无论从观众席的哪一面来观看，它都会将人的目光引导到图示所安排好的中心点上，它迫使观众的目光相对应地注视和回应，这么做，便增强了观众与舞台上的发生之间的关联。总体来看，这当然是自我沉迷的过程，并且是自我在构建人格和观众的时候，该如何不断地陷入其中的征兆。因为第一位观众就是这个有层次的包含舞台空间和观众席空间的世界之构建者。

恰恰是因为观众一直是依赖于舞台上发生的一切，他的场域对他来说也就是一种非场域（Un-ort）。相对于舞台上发生的一切而言，观众不在任何地方，在虚无之处，没有场域。发现观众的同时也发现了无居所的状况（Unbehaustheit）。他的无场域的状态甚至可以从身体上来体验，因为只有他的目光才被舞台上的发生所吸引、转移到舞台之上，而他的身体却停留在此处（Hier），在斜坡之外。之后，观众席渐渐隐退到黑暗之中，直到剧场将观众和观众席完全裹在深黑的空间之中，而一层明亮的薄膜照亮它，使其可见，在这层光的薄膜上，现实又生动活泼地展现在观众面前——这是他无名的状态的最终结局，是他的离弃状态（Verlassenheit）。当观众出于与面具的对应关系而绽出之时，虚无（Nichts），即那在他与舞台之间所敞开的深渊（Abgrund），也就在自我之转移之中获得了一个驻点，其中面具得以构建。实际上，如果自我想通过它将自身投射至面具的行动，通过这种自我客体化的过程来拯救自身的话，而且它在此所做的，是在自己面前置上一面镜子，观看自身，并期待借此可获得锤炼和净化，那么，它从所有这些活动中都一无所获，它毫不息息地走出自身，重新发

明自身，却根本找不到它所渴求的东西——自我获取和自我把持。与此相反，在它的反思中它不断地分裂，且丧失了那个将它与神灵们联系在一起的支撑点。在欧里庇得斯那里，人之自我解放得以完成，而神仅仅作为机械装置之神（deus ex machina）降临。

二、突转（Periatie）

观众毫无场域，这一点指向面具的地位。人格同样是没有场域的，因为它的场域是一种幻觉创造的产物罢了，而其中就有着这两个方面：它作为一种被创造的东西具有一种二手的存在，它就是纯粹的表面和可见性，从而具有短暂性的特征。更甚的是，自我借着面具得以被固定，并借此获得了一个面容，并想要在面容中完全地自我给予，却无法真正地成为此面容，因为它在变得可见的过程中并无法把握，正因如此，它的地位是虚幻的。从而，在人格之前和之后，都有着一个深渊：之前，是它与观众之间的深渊；而之后，是它与自我之间的深渊。从而，从一开始，它就是扭曲了的存在之总概念，同时也表达了自我"设置"、从外来把握自我的不可能性。观众在此也不改变什么：他依赖于人格，他只能肯定外在的部分，即面具本身。

通过发明人格来固定自我、使自我合法的目的也就失败了。这里所涉及的，是通过人格来加强自我吗？难道情况不更应该是，阿提卡悲剧的目的恰恰就是要阻止任何将自我作为成长中的个人从人们作为自然物所接受的共同体之世界进程中解放出来吗？毫无疑问，情况正是如此。但是，引人注目的是，从埃修罗歇一直到欧里庇得斯的悲剧发展中，不仅没有达到这个目的，而且恰得其反，个人逐渐获得自主性，离诸神越来越远。但主角却以失败告终，而这意味着，人格引发了两个方面的发展：从自然的始基（Urgrund）中被驱逐，以及抵达新的"家园"的这两个运动。

如果面具本身就已经是一种转移，因为它借着虚幻的手段使得人格摄取了自我的位置，那么，它还强化了这种转移，因为它并没有让个人实现目的。它何以能够容许这个呢？面具可是排除了一切个体性的。从而面具自身分裂为二，人格则满怀着个体性存在的诱惑，被驱逐到了无场域之处，在那里，它不再是自我，还未成为自我，因为它实际上并不要求在面具的幻象中获得一个新的场域。人格如同一个鬼魂一样从面具的移动中逃逸，它在自我与面具充满张力领域中定居下来，并且表达了，自我实际上并没有能力借着面具登场，向观众展现自己，因为自我在这里已经从自然的世界运转中走出，并且想要在新创造的世界中获得一席之地。这样的情况也已经暗示，欧洲的人格概念带着一种浮游的状态，在此，自我总是试图重新具体化，却实际上无能以这种方式来"拥有"自身。由此看来，自我作为人格只能以此来拥有自身，也就是它并不拥有人格。

希腊悲剧以这种方式带来了两方面的失败：它使得主角成为一种混合体，个体在此失败，它也展现出一种无法在外居身的无奈。前者是戏剧的主题，而后者则是通过剧院之现象性得以展现的。原本要使用戏剧的手段来抨击个人之自我独立的意图也同样失败了，而剧院本身就是同谋。因为表演不仅仅呈现了一种自我独立的存在的幻象，它也阻止了后者外化，而仅仅只能停留为一种居间世界中的幻想的存在。在这个居间世界中，存在既不能前进也无法后退，这样就会真正地被囚禁在面具的幻想媒介中。戏剧也就以这种方式来使个人获得个体化，同时将个体化进程引入歧途，因为它并不仅让个人停留在未完满的状态，而且还制造了一种生存之未确定性的威迫情绪。

而解决方案也可能只是一个新的，且同时为被迫的，也是自愿所做出的锚定行动，它远离了其出发点，从而离开了戏剧舞台的基本结构——不过当然并不可能放下它进行悖逆的那个体验。在苏格拉底和柏拉图那里就构建出一种张力，此张力在刻意避开图像特性之下，尝试着来稳定与内在一面的关联，此关联同时与一个超越且也有着奠基性作用的理念世界相关，为存在创造一个据点。戏剧的结构却以一种出于否定的方式为那种要将自身从现象界之规定性概念中解放出来的尝试提供了基本轮廓。因为进入自身的这一回转也只能在那里获取它的出发点，人格也就被推入到这个方向来寻求他的自我，即进入到面具的外在一面。苏格拉底和柏拉图的企图是给那些没有场域的人格在内心、在灵魂中创造出一个家园。这个企图从此也就以内和外的二元划分为定位，并且以回到内心的形式得以实现，胡塞尔也仍还是用奥古斯丁的"回到你那"（in te redi）来为他的整个超验性"后问"（Rückfrage）做根据。[①] 在基督教中，那种确定性很明显是活生生可见的，即这种回转成功的前提是希腊传统之视觉关联，即自我之

---

① 埃德蒙德·胡塞尔以这些话语来结束他的《笛卡尔沉思》[《胡塞尔全集》卷一（*Husser-liana*，Bd. 1）]，史蒂芬·施特拉斯（Stephan Strasser）编，Den Haag：Nijhoff，1950，第 183 页。

向外的转向，有多大程度得以扭转自我被投出到可见之处的倾向。在德尔图良，以及他之后首先是波爱修斯将人格之概念重新推出其无人之地，再推回到灵魂之自我之中，且赋予它另一个实体（substantia）之名的时候，这不仅仅体现了与希腊哲学的联系，在此蕴含的是，人格的整个生成谱系、其发展的进程，也就变得隐晦了。

希腊的戏剧渐渐被边缘化，从而也发生了更多的人格之转化，其重要性却绝非是可忽略不计的。这些转化的特点是，它们不再将自我与一个想象的地域相关联，而是将其推移，并使得戏剧变得严肃。在罗马审判的语境中，审判的实施是一种上演，但却是一种与现实相关的演出。在此，人格的含义也就被转化为对角色的指谓了，人们可以获取律师、公诉人或法官的角色。在圆形剧场里上演着真实斗争的同时，舞台也就被转化为一个得以决定生与死的场所。在最真实的意义上，行动者的面具落下了，他们为了赤裸裸的生存而斗争。这涉及他们的实在，而只有那构建了一个内在的实体的人，才得以依赖他心中的一个不可摧毁的东西。

教会试图在理念上使得无动于衷的观看者重新回到一个团契（communio）的具有参与性的成员的地位，但是，它在以神学为形态的反思性潜质里无法克服希腊的基础，这些基础也在背后继续起作用，也规定着教会在世界中锚定的战略。在上下文中，具有重要性的是提及东方和西方教会之不同的现象性概念。在此发展中，自我与其可把握性的关系这一基本问题仍然没有解决，也就是在古希腊之视域中，首次在自我和面具上所展现的这样一个关系。由于人们并未以此本身的形态来讨论这个问题，基督教的实际发展在两者间来回摆动，一方是想使得教会在它有力的潜能中得以外在展现，并将其锚定在外，也就是所谓加上面具的做法，而在时间推移中渐渐不再感受到此为面具；另一方则是与此相对地从在表面的生活出发，要求回到自我不可触及的内在的努力。教会却不得不外化，以按照未曾得以质问的希腊之现象性的概念在世界中获得一席之地，这却迫使个人甚至集体反其道而行，这些行为是在朦胧中感觉到，却并非意识到为"宗教改革"，它们为自己宣称拥有基督教原有的悔改的精神。

随着柏拉图和柏拉图主义的发展，中心从自我和面具的关系（以及面具与观众的关系）转移到了一种跨越自我和原初的深渊之间的关系之上，同时也就有了自我在世界中戴着面具出场的可能性。与此相对应的是柏拉图关于理念世界、世界和世界中的虚构的三分。随着把面具的重要性化约为自我进入到世界之可见性的场域，观众的角色也被最小化了，而自我从原初的深渊那里获得了其实体性的存在，也就是某个原型的摹本。这个不仅是摹本与其原型的关联，也还指出了它发自于自我与面具之关系的起源，因为摹本指谓了具有世界的真实自我，在世间戴着面具的灵魂。自我被包裹在它的世界形式中，分有着神性的原始火花，由此也就是实体、人格。在柏拉图之前的思想中，自我在悲剧的语境中、在其面具中外化；而在柏拉图主义中，面具与自我之间的空间首次内在化，人格也首次转移到面具之自我的空间之中，其次则转移到世间的自我与其原初深渊之间的空间之中。在这两次中，自我都仅仅是在与其的关系汇总中得到规定的，即它已经不是什么了，或还不是什么——它不再是面具，却仍未与神在一起。

欧洲近代伊始之际，又发生了另一个转化。时间等待着一个作为观众的生涯，面具和观众进入一种新的联盟。哥白尼的转化也恰恰可借此得以描述：神之与世界之独一无二的关联被转移了，因为地球不再是星球轮转的中心，观众自己变成了中心：他变成了一个强大的主体，这个主体赋予了自己图形。观众与面具之间的新联盟蕴含着以下的这一点，即观众就是视角的导演。他摄取了定位的绝对原点，并让世界舞台在他四周展开。制定和创立中心点的手段首先是艺术，随后是自然的数学化和超验哲学以及政治理论。观众却对他诸多规定中的一个保持忠诚：他以往如期停留在暗处。作为他自己创造出来的阿基米德的基点，他把一切都与自身关联起来，从而似乎显得没有他能够与自己达成距离的空间了。他也没有任何与自己建立关系的意图，他将这强力式自我中心化行动的结果装点为中立的第三人格。

自然科学之数学化随其而展开的那种去蔽的风格使观众之中性化得以完成，观众被允诺了一种可能性，即可以获得一种所谓的"客观的"立足点。观众自己戴上了面具，借着面具的帮助，观众可以使得他的外在的主体化的成就显得像是其方面、显得似乎是对世界的去主体化似的。他的伪装通过对世界之认知的面具、通过对那种"公式化意义"（Formelsinn）[①]

[①] 埃德蒙德·胡塞尔（Edmund Husserl）:《欧洲科学的危机和超验现象学》（*Die Krisis der europäischen Wissenschaften und die transzendentale Phänomenologie*），载《胡塞尔全集第六卷》（Husserliana, Bd. VI），Walter Biemel 编，Den Haag: Verlag Nijhoffs, 1954, § 9f。

的相应改变而显得可信，这种公式化意义将面具变得非常精妙，从而可以将对其的使用作为不可质问的真理之条件而加以贩卖。以这种真理的名义进行的贩卖便出现了伟大的去蔽戏剧，这是卸妆和脱下面具的行为，却只是将伪装作为在实在面前的去蔽性的信仰而变得更加极端。在涉及对自我之自在存在之去蔽之处，在医学科学领域，这场戏剧甚至得到了延续——从文艺复兴的解剖（theatrum anatomicum）一直到根特·冯·哈根的身体世界。① 面具，即去蔽之实现，被展现为卸下面具的行为——这不仅奠基在对化学和生理过程的展现上，而且特别是借着赋予图形的过程而认为以此方式能够发掘出一个真实的自我，这个事实看似矛盾地证实了自我的伪装。

　　这种对自身蕴含着的主体性的否认以及其表面式的客观化展现，有着失落自我的危险，这或许引发了超验哲学作为反之而行的反应，在此，回溯到主体的做法有着在观众和自我之间创建一种联系的意图。这里不可忽视的却是，超验哲学与数学化的自然科学在这一点上是相通的，因为两者都以一个强大的观众视角为出发点，在观众反思型的潜质中，超验哲学见到了将自我作为实在的基本机制的可能性条件。同样不可忽视的是，客观性和主观性都发自于同一源泉：发自于那种为在其起源中就已经失去家园的人格（persona）寻找一个立足之处的不确定性。在回溯到一种不可动摇的奠基（fundamentum inconcussum）的同时，仍想要获得一个自我，人们一如既往地认为，自我虽然常常在黑暗中逃逸，却仍然可被捕捉，就如同夜间的盗贼会被抓住那样。我们当然知道，这并不会发生，也不可能发生，因为关于这样一种作为的需求之可能性恰恰创立了一个与其所渴望的对象之间的一条不可逾越的鸿沟。

　　无法被排除在外，却变成中枢点的观众在双重意义上完成了一种绝对化的解脱（Absolution）：他将自身绝对地隔绝开，使得自己绝对地脱离，因为它回到了它所要求占据的阿基米德点上，并且与此一同先做下决定，给自己一个解脱，因为它不再处于任何受制的关系之中了。这个过程不仅在视角的展现、科学之数学化中可见，而且也在某种意义上可以在超验观

---

　　① 参见汉斯·莱纳·赛普（Hans Reiner Sepp）《从想象到理论：根特·冯汉根的人体世界》（"Dall'immaginazzione all'ideologema: i mondi corporei di Gunther von Hangens"），载《哲学杂志》（*Magazziono di folosofia*）2010 年第 17 期，第 180 – 194 页。

念论中找到，它也影响了近代政治理论的一股主线——主权的思想。就如同让·博丹（Jean Bodin）设计的主权统治者，其地位也是由这种双重的解脱而刻画的——作为绝对君主的主权者首先是因为他使自己脱离了在他所支配的权力下面的一切关系网，而在此意义上他不可能受到法律谴责，因为他身处世俗法律之外，也就无法被其约束。在构建主权统治者的概念的时候，博丹以一家之主（pater familiaris）的榜样为出发点：就像一个家庭的头领，无条件地领导着家庭成员一样，主权者也应如此来领导他的臣民。[①] 这样，博丹也就将古典的家园（oikos）的结构移植到了整个国家之上，家园的原初意义也就与城邦（polis）的意义融为一体。如果私人家庭和公开的、政治的领域间的区分被取消了，那么得出了另一种谱系的可能性，这与君主之名号的继承制谱系顺序有所区分：人一出生就进入了一个领域，其中家园的范围一开始就与国家相联系，于是绝对君主也将他的大权延展到了人的生命之起源处。

在绝对君主制的情况下，具有主权的观众给自己提供了一个这种制度的图形：在别处为思辨系统或形式意义的东西，在这里的最佳情况下成为一种代表性的表面，它却也能被绝对化，而成为一种广泛的控制和宣传机制，或成为一种表演进程的机构，而这一切会发展为一种消灭式的战略，这会使得它的面具之可见性最终陷入深渊，却不能够摧毁面具。面具一直都会透露那个想要用他所摄取的权力来强暴世界的人的行踪。在观众变得中性化且绝对化的同时，观众也最终成为具有现代色彩的独裁者，此时阿基米德支点变成一个盲点的危险性则在增加。中性和绝对的观众也有着陷入他自认为凌驾其上的那些纠缠之中的危险，他也就无法对其加以操纵了，而是要受其操纵。最终所有人都成为牺牲者，同时也很难在他们之间找到作案者。终局，那巨大的收场，在三百年之后以这么一种发生即将降临，也就是自以为主权的欧洲民族国家在一种毫无先例的理性与狂欢混杂中相互残杀，这个收场以第一次世界大战的形态临近，而它，用帕托契克（Patocka）的话来说，引入了一个时代，从而拉开了"作为战争的世纪"

---

① 参见让·博丹（Jean Bodin）《论共和六卷书》（*Les six livres de la République*）卷1，Paris：Gérard Mairet，1583年版，第3章与第9章。

之序幕。①

三、回转性的收场（katastrophé）

在《纯粹理性批判》的一段话中已经可见反抗沦陷的尝试。重要的是，以此为目标的思索是以观众为出发点的，而且要让观众不可不反思他的地位。这样，他就将自己纳入反思，从而进入到一种关联。在"第三谬误推理的批判"中，康德质问了人格同一性的可规定性，从而也质问了作为实体的灵魂，如同康德所述，至少是在涉及"我们对自己知识通过纯粹理性所做出的扩展""它从同一自己的单纯概念中拿主体的某种不间断的延续性来欺骗我们"②。人格的同一性知识基础在时间的内在直观的形式之上满足了我的意识连贯性的一个形式条件，仅就此而言，它有着合理性，但是人格同一性却无法在完整意义上得以完成，因为这在康德看来需要由综合的认知来处理。康德又说到，这里需要的是一个观察者，他能够像他者那样观察自己，而同时又不是一个他者。由于根本就没有这种观察者，自我观察也就只能获得那种康德所称的"同义反复"的解决办法。"但由于当我想要在一切表象的更替那里观察到这个单纯的'我'时，除了我又是我自己之外，我并不具有把我与我的意识的那些普遍条件进行比较的任何别的相关物，所以我就只能对一切问题给出同义反复的回答，因为我以我的概念以及统一性置换了那些应归于作为客体的我自己的属性，并把人们本来想要知道的东西当作了前提。"③

这里清晰可见，我们站在一个分岔路前。"同义反复"的发现暂且可被视为一种微弱的想要来拯救观众之独立地位的尝试。同时却也明显可见，观众变成了多个，他在我们当中的每一个人的身上，为了给自己人格的观众地位奠基，恰恰同义反复就不能被视为充足的。但观众不再具有能力，在自己家里来把握纵观的话，那么，它就更不可能认识到在它自身之外的东西了。结论也就是这样：观众之潜质是不足以证明人格之统一性

① 帕托契克（Patocka）的《异端的历史哲学论文》（*Heretical Essays in the Philosop hy of History*）之第六和最后一篇论文的标题为《二十世纪的战争和作为战争的二十世纪》（"Wars of the Twentieth Certuny and the Twentieth Century as War"）（Sandra Lehmann 译，Berlin：Suhrkamp-Verlag，2010）。

② 康德：《纯粹理性批判》，邓晓芒译，北京：人民出版社2004年版，第322页。

③ 康德：《纯粹理性批判》，邓晓芒译，北京：人民出版社2004年版，第322页。

的，因为它实际上并不拥有一个足以确立这一整体性的阿基米德点。从而可推出这么一个结论：这是康德在表达中没有明确指出的一点，即人格之同一性逃逸其可观察性。这种逃逸含有多重的内容，一方面，它放弃了认为有着一种在绝对的观众和他的面具中理所当然的关系的做法，在此，观众企图借助面具来主宰自我和世界；另一方面，具有标志性的是，一位观察者尝试用来把握自身的工具终归还是面具，同时却无法真实地把握自身，换言之，"人格"也就类似一种流变的结构，类似一个运动的图形，它不断地在面具（观众）和"自我"之间运动，而这也恰当地对应了人格的场域，这在古希腊时期也就得以描述了。

足足十五年之后，诺瓦利斯在他的费希特研究中将"自我感觉"和"自我观察"放置在一边，从而蕴含地指出，如果人们想要在与感觉之内在形式所不同的一种方式中，或是想要在自我观察之可能性的框架中来试图提出关于人格同一性的问题的话，那么这个问题就提错了。[1] 这不仅仅是指除了反思性的自我客体化之外，还有着另一种渠道来获得关于自我的知识。另外，它还指出，人格性的生命实现之本真的领域到底是什么。此领域后来被称作体验（Erleben）的领域，同时就此也指出，作为体验本身——从而也就作为所有经验之"中心"，即人格是不可被对象化的。

人格一般是无法把握、无法客体化的，恰恰这一点不是以肯定的方式来描述其本质的。这一点马克斯·舍勒（Max Scheler）在第一次世界大战爆发之前不久也着重提到过。[2] 最终是赫尔穆特·普莱斯纳（Helmuth Plessner）在大战爆发之后的几年内以明确的言语将这一发现表达出来了：人格的存在"确实是建立在无之上"[3]。它在无之中，因为体验本身是"无居所的"。人只是在完成他的体验时，才具有一个中心。用普莱斯纳原

---

① 参见诺瓦利斯（Novalis）《著作集·日记和信件》（*Werke, Tagebücher und Briefe*）第二卷，Hans-Joachim Mähl、Richard Samuel 编，München/Wien：Verlag Carl Hanser, 1978 年版，第 18 页。

② 参见马克斯·舍勒（Max Scheler）《伦理学之形式主义与质料伦理学》（"Der Formalismus in der Ethik und die materiale Wertethik"），载《舍勒全集》（*Gesammelte Werke*）卷二，Maria Scheler 编，Bern / München：Francke-Verlag, 5. Aufl, 1966 年版，第 386 页等。

③ 赫尔穆特·普莱斯纳（Helmuth Plessner）：《有机体的诸阶段与人》（*Die Stufen des Organischen und der Mensch*），第 3 版，Berlin：de Gruyter, 1975 年版，第 293 页。

本的话来说，"只有在实现中才会有一个实在的中心"①。为了能表述这一句话，也就需要现有某物，这可以用诺瓦利斯的"自我感觉"来称谓，即关于其本身体验实现的前对象性的知识。当人明确地与自身的体验达成一种关系的时候，按照普莱斯纳的说法，他是以离心的方式面对自身的。由于能够与与自身相关而发起行动且确实如此行动才是在完整意义上描述了人的地位，这本身也应该被称作为离心的。只有在离心的过程中，人才能获得位置：因为作为位置的中心也只能被体验而不可被把握，体验本身也就无法被定格。在这个意义上，它是"无居所的"——这是在它的位置是否可被定格的关系上来说的，而由于体验哪里都不存在，也就可以说，"他的体验之主体"，即人格，也就建基在无之上。

在这里需要仔细地注意就此种无而言的关系：人格之所以建基在无上，是因为它无法被固定，也就是说，无法被观察到。它对任何一位观察者的目光来说都是不可见的，从而也就没有一种属于现象（Erscheinung）（面具）和直观（Anschauung）之间关系的某种能力，此能力能够给予体验本身（即在其实现之中），从而又得出，没有一种观察性的视角可以正确地规定人格和具体的人格到底是什么。但是，当另外有可能可以把握体验以及规定人格的时候，离心的位置构成了人之存在，这样的规定也就必须一直要与被规定者联系在一起来查看，并且只有针对面具和观众的关系才有效力。从人格不可把握的这一认识出发，并无法得出这样的一种结论，即它是不可规定的，这却是在有着一个关于把握的可能性和界限的意识伴随着人格的前提下才成立的。人格不仅因为它作为人格，正如体验本身那样，不可固定，而建基在无之上，而且严格地来看，是出于这样一种原因，即它处在一个在那不可对象化的自我与要将其变为对象的企图之间所伸展开的无人之地中，而此类企图同时又是具有自身功能的体验。

从而得出以下三点结论。

第一，普莱斯纳关于人格的规定取消了在历史上具有深厚影响的那两个对希腊意义上的"人格"将以延续性构建的趋势，也就是古代世界晚期基督教的作为灵魂实体的规定，这同时具有内在的视角的趋势；以及近代对观众的强调，他以他的外在实在仅仅以他的躯体性之面具的意义来认识

---

① 赫尔穆特·普莱斯纳（Helmuth Plessner）：《有机体的诸阶段与人》（*Die Stufen des Orga-nischen und der Mensch*），第3版，Berlin：de Gruyter，1975年版，第290页。

内在。此时当然不可忘记的是，其中灵魂作为实体并获得对象化经历的规定也是从一个外在的视角得以被观察的。普莱斯纳所想到的是这两者的统一，即人格之内在的视角作为"灵魂"，以及其作为"身体"的外在视角，而且是以这样的方式，如同他自己所述，要展现"一种存在之不可取缔的双重面，一种真实的与其本性的断裂"①。这种双重面指的是自我和面具之间，即可见性与它从未能够被视为整体的超越之间的张力——总体来说，是一个运动场，这就被视为了人格的领域，这只能被视为人格的领域。

第二，对这个断裂的接受，在体验和反思自我离心式的运动中对人格完成这一事实的认可，很明显以另一个断裂的发生为前提，即不可能有着一个同一的已经包罗四方的观众的视角。针对近代的趋势来看，这样的体验意味着一种转向，一种视角的反转，例如东正教教会在之前几百年内试图用圣像的传统来试验的那种反转的视角一样，即一种观察方式。其中，世界不是在一个对其进行观察的视角之前展开，而是在其中，人被神纳入了视角。近代的视角中的一个类似的转向是大约 1900 年在西方发生的，也就是在现代艺术，如立体主义，与传统的视角进行了决裂——这是一种在胡塞尔哲学中也有着对应项的过程。② 在此，使之成为可能的是一种特殊的悬置，它将以中心为目的的视线加以中断，从而实在的多棱性，其多样的层次以及用来整合这一多样性的工具本身，都得到突显。两者都是使得其可见性条件本身变得可见的方式。

第三，从方法上来看，这种进路产生于一种现象学，此现象学所关心的是要揭示出一种实在的人格性自我理解的潜质。这是涉及已经完成了的那种人格的固定描述，或用胡塞尔的术语来表述，即一种构建性过程的最终构建性形态，其生成式的展开是可以重构的。在这样一种生成过程的重构之中，最终不仅是实在的、确实出现的那个过程之阶段被揭示出来了，那突显出来的可能性的视域也得以被揭示，简而言之，那个或这个这样展

---

① 赫尔穆特·普莱斯纳（Helmuth Plessner）：《有机体的诸阶段与人》（*Die Stufen des Organischen und der Mensch*），第 3 版，Berlin：de Gruyter，1975 年版，第 292 页。

② 参见汉斯·莱纳·赛普（Hans Rainer Sepp）的论文《作为现象学问题的立体主义》（"Der Kubismus als phänomenologisches Problem"），载《真理之多棱面：迈奥尔夫·韦伟尔纪念文集》（ *Ernesto Garzón Valdés und Ruth Zimmerling*（Hg.）：*Facetten der Wahrheit. Festschrift für Meinolf Wewel*），Freiburg/München：Verlag Karl Alber，1995 年版，第 295 – 321 页。

开的关系之潜能。所谓的"人之图形"（Menschen-Bilder）之相对的展现也就会呈现某些被动的成就之面貌，即那些已经被确定和仍未被确定的成就。这样的一种呈现当然在过程中也是一种确定式的，即便是意识中知道它所确定的其实是不可持久的，因为主题性被把握住的人格性存在在其本身就是一个关系和其流变性背景的张力域罢了。

在这样的限制下，但愿借着对人之图形的分析得以展现居家（oikos）的形式。这指向具体的场域，在这些形式的条件下，形成了不同体验风格；反之，它们有对在本性和社会性中都向外展开的人之构建性力量又有着规定。对戴着面具的自我针对其图形被纳入视线的角度和关系发文的企图，是一种卸下面具的工作，而它还是被局限在面具本身的视角中。这样的一种对面具的解构揭示了一个真相，当然，此真相是仅仅对它所采纳的视角之关系而言的，并且在这一方面，是不可比较的。从而，要呈现这一真相的努力也就逃脱了那种想要主宰的企图，如同它基于其不可比较性而不可被后者所主宰那样。同时，它仍然能够每时每刻都添加其他关系的结果。这样的一种位置摄取就会在那想要实现人格这一张力结构的地方得以立足。这是一种离心式的位置，其合法性是，它试图与人格之离心的场域对应。它却根本不是在第三人称角度之下的居家，后者在要求具有崇高性的同时也还属于自主性的年代；在建基于无上的人格之得以被揭示的境遇中，它缺乏一种基础，并且在被绝对化后，就仅仅是虚构了。

"我思，我在"中的"我在"①

罗伯特·施佩曼②

在《存在与时间》中，马丁·海德格尔（Martin Heidegger）写道："笛卡尔发现了'cogito sum'，就认为已为哲学找到了一个可靠的新基地。但是他这个'基本的'开端没有规定清楚正式这个思执的存在方式，说得更准确些，就是'我在'（sum）的存在的意义。"③ 问题则是，到底是否有着什么东西要被规定，"存在"是否作为第一概念，作为首要被认识的东西（primum notum）既不需要更进一步的规定，也无法如此得到规定。无疑，当笛卡尔对第六组反驳回应道，对"思想和存在的本性"的认识"对所有的人来说，都是天生的"，这是一种"内在的认识，总是在所获得的认识之前"④ 的时候，他是这么看的。笛卡尔在回复克莱尔色列（Clerselier）的信中回答道，"我思"（cogito）和"存在"（esse）为原初性的概念，"它们相互转换，无须肯定或否定"⑤。问题是，如何区分这两个概念？在"我思"中，它们所指的是同一个对象。它们却又不会是同义词，因为在"我思"中，发生了一个思想的进程，尽管并非以三段论的形式。此进程在于什么呢？为何从"我思"中得出了一个东西，而从它那所得出的与后者所发源的东西之间，是如何区分的呢？很明显，这两个概念在外延上是等同的，只要我们还未将怀疑的怪圈，将唯我主义的怪圈所打

---

① 原文标题为"Das'sum'im'Cogito sum'"，原载于《哲学研究期刊》（*Zeitschrift für philosophische Forschung*），1987 年第 41 期第 3 册，第 373 – 382 页。

② 罗伯特·施佩曼（Robert Spaemann，1927—2018），德国著名哲学家，曾任慕尼黑大学哲学教授。

③ Martin Heidegger，*Sein und Zeit*，Frankfurt：Max Niemeyer，第 5 版，1984 年版，第 24 页。中译文摘录于《存在与时间》，陈嘉映、王庆节译，商务印书馆 2015 年版，第 32 页。

④ René Descartes，*Oeurres de Descares*，Paris：Vrin，Charces Adam，Pawl Tannery 编，1642 年版，第 422 页。

⑤ René Descartes，*Oeurres de Descares*，Paris：Vrin，Charces Adam，Pawl Tannery 编，1647 年版，第 206 页。

破。而如"我思"要是有着一个含义的话，它们就不可能在内涵上为等同的。基本上，我们有着两种诠释的可能性。我要把其中的一个称作是形而上学——类比性的，而另一个则称为思辨——辩证性的。笛卡尔先是展开讨论第二个可能性。当我们简要地先讨论第一个解决方案的话，那么第二种可能在于什么，就会变得清楚。

第一个解决方案与笛卡尔的不同在于，在其"存在"中，并不是一个单义的概念，并非为一个清楚明了的感知，对它来说，而是"以多重的方式得以述说"（πολλαχως λέγεται）。在此，存在并不是指对某一个意识来说的最原初的对象性；"是"（to be）也并非像蒯因（Quine）在他著名的定义中所说的那样为"一个约束变量的值"，而恰恰相反，具有意识的生活是存在者之奠基性的范式。存在是现实（actualitas）。活生生的东西之现实性就是生命。"存在对活生生的东西来说，就是生活着"（Vivere viventiubs est esse），亚里士多德的这一句话出自《灵魂论》（De anima）[1]，一直在中世纪流传着，而大阿尔伯特（Albertus Magnus）从它得出结论说："已经设定了生命，从而就没有必要在添加'存在'"[2]。认知却并非生命的一个偶性，而是其最高的模式。因此托马斯·阿奎那（Thomas Aquinas）在《尼各马可伦理学注疏》（in Ethicorum）中写道："不能认知的人，活着，但只有半个生命。"[3] 我们只能借着有意识的生命的类比来理解无意识的生命，而借着有生命的东西的类比来理解无生命的东西。我们通过承认无生命的东西也有着一个"本性"（physis），即作为其特定的被推动的存在之内在的目的论原理的"自然"（natura）。因而，从思考推导到存在，是在这个角度下，为一种更强有力的论证（a fortiori）。因而，托马斯写道："在我们感知到我们在感知和理解中我们也就感知到我们存在"（In hoc autem quod sentimus nos sentire et intelligere, sentimus et intelligimus nos esse）[4]。完全如同大阿尔伯特已经说过的那样："智

---

① 亚里士多德（Aristoteles）：《论灵魂》第二卷第四章（De anima II, 4），415 b 13。

② 大阿尔伯特（Albertus Magnus）：《伪狄奥尼修〈论神性的名称〉注疏》（In Dionys. de div. nom.），ed. Col. 37, 1 col. 135a。

③ 托马斯·阿奎那（Thomas Aquinas）：《亚里士多德〈尼各马可伦理学〉注疏》第九卷第十一讲，编号 1902（in Ethicorum, lib. IX lect. 11, Nr. 1902）。

④ 托马斯·阿奎那（Thomas Aquinas）：《亚里士多德〈尼各马可伦理学〉注疏》第九卷第十一讲，编号 1902（in Ethicorum, lib. IX lect. 11, Nr. 1908）。

思者思索到自身存在。智思要比本质要多。"（Intelligens se intelligere esse. Intelligere enim plus est quam essentia）①

存在—生命—思考这三者的组合可以追溯到柏拉图的《智者篇》，并且在新柏拉图主义中拥有核心的意义②，它一直到 14 世纪都保持了规定性的地位。将意识（Bewußtsein）和存在（Sein）之间的关系作为一种类比关系来思考，预设了生命这一中词。活生生的存在之主观性经验——情感、痛苦、快感、欲求、追求、冲动——都是意识的内容，它们具有矢量性的意义。它们超越了意识，然而却并非指向意识之彼岸，而是指向此岸的。通过它们，我们总是处在一个目的性的结构中，此结构在一切意识之先，并且将我们与一切活着的东西联系在一起。

这个作为中词的生命对笛卡尔来说消失了。因而，亨利·古希尔（Henri Gouhier）写道："任何不属于思想之物的东西，都被广延之物所排斥。没有一个给予生命的余地，以此在心灵之存在和身躯之存在之间构建一个特别的秩序。"（Tout ce qui ne relève pas de la res rejeté du coté de la res extensa. Ii n'y a donc aucune place constituant un ordre spécifique entre l'esse de la mens et l'esse du cadaver）③ 就此而言，其决定性的缘由是在笛卡尔之前早就发生了的对任何一种目的性本性的系统性放弃，这种目的性被视为假象，实质上是不清晰的，因为它只能通过类比得到表述，因而被认为无用，"贫瘠，且如同不生孩子的献身上帝的贞女"（sterilis et tamquam virgo Deo conse crata, quae nihil parit）④。对本体论来说，放弃目的性的生命概念，类比的这条道路就被封闭了。取代类比位置的，是辩证法（Dialektik）。此辩证法或是有着一个立场之客观性对立的形式，而这些立场由于其内在的顽固不化，而无法转化为其对立面，或是拥有一个思想的形式，此思想思考着无限者，也就是关于绝对者的思辨理论的形式。此本质上无

---

① 大阿尔伯特（Albertus Magnus）：《伦理学》第九卷第三章（*Ethica*, IX, 3），《全集》（*Opera omnia*），ed. Borguet, VII, 591 b。

② 例如奥古斯丁（Augustinus）：《论真正的宗教》第 31 卷第 57 章（*De ver. rel.* XXXI, 57），《上帝之城》第八卷第四章（*De Civ. Dei* VIII, 4）。也参见阿多（Pierre Hadot）。

③ 亨利·高希尔（*Henri Gouhier*），《17 世纪的笛卡尔和奥古斯丁主义》（*Cartésianisme et Augustinisme au 17ième siècle*），Paris：Vrin, 1978, p. 175.

④ Francis Bacon, *De dignitate et augmentis scientiarum III*, 5, in *The Works of Lord Bacon* Bd. II, London：Bohn, 1984, p. 340。

法结束的客观辩证法回旋在自然主义和超验主义之间。还原性的自然主义声称，以笛卡尔的方式，生命是广延之物（res extensa）与作为有生命的东西之更高的复杂度的意识之总和。它试图以进化论来解释"我思"之"我是"，并将其规定为此世界中的在场存在。它当然无法为它自身之认知性的要求提供合法性理由。认知是一个有限系统的状态，通过此状态，此系统针对周边的刺激做出反应，但却无法以真理的要求来肯定这一点，"基本上，认识是真的"。原则上，我们无法将我们内在的状况超越性地转化到我们自身的他者身上。对主体之存在的询问也会如同在蒯因那里，以指向"科学"的方式来加以回答，后者就如同一个新的超验自我意愿，在一切存在的彼岸。胡塞尔的《笛卡尔式的沉思》从一开始就为了超验自我之纯粹的境遇特性而放弃了"我在"，并指责笛卡尔重新陷入了自然主义。但是，超验主义本身面对将超验主体性用进化论加以还原的企图是无能为力的。针对"真理中有什么"（黑格尔）的问题，被化解为两个原则上互不兼容的方式论式的设定。就倾向于这两者中的哪一个而停止辩证法，这最终是个人喜好的问题了。

在有意识地沿用亚里士多德的"生活对有生命者来说即为存在"（vivere viventibus est esse）的时候，海德格尔曾经试图使用一个对有意识的生命的现象学来解释"我在"的意义，并且从与我们有意识的在世存在（In-der-Welt-sein）之类比出发，来理解我们所称为生命的东西。对笛卡尔来说，【375】却是在近代本体论意义上无法再走类比这条路了，从中，他承担起后果，这正是与所描述过的所谓无意识的辩证法的不同的可能性，并且他也付出了要克服此辩证法的代价，即将本体论神学化。类比被关于有限和无限的意识的思辨辩证法所取代。在此框架下，"我在"就获得了一个新的含义。此"我在"将有限和无限的意识之间的区分固化了。它使得有限的意识之欺骗性成为可能，并同时给予此欺骗性一个规定了的限定。关于这些我想在下文加以阐述。

首先在我看来，重要的是要搞清楚"我思"中的"我"是不可被理解为一个逻辑上的专名的。假若是这个情况的话，那么此句子就会是一个建基在乞题（petitio principio）之上的同义反复。问题就是，我从而认识到一个思考着的我？约翰·哥特利勃·费希特（Johann Gottlieb Fichte）因此将这个原初性的现象描述为"有思考"（es wird gedacht）①。另外，"有思考"的提问已经可以在阿维森纳那里找到了，他构建了一个被绑着四肢的盲人，此人无法动弹，在真空中飞行。亚里士多德和康德的观点是，自我认识只可能是一种从对象认知出发获得的反思性回归，与这个观点相对，阿维森纳认为，此人是有可能有着认知的，即"有思考"②。我们首先应该将"我"（das "ego"）理解为"有思考"（cogiatur）的一种谓词性规定，作为一种结构性的特征。思考（cogitare）具有"我思"（cogito）的形式。除了"有思考"（cogitatur）之外，我们也可以说"有着我思"（Es gibt Cogito），或是"思考以我思（cogito）的形式发生"。此命题与"我思"（cogito）的单纯实现相比，并不具有新的内容。它只是展现了一个新的反思阶段。而且是一种第三阶的元思想。因为，我思（das cogito）本身就已经是一种元思想了。在它之中，还对怀疑加以反思，而怀疑被作为思想的一个例子得以被关注。而怀疑针对的是自然意识的整个范围，它对此意识来说，又已经是一种元思想了。

我们也就要涉及四个意识的阶段：①天真的意识；②怀疑；③将怀疑归摄在思（cogitatio）之下；④对"我思"的反思，也就是"我在"。

【376】

这些反思的阶段展现出一个特定的视域意识和对象意识之辩证。一方面，"我思"是一切所思者的视域，"世界之界限"，就像维特根斯坦说的那样。另一方面，它自己也是世界中的一个被思维了的发生，即便在世界只有这么一个对象的时候，也是如此。天真的意识是视域（Horizont），如维特根斯坦所说的"世界之界限"③。此怀疑使得这个视域得到了对象化。对此怀疑来说，明证成为可能的特质，成为一个内在之物或系统之可能本身就被误解的状况。此"我思"（cogito）则是一种发现，如黑格尔说的那

---

① 约翰·哥特利勃·费希特（Johann Gottlieb Fichte）：《人类的使命》（"Die Bestimmung des Menschen"），载《作品集》（*Werke*），Berlin：Walter de Gruyter，1971 年版，第 244 页。

② 阿维森纳（Avicenna）：《论灵魂》第一卷第一章（*De anima* I，1），S. van Riet 编，卷一，Frankfurt. a M.：Suhrkamp，1972 年版，第 36 页等。也参见福尔兰尼（Furlani）。

③ 维特根斯坦（Wittgenstein）：《逻辑哲学论》（*Tractatus Logico-Philosophicus*），《作品集》第一卷（*Schriften* Bd. 1），1969 年版，第 65 页。

样，此发现能够将质疑放置到质疑之中。① 因为怀疑本身还是那个意识的一个形态，它想要将此意识放置到括号之中。它仍然处在那个它想要将其对象化的视域中。但是，在"我在"（sum）中，也就是在"有着一个我思"的意义上的我在，此"我思"有一次成为世界的事实（Faktum），成为一个对象，一个"物"（res）。此物（res）从而不再是以先天（a priori）的方式充盈着那个由"我思"（cogito）所扩展出来的空间。即使在它是万物之集合中的唯一成员的时候，它也不再与此集合等同了。因此，此思考着的物体（res cogitans）的存在（Sein）就与思考本身有了区分。笛卡尔借着亚里士多德的实体与偶性的概念来诠释此区分。至于实体之存在，它与它的思之存在是有着区分的："我们并不是通过它自身来直接认识到此实体的，而仅仅由于它是其行动的主体而认识到它的。"（nous ne connaissons pas la substance immédiatement par elle même, mais seulement parce qu'elle est le sujet de quelques actes）② 这却是在说，"我思"（cogito）的自我确定性之直接性在过渡到"我在"（sum）的时候又被遗失了。对有限的实体之认识并没有什么直接性。

此时出现的问题是：从哪个出发点出发，有可能得到一个对"我思"的又一次的对象化，通过这个对象化，得以将"我思"最终作为存在者稳定下来呢？胡塞尔就批评过这一步。③ 超验的自我对他来说，本质上是最终的视域，而恰恰因此不可能为对象，并非世界中的【377】一个存在者。那个企图想要将其对象化的那个人不是引入了一个无穷尽的倒退吗？这个由原层面所组成的无穷倒退就会是笛卡尔所关心的确定性之对立面。费希特是如此来描述它的："我根本就不认识什么存在，也不认识我自己的存在。并没有什么存在。我自己根本就不知道也并不存在。存在的是图像。它们是唯一存在的东西，它们也以图像的方式意识到自身：图像是流逝

---

① 参见黑格尔（Hegel）《精神现象学》（*Phänomenologie des Geistes*），《著作集》第二卷（*Werke*, ed. Gockner, Bd. II），Frankfurt a. M.：Suhrkamp，1951 年版，《宗教哲学讲座》（*Vgl. auch：Vorlesungen über die Philosophie der Religion*），《著作集》第十五卷（*Werke*, 68, Bd. 15），Frankfurt a. M.：Suhrkamp，第 136 页："当怀疑成为了怀疑的对象的时候，……怀疑也就消失了"（"Wird der Zweifel Gegenstand des Zweifels, ... so verschwindet der Zweifel"）。

② 笛卡尔（Descartes）：《沉思集·对十三个反驳的回应》（*Méditations, Réponses aux troisièmes objections*. Obj. II, Paris：Vrin, 1647 年版，第 136 页）。

③ 参见胡塞尔（Husserl）《笛卡尔式沉思》（"Cartesianische Meditationen"），载《胡塞尔全集》第一卷（*Husserliana Bd. 1*），Berlih / New York / Heidelberg：Springer, 1950 年版。

的，却没有什么是在它们面前流逝而过的；它们通过图像之图像相互关联。它们并不是在自身中描述了什么东西，它们没有含义也没有目的。我自己就是这些图像中的一个：我甚至连这个都不是，我只是一个模糊的图像之图像。"① 在另一处，费希特说得很好："我们由此就为了每个人的意识一直无限地需求一个新的意识，其对象是前面一个意识，因此就永远无法能够得到一个实际的意识。"② 众所皆知，笛卡尔在对第六个反驳的回应中见到了一个此类的无穷倒退的问题，即一个"关于此科学的科学，由此，认识到它在认知，并且认识到它意识到它在认知，直到无穷尽"(science de cette science, par laquelle il connaisse qu'il sait et derechef qu'il sait qu'il sait et ainsi jusqu'à l'infini)③。这个描述几乎是以同意的言辞出现在托马斯·阿奎那那里的。在问上帝是否在实体上与他的认知同一的时候，托马斯首先反驳道，一切认知都是对某物的认知。接着，他说："因为上帝认识到自身，如果他所认识到的仅仅是他的认知活动的话，那么，他认识到自身，如此则无穷尽。"(Cum ergo Deus intelligit se, si ipsemet non est aliud quam suum intelligere, intelligit et intelligere se intelligere se et sic in infinitum) 托马斯对此反驳回应道，它包含了一个乞题，也就是将认知与其对象加以分离。这却仅仅是针对有限的认知有着建构意义。针对那个在自身中自存着的认知（intelligere in seipso subsistens），则是："关于它自身而并不关于另一个其他的东西，以至于无穷尽。"(est sui ipsius et non alicuius alterius, ut sic oporteat procedure in infinitum)④ 换言之，用费希特的话来说，所涉及的是"一个意识，其中，主体性的和客体性的根本是不可分离的，而且是绝对的一和同一个"⑤。

笛卡尔是如何逃离反思的无穷倒退的呢？其中，"我思"不断地将自我对象化。这为的是在它的对象化之后，作为非对象化的视域又一次在此

① 费希特（Fichte）：《论人之使命》(*Die Bestimmung des Menschen*)，Wulter de Gruyter, 1971 年版，第 245 页。

② 费希特（Fichte）：《知识学新论》第一卷 (*Versuch einer neuen Darstellung der Wissenschaftslehre*)，Berlin：Walter de Grwfter, 1971 年版，第 526 页。

③ 笛卡尔（Descartes）：《沉思集——对第十六个反驳的回应》(Médiations, *Résponses aux sixièmes Objections*)，Paris：Vrin, 1947 年版，第 225 页。

④ 托马斯·阿奎那（Thomas Aquinas），《神学大全》(*S. theol.*)，I, qu XIV, art. 4, obj. 3 und ad 3.（第一卷第十四个问题第 4 章，反驳 3 和对第 3 个反驳的回应）。

⑤ 费希特（Fichte）：Berlih：Walfer de Gruyter, 1971 年版，第 527 页。

对象化后面浮现吗?【379】让我们再一次考察一下这四个意识的阶层吧。第一个阶层和第三个阶层的特征是,在它们上面,意识仅仅是一个视域,是世界的边缘,并非世界中的事实。这也适用于天真的意识,而且也适用于反思,此反思将那个把意识对象化了的意识揭示为展开的认知的一个模式。第二个阶层和第四个阶层,也就是说,第一个阶层和第三个阶层的反思让意识变得有限,使得它成为世界里的一个事实。怀疑对此可能性加以反思,即明证也仅仅是一种特征,它只是一个有限的实体的一个无超越性的状态罢了。此"我在"(sum)却反思的是此实体的存在。不再预设一个视域,而此视域决定了此"我在"(sum)的含义,并且又一次会被对象化,因而如此无穷尽地前进,以至于我们从不会知道,我们用"我在"到底指的是什么,而这如何可能呢?

对此的回答是:怀疑所使之得以可能的是同一个东西,这个东西使得它的最终克服成为可能,也就是对一个绝对意识的预见(Antizipation),从而也伴随着对一个决定性的真实的世界的预见。只有在这样一个预见的背景下,我的世界也有可能是错误的世界。尼采(Nietzsche)在要求克服关于真实世界的思想的时候,预见到了这一点,因为与它一同,错误的东西之错误性也就一同消失了。这样,以为在自身之外不存在任何实在的世界的梦幻与清醒之时的意识就无法区分了。

对笛卡尔来说,对明证的怀疑并非偶然地与一个关于由上帝所引起的可能被欺骗的状况相等同的。即便他由于其矛盾性而无法坚持一个欺骗他人的上帝的思想,而必须用那个"邪恶精灵"(génie malin)来替换它,他仍然是需要上帝的观念的,为的是能够进入一个普遍的怀疑中。只有一个有限的意识才会出错。上帝的观念是一个视域,其中,"我思"(cogito)失去了其绝对的视域特性,成为一个有限的事实(Faktum),变成一个物(res),从而也就成为一个"邪恶精灵"(genius malignus)之欺骗企图的可能受害者。笛卡尔将上帝作为那个"全能者,而且通过他,我被创造并生产为我所是的样子"(qui peut tout, et par qui j'ai été créé et produit tel que je suis)[①]。只有当我是"这样的一个"(un tel),是一个"如此样子的"(So-und-so)时候,才会出现关于我可以被欺骗的问题。而我只有在那个使得我成为这样一个的目光存在的时候,我才是"这样的一个"(un

---

① 笛卡尔(Descartes):《沉思集》(Médiations),Paris:Xrin,1947年版,第16页。

tel）。只有无限者的预期才使得"我在"（cogito）从一个包罗万象的视域成为一个对象，成为一个有限的【379】物（Ding）。只有在上帝的前提之下，那个欺骗性的精灵（génie trompeur）才是可能的。

那个使得欺骗者成为可能的东西，同时也是为欺骗设置了一个先天的界限的东西。首先，为了重新设立"我思"的视域特性，它当然是不需要上帝观念的。第二个反思"我怀疑因而我思"是自明的，并且是无法忽视的。但是它同样也是空洞的。意识之视域则缩小到了怀疑之时间和内容上无广延的点上。"我思"作为形式仍然是无内容的，作为视域则是无对象的。形式的内容是它自身的单纯的特定化形式，即把一切认知都以怀疑这个意识的形式得以扬弃。它就是所谓的无限的意识之否定性的镜像，那个对思想的思考（noesis noeseos），即对认知的认知，其中，并没有任何内容被认识到，因为有限的认知根本上是其自身之他者的映照。一个只映照自身的镜子是什么东西呢？它是一个自为之自为的存在吗？笛卡尔是如何从自在之自为存在中得出了自为之自在存在的呢？也就是说，得出了"我在"？实际上，此"我在"是通过同一个思想而变得可能的，通过这个思想，普遍的欺骗成为可能，这是一个关于空间的思想，它由一个与我不同的无限的意识而得以成型，而且，在此意识中，某物可以作为其自身而为他者此在。关于特性的思想就是关于此类空间的思想。我是"如此的"（untel），也就是说，是有限的且为一个可能的影响的对象，这是我可被欺骗性的前提，而一位可能的有势力者作为有限的欺骗者是无法对其加以支配的。在同样的思想之背景下，那个有限的主体却意识到了这个不可置疑的前提，而通过此思想，它也意识到了自己的可被欺骗性，也就意识到了上帝的观念。

在讨论到上帝存在证明的时候，笛卡尔由此以经验的方式引入了上帝的观念。我们在自身中发现它，而且我们知道，我们自己并不可能为其原因。这个论述看似有着一个弱点。看上去，笛卡尔在此单纯地让那些相对具有预设性质的关于可能的因果关系的前提摆脱了质疑。我们如何能知道，我们可以是哪些东西的原因，不可以是哪些东西的原因呢？但事实上，情况并非如此。上帝的观念必须要被视为是与"我思"同源的才对，因为它与"我思"一同处在一个相互制约的关系之中。在此观念中，意识预期到了一个绝对的、原则上无限的空间，它并不是借着一个有限的视角得以构建的。只有在这么一个空间中，某物才能够作为自身显现。而此预期【380】是那个真理概念的条件，此概念将"我思"变成了一个存在者且使得它变得可以被欺骗。在这个预期中，那个"我认识到我自身正在思考"（cogito me cogitare）等的序列被终止了。在这个绝对的空间中，我才能够将我自身思考为一个对他者之真或伪的判断的可能对象，而这指的是：作为自在的存在（An-sich-sein）。我的思考并没有创造出这个空间。它认识到它自身出现在这真理空间之中。而这也就意味着：每一个想要在实在之整体空间中声称我的认知之缺席的他者意识都会是在做错误的判断。而这不仅对我来说意味着我是自为地存在。这意味着"我在"。

关于无限存在的观念因而不能被理解为是我（Ich）的投影，因为可能的欺骗之基础的"我在"只有在这个观念之下才得以思考。没有造物主神的观念，笛卡尔既不能够获得极端的怀疑，也不能够获得在确定性中的对其的消解。因而，他得以在《沉思集·三》中写道，"我是用我领会我自己的那个功能去领会这个形象的（里面包含有上帝的观念）"①。晚期的笛卡尔主义，特别是马勒伯朗士，从而得出结论，认为上帝之观念不仅不能由有限的我所引起，而且它在我中，也不可能像偶性在实体中那样存在。我们心中的上帝的观念只可能像光在透光体中那样而存在，按照亚里士多德的说法，它永不会成为透光体的属性，而永远只是作为它自身而存在。在这个意义上，另一位笛卡尔主义者，费奈隆（Fénelon）则写道："上帝就是我关于他所拥有的观念本身。"② 这已经是德国观念论的基本思想了。

那个不再将自身作为生命之最高形式，而只是作为纯粹的自我来认识的有限的认知（cogitatio）并不能在其有限性中被孤立起来，从而不会由此让自身消失。它的内涵性的内容在怀疑中就被完全消解掉了。

如同萨特在法国哲学协会所做的一个演讲中所说的那样，没有了滞留（retention）和前摄（protension），意识是无法构建时间性的。萨特继续讲到，没有上帝的观念，没有那"实体主义的跳跃"，认知也就无法将自身从唯我主义中解放出来，而此跳跃是与那种"本体论式的跳跃"等同的，

① 笛卡尔（Descartes）：《沉思集》（Médiations），Paris：Vrin，1614 年版，第 41 页。中译文引自笛卡尔《第一哲学沉思集》，庞景仁译，商务印书馆 2016 年版，第 56 页。
② 费内隆（Fénelon）：《论上帝之存在》（"Traité de l'existence de Dieu"），载《著作集·一》（Oeuvres I），Paris：J. Leroux et Jouby，1851 年版，第 56 页。

而认知也无法就自身存在加以任何述说。①【381】它只是视域、世界的界限。胡塞尔就已经指责过笛卡尔犯下了这种实体主义的跳跃了，它将自我（ego）转变为一个存在者。但是，笛卡尔却并没有让人们去做这样的一个跳跃，而他的论点则是，我们在思考的同时，就已经做了这样的一个跳跃了，无限者的空间就总是已经开放的，其中，在他者看来，我们自己就是可能的对象，因为我们"在我们心中"发现了无限者的观念。

笛卡尔的"我思"是通过这一点才将自身理解为存在者的，即它在对一个绝对的、与自己完全同一的存在的预期中，将自身加以了二分，此存在与它自身相区分，而它也将自身划分为一个通过这个神性存在而被物体化（be-dingtes）的"物"（Ding），即思考之物（res cogitans），此物是它自身，而其实体性却恰恰并不等同于它的认知。因而，之后弗里德里希·谢林（Friedrich Schelling）在1795年的《关于独断论和批评主义的哲学书信》（*Briefe über Dogmatismus und Kritizismus*）中写道："我在。我的自我获得了一个存在，它在一切思考和表象之先。"②此"我在"并不能够被理解为一个有限的意识之反思过程的结果。只有通过对他者以及其目光的预期，此过程才会止住。当他者不再愿意欺骗自己的时候，他就必须思考到我在思考。在这个"他思考到我在思考"（cogitat me cogitare）之中，"我思"认识到，它自身为"我在"。【382】

---

① 参见萨特（Sartre）《自我意识与自我认识》（"Conscience de soi et connaissance de soi"），载《法国哲学协会简报》（*Bulletin de la Société Française de Philosophie*），1948年第92期。

② 谢林（Schelling）：《论作为哲学原理的自我》（"Vom Ich als Prinzip der Philosophie"），载《谢林作品集》卷一（*Sämtliche Werke*，Bd. 1），Stuttgart：J. G. Cotta，1856年版，第167页。

共处与超越①

伯恩哈德·维尔特

　　我们试着来思索，人之共处（Miteinander）是什么。我们问，这是什么？你和我？我们共同在一起？我们询问那个"和"（Und）。

　　问这个问题，我们不以经验的方式，而是以哲学的方式。我们也就是问：那个本质性的东西，也就是一切事实都以其为基准的那个，到底是什么？共在在其本质中，是建立在什么之上的？②

一

　　为了对其正确思考，我们首先必须学会观察到那个共在，就是我们在其中活动的那个，是很特别的，甚至是奇特的。我们必须首先把这个现象放置在思想的眼睛之前，我们要询问这个现象的本质。

　　一个人和又一个人，在我们看来，这很容易显得是单单两个单位的叠加罢了——两个人。然而，如果"一个人和另一个人"所要说到的是"两个相互会面的人，两个对他们来说他们的会面有意义的人，两个共同在一起的人"，那么我们就会看到，这与单纯的两个单位的叠加是完全不同的。叠加只是把两个单位一起计数，却不改变它们。人的共在却从根本上改变了每一个人的存在方式，并且相对单纯的单独存在，如果有一种这样的存在的话，是完全不一样的。

　　我们中的每一个人都有这样的经历：一个人去旅行或是与别人一起去

---

　　①　原文标题为"Miteinandersein und Transzendenz"，撰写于1963年，刊订在《维尔特全集》（*Gesammelfe Werke*），第一部第一册，Freiburg：Herder，2006年版，第151 – 160页。

　　②　在这篇文章重印的时候，伯恩哈德·维尔特提到了《托马斯·阿奎那论恶》（"Thornas Aquin Über das Böse"）这篇文章［载于维尔特的《在永恒的痕迹上——关于宗教和神学哲学之不同对象的哲学论述》（*Auf der Spur des Ewigen. Philosophische Abhandlungen Über verschiedene Gegenstände der Religion und Theologie*"），Freiburg/Basel/Wien：Herder，1965年版，第155 – 169页］。——编者注

旅行，这两种情况是完全不同的。在后一种情况中，与单独去旅行相比，一切都是不同的。世界不一样，我们自己在此也不一样。在我们与别人共同出行的时候，景色、城市和人如何对待我：我的整个世界都如同【151】渗入了共在一样，并且通过共在，在整体上都像是变得敏锐了似的。

而在此，我自身在我的世界之中也是不一样的，因为我是和你在那里的。从你出发，你认识和接触到的我，也就是我的存在。而我的存在方式则是认识你和接触你，与单纯的单独存在相比，这是一种全然不同的、崭新的此在方式。

这样，我在世界中的存在（In-der-Welt-Sein）之整体也就渗入了共在之中，在其中整体得到了转变。

可见，共在是我们作为世界中的存在之特别的质性，却绝非一种我们此在之单个部分的简单叠加。它是一种质性，并且从根本和整体上规定了每一个人作为他自身在世界中的此在，也在他此在的方式上，对他施以影响。

这种把此在作为共在的质性规定，单独来看，或许在经验上不引人注目。但是，不需要太多想象力就可见，在这规定之中，有着对人不可忽视的命运之可能性。会面和共在可能会是障碍，也可能会是解放；可能会是人性意义上最高的幸福，也可能会是一切幸福的破灭、人之此在的悲剧。人对人来说，会有多少不同的意义啊！命运的路途和可能性只植根在会面和共在的奥秘之上，并发源于它，这些路途和可能性是多么神秘啊！共在于人，是美妙、神秘、不可测的，或者会变得如此。神秘、美妙和不可测是共在的质性，也就与人之单元的简单叠加截然不同。

只有当我们至少能够大概认识到这一点和开始认识到这一点的时候，才能够正确理解我们在这里思索的问题，即共在，这是什么？这一特别的存在方式之本质是什么呢？当我们说到你和我的时候，在"和"（Und）这个不起眼的词后面，有什么呢？

二

在思索这个问题的同时，我们先获得的是许多不同现象。是什么把人们结合成为共在？是什么给予这个共在的本质？这首先是以多种形态展现出来的。【152】家庭是这样的一个形态。或是一个共同致力的作品可以把人们结合成一种共在；或是命运教会他们说，我们，这些有着共同命运的人；或是一种精神性的、艺术性的、政治的理念会把人们在一定意义上联合在一起，使得人们结合为共在的可能形态的序列，很容易继续延伸下去。

在这种形态的多样性中，是否在某处展现出来有着主导性的、对整体来说具有规范作用的现象域，其中有着类似本质的东西得到表述，而不是单纯的事实？我们寻找那些现象域，其中，我们在那些常常会流散成偶然的形态的多样之中和之后，或许能够察觉到共在的同一本质，以及其本质性的衡量一切的尺度。

我们试着从三个不同的方向来洞察这些现象域。

至今，如同自发的那样，浮现出来一种绝对的东西，它就像是从里面和上面，作为共在深处的灵魂和精神生长出来。然后，人们或许就认识到，在他们由衷为真理、正义、自由之绝对而致力的时候，他们是以某种方式同心协力的，并且是共同在一起的，这种方式先于任何其他方式。人们以行动的方式实现他们的此在，此时，他们突破了策略性的顾忌和浅薄的实用性的困扰，而进入更高的良心领域中，处在那活生生的和绝对的召唤之下。这个召唤对人来说，会在真理和正义中。人们也意识到，他们是一同处在这个召唤之下的。那此时，他们就会发现精神的同盟，它把他们联合在一起，并在它之中，真正和本质意义上的人之共在出现在他们面前。在本质上，这个同盟是无法强迫的，也不会由于好处或危险而被撼动。这时，绝对者就显示了出来，它跨越、超越了一切可支配和相对的事物，并且是不可预计的。卡尔·雅斯佩尔斯（Karl Jaspers）深刻地描绘过这样的现象。①【153】

在两个人单纯的友谊之中，会无名地生成一个从未提到过的忠诚的活生生的本体。它的地位和精神力量超越了一切有限性，并且向他们展现出来，它就是他们共在的本质性真理，是那个使得属于它的人们同心同德的那个真理。因为它把他们中每个人都带入了那最高的、最具有实体性的自由，而且跨越和超越了一切有限的目的。

超越着的绝对者也就显现出来是共在本质性的真理，虽然这只是在稀

---

① 参见《存在之明现》（*Existenzerhellung*）一书（柏林：Springer，1932 年）中的《共融》（"Kommunikation"）一章（从大约第 50 页起）；卡尔·雅斯佩尔斯（Karl Jaspers）《哲学》第二卷 *Existenzerhellung*，Berlin/Heidelberg/New York：Springer，1973 年，第四版，第 50 – 117 页。

罕和崇高的情况下发生的事情。但是，如此罕见的也是在原初意义上普遍的。因为它在所有人眼前都树立了一个标尺，这个标尺涉及所有人，并使得所有人想到：应该如此，就算这样并不是总行得通。没人能够从外面到共在中与绝对者的召唤会面，比如，在他朋友的生活中、在同代人的榜样中、在文学作品中。而同时，这个会面却在他心中没有使得绝对者的标尺觉醒，而在此时要求他的本质就存在于失去亲友的精神痛苦中，或许可以最清楚地察觉到这一点。

这超越着的绝对者是人之共在的真实灵魂、真实本质吗？我们在此获得了什么线索呢？

我们试着与此一同来观察其他现象领域。我们现在不往深处观察，而是向人之共在的广度展望。我们问道：人们跨越那些隔离他们的一切（比如利益的不同，时间、空间、文化的隔离），总是能相互关注并且从来就不可能是彼此那么漠不关心的，以至于漠不关心本身也不是一种相互间的行为、一种关注、一种共在，这是从何而来的呢？我们在我们的本性上、在我们此在的根基上，也就注定是要与多人联合的，甚至是要与所有人联合的，这是从何而来的呢？为什么我们总是要有理并且要从尽量多的人那里得到承认呢？为什么当我们意识到有人，就算只是少数人，并不同意我们的想法、不承认我们的权利和目标时，我们就会觉得难过呢？为什么当我们的思想、我们的目标找不到回音的时候，虽然这不一定就说【154】它们是不真实或不正确的，然而此时却显得毫无支持和无用的，缺乏其意义之应有空间的呢？为什么我们此时觉得自己也是无用的呢？

反之，为什么在我们得到了很多人的赞同，并且我们见到，所有人，甚至是最边缘的人，都充满了赞同，而在很大和最大的范围中，就像是有同一颗心和同一个灵魂的时候，我们的思想、我们的目标和我们的此在本身也就与此一同发光和闪耀呢？

这些现象不都是在说，人之本质根基中，有着这样一个东西，它按其广度是囊括一切的吗？在这广泛的赞同之中，我们的此在开始闪耀，这也就证明了在这种赞同中，现实和本质（也就是应该是的那个）开始变得相符了。

这囊括一切的原则在人的此在中作为共在而运作着，它发自自身超越了一切界限。我们这又谈到了共在中的绝对超越者、跨越者。无论在哪里有人反对我们，无论他是在远处或是在一个遥远的时代，我们内心中的思想都不会舒适，而我们感觉到，在我们心中有着这么一个东西，它不容许这个界限，因为它根本就不容许任何界限。为什么荣誉会有这种一直向前驱动它的动力呢？

在我们的共在的根基之中，有着一个活生生的囊括一切者，并且在这囊括一切者中，有超越一切界限的东西。我们首先在这里见到的，属于超越的绝对者。

我们在这里添上第三系列观察。人之共在显然出于自身的根基而具有向往崇高（das Erhabene）的趋势。我们已经提到的荣誉，这是一种在共在中将此在以特别的方式向高处的提升：高处显得对应着广度，并与此相符。在共在的公开和明显的形式茁壮地、按其本性地发展的地方，我们很容易就见到皇冠之光芒、雄伟的建筑之庄重、装点着统治着的人和他们公开行动的仪式的此类现象，都是提升到【155】崇高和庆典高度的现象，也就是那神圣的，在人之共在最高处的那个。现代的民主生活方式离这个可能是比以前及不同时代要远。但就是在这里，也显现出那从共在之顶端发出的光芒，对庄重代表的需求，这是对此光芒和高度的当前化，以及仪式、有礼节的庆典总是自动地不时出现着。

在人的社会顶端那里，不断显现出向往崇高的趋势，虽然这与我们此在的平均地位相比，是不寻常的。但是，它却和那涉及一切并在人之共同体中活着的那个有着没有被注意到的奇特的关联。当我们恰恰想到在人类社会顶端出现的庆典的意义的时候，就会见到这一点了。这个意义是明显的：权力和荣誉的显现、展现和达到此在，而且这并不是单个个人的崇高，而是整体的崇高，在整体的顶端单个个人作为社会的首领以代表性的角色出场。所以，代表也是属于公众的，属于国家、社会、教会的公众的。所有人，就是广泛的共在的整体，都应该在其中认识到这个整体的尊严和威严。代表也就具有这么一个意义：共在的整体在其中变得当前，在它本质的尊严之中。

从而可得，向往崇高的趋向是绝对地、完整地属于人之共在的，这恰恰是因为它更多是在人类社会的顶端出现。

现在我们则有在这个领域见到那超越性的趋势了。似乎崇高使其获得表达的那些有限的可能性是从不满足人之共在的本质本来所要求的。所以，崇高也就一直致力于更强地进行表达，事实上所获得的荣耀也本来就从不会足够高尚，而且恰恰是在与平庸相比之下的非常高的荣耀那里，最强烈地有这样的感受。那里也就出现了这样一个让人担心的问题：难道这就是我们所能达到的一切了吗？

在一切情况下，我们都感觉到有一个总是努力向前的原则，它【156】总是想要更高的，而这却内在地跨越和超越了一切实际的有限可能性，越过了仅仅相对的那一切，以其伟大和崇高来看，在任何意义上都不再以相对的那个为目标。

我们做个总结：在其深度、宽度和广度上，在人之共处的一切维度上，人都可以觉察到一个全然超越了有限之物和相对之物的界限的原则。在这倾向于使用布莱士·帕斯卡（Blaise Pascal）的一句话："人无限地超越了人。"①

如果我们尝试要把这个显然活生生地处在一切人之共处的根基之中的超越性原则从所观察到的现象出发加以命名的话，那就有必要把它命名为——那绝对的无条件者、绝对的囊括万物者、绝对和纯粹的崇高和高尚。

这三个规定是三个路标指向。它们一同超越了在它们身上直接可以把握到的一切而指向一个更高的目标，它们也显得是在不可把握得到的一点互相汇合。那是绝对的、把持一切的纯粹的崇高、纯粹的存在。

这些指向了神圣、神性、上帝。

在那看上去不起眼的"和"所在之处，即我和你，那里我们沿着本质性的现象，最终找到了那不可言说的面容。其中，自身而言相隔和单个的那些，都统统联系在一起，也都统统合一。

马丁·布伯（Martin Buber）已经说出了这个洞见："那些延长了的关系在永恒的你中，交汇了。每个单个的你都是通往他的渠道。通过每一个单个的你，这个基本词也就指谓了那永恒者。"② 最终，当我们朝着人之共在的超越符号展望的时候，这就展现在这些符号之中。

---

① 参见布莱士·帕斯卡（Blaise Pascal）《沉思录》（*Pensées*），第 434 条。——德文版编者注

② Martin Buber, *Die Schriften über das dialogische Prinzip*, Heidelberg：Lambert Schneider, 1954，p. 76.

三

这个超越性却马上就有了一个反向的结果，也就是朝向那有限的、内在的（并非超越性的）、在时间之此在中的共在之实现的条件。如果我们想要看清共在之超越性的整体形态的话，还需对此结果就其本质和后果简要地加以描绘。【157】

此结果即内在的有限的此在之事实中，是无法纯粹地达到且实现人之共在整体超越地进入无限的这种本质的。在有限中，对其本质的完全实现是无法获得的。

从而在共处和其形式中，人们总是努力地想要超越他们的所是或他们能够成为的所是。因而他们就停留在他们实际上共同获得的那一切之中，总是在他们所想要获得的那个目标之后，而他们的本质以那超越一切有限的声音呼唤着他们朝着这个目标努力。在时间之有限的此在中，人之共在是无法得到完满的。这就是那内在性的结果，而此内在性是从共在之超越性的本质中得出的。

对人们来说，能成就高尚和纯洁的形象，如永恒之符号和象征。但是，根本性的东西却还总是在此之外，在那些仅仅由信仰和希望才能抵达的领域里。

人之共在之超越性本质的这个内在的结果还有一个后果就是一个深层的且神秘的对人之共在的威胁。

人之共在从其超越性的特性以及就其内在的不完满的状态而言，就一直会因受到诱惑而变得不耐烦，要以其意志之主观性去掠夺那确实无法完全获得的，却在理念上无法完全放弃的东西，并且想要迫使它进入其此在的有限之中。也就是说，在对其执念的石化中，想要变得绝对，在暴力地将他者的权利排除在外的时候，意图成为全能的和包罗万物的，且幻想超出一切人类标准而提高统治的要求，想要成为高等的、威权的、震撼他人的，尽管这是徒劳的。

当人屈服于此危险，从而在人之共在中发生了这样的事情的时候，那么就进入了一个恶的状态，在其有限性中，人之共在就像被一个吞噬一切的火焰在燃烧：想变得与上帝一样，却又无法达到这一步，而恰恰是因此而想要变得更加暴力、更加具有自我毁灭性、更加绝望、更加不幸。

此危险和诱惑就如同上帝投向此在之有限性的阴影。【158】这个阴影是黑暗且缺乏实质的，然而也是可怕的，因为它即使是以相反的方式，也还是展现出其为阴影的那个对象——上帝的轮廓，而上帝则是作为所有人性之我和你之上的桂冠活生生地存在，并且即使在这样的对立之中，也是无法被人遗忘的。

我与你，共处，的确是让人赞叹的——同时又是陌异的，而在两者一起之中，即在那令人赞叹者中，也在那陌异者中，才是真正的无限度地让人赞叹。我们在其中试图揭示和诠释的超越性之符号会使得我们充满敬畏，同时加以深思。

如果我们想要将这些从哲学思索中所获得的思想以神学或差不多圣经学的方式加以阐明的话，那么我们就只需仔细地阅读《旧约》的开篇几页。

我们在那里读到关于人的创造："上帝在自己的肖像中造了人，在上帝的肖像中他造了人：他创造了男、女。上帝降福他们。"

这些言语所表述的是什么呢？所说的是，人是作为人，作为男人和女人，作为我和你（男人和女人是我和你的基本形态）在上帝的肖像之中的，因而，在他们中，而且特别是在他们的我与你中闪耀着上帝之肖像的大能和荣耀。

在几行字之后，《圣经》中写道："蛇对女人说：'死，死你们是不会的，而且上帝知道，你们从树上吃果子的那一天，你们的眼睛就会变得明亮，你们就会如同上帝，辨识善恶。'"①

其中说道，在上帝的肖像中，并与上帝的肖像一起，人们不仅仅是被创造和获得祝福的。在上帝的肖像中与上帝的肖像一同，他们也受到了恶之蛇的诱惑。而从恶蛇的嘴里如同嘲讽和诅咒一般所说出的话，先前是作为祝福由雅威所说的："你们的眼睛会变得明亮，你们会变得像神，辨识善恶。"

因而，上帝的肖像在人之我与你上面，这是他的祝福和他的桂冠；上帝的肖像在人之我与你之下，这是他的罪责和他的诅咒。

这就是使得人深思的《圣经》中关于人之共在超越性的秘密的话，我们在这里，也试图来思索它。【160】

---

① 《创世纪》，1：27，3，4f。原文摘录的德语译文源自马丁·布伯和弗兰兹·罗森兹威格翻译的《训诫五书》（*Die fünf Bücher der Weisung*），Köln：Olten，1954年版，第11、15页。

第二部分

黑格尔与现代性

黑格尔和虚无主义讨论之开端①

奥拓·帕格勒②

虚无主义，这个黯淡的关键词，高高置于文化批判之上，后者在最近几十年内已经发展成为一个范围广泛的文学类别。人们说，政治把 20 世纪引入的深渊是虚无主义的深渊。他们说，并不是这个或那个政治行动的失误把人类引到了虚无面前，而是虚无主义首先以一种方式影响了政治，而这只会使得后者把人类推向深渊。我们这一世纪③的战争只不过是人类献祭给虚无的许多祭品中的一个罢了。人类经济发展的进程将它们本该服务的人无条件地置于自己的支配之下，这是那规定一切的虚无主义之症状。我们在时代艺术中所展现出来的那一切，无论是展现出其道德还是不道德的一面、在其宗教精神或在其宗教蛮性中所展现的那些，即为一般的虚无主义。在人们面前所展现出的自我毁灭的深渊和可怕、其摧毁性的力量和怒气，则被理解为虚无主义之统治，从而我们可以与弗里德里希·尼采（Friedrich Nietzsche）一起说道，虚无主义，这个所有客人中最可怕的一位，已经站在门口了，或是在我们的门口而且我们已经让它进门了；它的历史是随后那一世纪的历史，首先是我们的历史，20 世纪的历史。

虚无主义这个词难道是一个单纯批判性的词，是仅仅用来指负面的一个称谓吗？在这个词中，难道就没有一种要求要我们放弃传统吗？日常形成的传统因为不再能给予人满足，从而使自身变得毫无价值了吗？从《波纳文图拉的不眠夜》（*Nachtwachen des Bonaventura*）④ 起，到塞缪尔·贝克特（Samuel Becket）的剧作，文学中所指出的人之走投无路的境况，人之

---

① 原文标题为"Hegel und die Anfänge der Nihilismus-diskussion"，原载于《人与世界》（*Man and World*）1970 年第 3 – 4 期，第 163 – 199 页。

② 奥拓·帕格勒（Otto Pöggeler，1928—2014），德国波鸿大学哲学教授，著名海德格尔、黑格尔研究者。

③ 原文指的是 20 世纪，因为原文发表于 1970 年。——译者注

④ 德国浪漫主义的一部匿名发表的小说。——译者注

虚无主义，这难道不可以被理解为对人的一种要求，要求他不要苟同那个自称为最当下的，而由此强加于他之上的东西吗？那些被谴责为虚无主义者的人，难道事实上就一直是虚无主义者吗？有可能那第一眼看似为虚无主义的，却使得我们可以转向那大多数人认为是乌有，却在自身中蕴含着未来的东西。那句常被引用的戈特弗里德·贝恩（Gottfried Benn）名言——"虚无主义是一种幸运的感觉"背后，是认为虚无主义为最终绝对者之条件的信念。以贝恩之见，人至今仍然拥有此绝对者，即绝对艺术的条件。19世纪俄罗斯的政治虚无主义者们并非为了否定而否定当时存在的社会，而是由于他们想要引入新的、不同的、更好的状况。难道基督教神学家们不也是认为，虚无主义和基督信仰是不可避免地相互联系在一起的，只有世界之普遍去神化才使得基督教的上帝信仰成为可能的吗？当马丁·海德格尔把虚无主义理解为西方社会两千年的基本运动的时候，当他在柏拉图对话中已经找到了隐藏着的虚无主义的时候，虚无主义在尼采的格言中变得明显可见，那么，他是在认为，在虚无主义之"无"中有着一个要求，此要求能够使得我们的思考进入一个全新的维度，只要我们能够思索"无"的这一要求。

如果说，虚无主义这个词确实与我们的想象和信仰、思维和行动所面临的根本问题相连的话，那么就会不可避免地要问，虚无主义这个词是如何获得此含义的？在虚无主义中，我们遇见的是谁，我们的客人中最可怕的那位？赫尔曼·维恩（Hermann Wein）在期刊《报讯者》（Merkur）【在此论文集①中的第195—209页】中，为"虚无主义之合法性"提出了辩护，且以其"一百周年"为由头。对虚无主义的诞生加以提问，是因为虚无主义是否能够进入成年和成熟的状态，这一点有待讨论。要把那种无法阐述自身从而将自己展现为空洞的虚无主义且必定因此被置于被告席上的虚无主义转变为那种认识到其自身蕴含着危险和机会的虚无主义。人们已经够明确地指出虚无主义的危险，在它之中隐藏着的机会则亦是做哲学的机会：只有从与一切和任何东西的距离出发，才成长出可超越虚无主义的东西，即新的关联的自由。赫尔曼·科恩（Hermann Cohen）也认为，黑格尔已经以不幸意识这一概念把握了虚无主义的现象。不过在黑格尔和黑格尔的周围，还没有虚无主义一词。它在1829年第一次出现，而且是

---

① 此处指的是原文所处的论文集。——译者注

在俄国，并且通过屠格涅夫 1862 年的小说《父与子》被传播开来。维尔纳·傅得特利德（Werner Vordtriede）在他写给那个发表了科恩文章的期刊的信中更正说，让·保罗（Jean Paul）在他的《美学预科学校》（*Vorschule der Ästhetik*）中，已经使用此词来批评诺瓦利斯（Novalis）。而费希特的《知识学》（*Wissenschaftslehre*），并且其中的自我和非我这些产生出更多概念的概念，以及那一个以雅格比的《阿尔维尔》（*Allwill*）① 以及提克（Tieck）的《威廉·洛威尔》（*William Lovell*）为开端的小说系列，则最早把虚无主义的现象带入人们的视野中。另一封汉斯·托姆（Hans Thom）的来信则强调，虽然古希腊和罗马不知道虚无主义，但是，基督教是知道虚无主义的，因为基督教教义中的人在他的死亡中会获得复活以及真正的生命，而且在"从无中造物"的思想中，世界之存在也与物相联系。②

　　如果想单纯从语文学的角度对此讨论添加一个评注的话，那可以指出，较好的辞典都以此为准：虚无主义这个词不是 1829 年首先在俄国出现，也并非首先由让·保罗使用，而是早在 1799 年雅格比致费希特的信中就已经被使用过了。辞典没有告诉我们的是，虚无主义的概念在有关德国观念论的讨论中，为一个基本词汇，像黑格尔这样的作者不仅接纳了虚无主义这个词，而且将西方形而上学在绝对者之自我认知中的完满与虚无主义结合在了一起。虚无主义的讨论从而在一开始就被带入一个不可借着普通的文化批判所达到的维度。这样，虚无主义讨论被遗忘了的开端恰恰对虚无主义问题之哲学阐释有着意义。

一

　　虚无主义是如何在雅格比那里出现的呢？雅格比所要求的，是一种不仅审视自身，而且把知识之确定性之外的真理视为某种固有的、对理性自身有着束缚里和规定作用的东西。雅格比批评指出，观念论的理性不仅仅审视自身，而且还消解了主体性之无中的一切固有的东西。这样，观念论即虚无主义。在雅格比 1799 年的信函中，他写道："如果您或是谁想要把

---

① 此小说全名为《埃瓦尔德·阿尔维手记》（*Aus Eduard Allwills Papieren*）。——译者注
② 参见汉斯·托姆（Hans Thom）：《虚无主义？》（"Nihilismus?"），载《信使》（*Merkur*），1963 年第 17 期，第 821 – 833 页；1964 年第 18 期第 2 册，第 496 – 500 页。

我所置之在观念论对立面的那个称为妄想主义，这也不会让我烦恼。"观念论者当然可以把雅格比所置于观念论之对立面的那个观点称作妄想主义，这一点雅格比也是承认的。妄想是一种想象出来的东西，实际上是无。上帝、他人和物体之实在，对观念论者来说都可以是一种空虚，就像一个妄想之实在（这是费希特之语！）一样，按照雅格比的看法，理性都将它们体验为直接的，不可再加以中介的东西。妄想主义也是一种虚无主义，这样，雅格比对观念论作为虚无主义的谴责中，也包含了一种要求，即要在这种或那种空虚，或是在这种或那种虚无主义之间加以区分。支持和反对思辨观念论的争论是关于虚无主义是什么之正当定义的争论。

雅格比站在了观念论的对立面，但是在他思想的某些方面，他也属于后者。雅格比有可能根本不是在给费希特的信里第一次使用虚无主义的概念，而是在他针对一个很大程度是他自己思想的反驳中使用了它。在1798年的时候，雅格比想要为那位"万斯贝克的通讯者"（Wandsbeker①Bote），也就是马迪阿斯·克劳迪乌斯（Matthias Claudius）②的全集做预告。由于他，就像他本人所述，并没有写书评的天赋，他就以"对万斯贝克的通讯者全集之失败的偏颇性评价"（"Mißlungener Versuch einer parteiischen Beurteilung der sämtlichen Werke des Wandsbecker Boten"）为标题，发表了他的书评。书评已经开始印刷了，文集应该在1798年莱比锡春季交易会（Jubliatemesse）③的时候发布，而且也在此年交易会的目录里作为已出版的书籍被列出。然而，当时却发生了关于费希特和雅格比的无神论争论，雅格比就从克劳迪乌斯书评中拿出几节用在了给费希特的信中。克劳迪乌斯数篇要比《关于神性的东西以及其天启》（*Von den Göttlichen Dingen und ihrer Offenbarung*）这部作品的第一部分晚了好几年才发表。

在这第一部分中遇见了虚无主义这个词，有可能雅格比在原来的克劳迪乌斯书评中，也就是说在致费希特的信之前，就已经用到它了。雅格比和克劳迪乌斯在这一点上具有共识，即每种天启只要它是从外进入人们之间的话，也就已经预设了上帝是通过他在我们最内在的自我中的肖像而直

---

① 万斯贝克（Wandsbeck）为汉堡的一个区。——译者注

② 德国诗人。——译者注

③ 莱比锡市13世纪起开始每年分别在春季和秋季举办两次交易会，春季交易会的时间定在所谓的"Jubilate"日，也就是复活节后的第三个星期天。——译者注

接临在的。当克劳迪乌斯把基督教的天启与基督之"身体形态"不可消解地连接在一起的时候，他也就陷入了宗教唯物主义的危险。因此，雅格比也就把宗教观念论者设置为他的对话对象，后者的危险是使基督教天启彻底脱离了其承担者——在人间的耶稣，从而使得基督变成了一种妄想，也就出现了宗教妄想主义或虚无主义，如同雅格比所指出的那样。

在雅格比晚期的作品中，他把虚无主义称作他早期当作无神论而抗拒的对象。这时，他在康德（Kant）和斯宾诺莎（Spinoza）的理论哲学中，就发现了虚无主义了。是的，他回溯古希腊的智者运动，为的是指出虚无主义的根源。在他看来，首先是从斯宾诺莎到费希特（Fichte）和谢林（Schelling），上帝进入近代形而上学的方式，也就是说，是为了知识而非信仰，就是虚无主义。在他与谢林的争论之中，他指责谢林的思辨神学是虚无主义。

其间，虚无主义这个词已经成为关于德国观念论的基本概念。威廉·特劳格特·克鲁克（Wilhelm Traugott Krug）自 1801 年起，在他的作品中把它当作一个有着规定的概念来使用。谢林和黑格尔共同编辑的《哲学批判期刊》（*Kritischen Journal der Philosophie*）在 1802 年的第 2 期中就已经写到，康德的观念论所具有的效应是把大部分研究哲学的人就其思维系统而言，简化成了绝对的虚无主义。这个表述估计来自谢林，同年黑格尔在此期刊中以及他的论文《信仰和认知》（"Glauben und Wissen"）中把虚无主义称为哲学之任务——对许多人来说，这是一个让人欢迎的缘由，不仅把费希特，而且把谢林和黑格尔的哲学都贬称为虚无主义。1803 年，雅格比的学生弗里德利希·科朋（Friedrich Köppen）在他长篇大论的指责中就是这么做的。在文中，他把虚无主义与西方之没落联系在一起——就和我们今天充分熟悉的那种方式一样。1804 年，维尔兹堡的教会史教授弗兰兹·伯尔格（Franz Berg）在的一篇关于谢林的文章中也类似地使用了虚无主义的概念。首先是以维乐和萨拉特（Weiller und Salat）① 巴伐利亚天主教启蒙把这个概念之占为己有。1826 年，弗兰兹·冯·巴德（Franz von Baader）在慕尼黑大学开创日演说中，把虚无主义和蒙昧主义称作当前之潮流：宗教中，虚无主义是对理智之毁灭性的运用，而蒙昧主

---

① 此处指的是 Cajetan von Weiller 和 Jacob Salat。——译者注

义则禁止理智的运用，诸如此类而云。[①]

　　但是，这里并非想谈论虚无主义这个词的来历，而是想讨论虚无主义之讨论的开端是否开启了一个维度，而此维度在内容方面，应该为研讨虚无主义的起始点。费希特在1807年的一篇文章中试图驳斥雅格比的虚无主义指责，认为这是误解。弗里德利希·施雷格尔（Friedrich Schlegel）却在那些年的文章中，把虚无主义用来作为哲学思辨的基本方式，而黑格尔则在他的文章《信仰和认知》中把虚无主义设想为属于全满的哲学，就像前面已经提到的那样。黑格尔在回应雅格比针对费希特的指责时说到，虚无主义的任务在于纯粹的思考之中，如费希特所设想的这种思考，只是费希特无法完成此任务。康德停留在了认知和物自体的二元论之中，而雅格比则停留在了有限和无限的二元论中。费希特在绝对者之自我认识中，无法消除我和非我二元论，此绝对者是面对一起规定性的无，从而也就要求虚无主义。黑格尔写道："哲学之第一任务，是要认识到绝对的无，费希特的哲学却对此毫无贡献，从而使得雅格比讨厌它。相反，两者都处在置于哲学对面的无中：有限者，即现象，对两者来说，为现实；而无限者和永恒对两者来说是相对于认知的无。"有一种假的虚无主义——那种无法消解无限和有限之二元对立的虚无主义，它无法脱离通过有限者获得的规定性。对这种假的虚无主义而言，思想以其为出发点的绝对者就一直保持不被把握的地位，对认知来说，也就是无——早在他的柏林时期，黑格尔就与他的追随者戈舍尔（Göschel）一起按照此思想顺序出发指责雅格比持有虚无主义。但是还有真正的虚无主义。这使得每一个有限者都回到

---

　　① 首先是科朋（Köppen）的书要求给出一个确切的阐述，由于雅格比在他学生的这本书的附录中直接评价了黑格尔的论文《信仰和认知》，此书即《谢林的学说或是绝对无之哲学的整体——由弗里德利希·科朋所阐述。附弗里德利希·亨利希·雅格比三封相关内容的信》（*Schellings Lehre oder das Ganze der Philosophie des absoluten Nichts, dargestellt von Friedrich Köppen. Nebst drey Briefen verwandten Inhalts von Friedr. Heinr. Jacobi*），汉堡：弗里德利希·佩尔特斯（Friedrich Perthes）出版社1803年版。弗里德利希·施雷格尔（Friedrich Schlegel）在1797年前往柏林的旅途中，在维森菲尔兹（Weissenfels）即写道："一切智慧都倾向于虚无主义（伏尔泰，斯威夫特）。"后来，他以一种有些不同的方式使用虚无主义概念：虚无主义是泛神论之东方神秘主义的形式。参见弗里德利希·施雷格尔《哲学学徒年》（*Philosophische Lehrjahre*），第一部分，Ernst Behler编（弗里德利希·施雷格尔批判版文集，第18册），Paderborn：Schöningh，1963年版，第27、573、575页。费尔巴哈（Feuerbach）也说："东方虚无主义者或泛神论者。"参见费尔巴哈《基督教的本质》（*Das Wesen des Christentums*），v. W. Schuffenhauer编，Berlin：Akaemie-Verlag第一册，1956年版，第75页。

绝对者或无限之中去，它展现为有限者的无以及物规定性，从而哲学之第一任务也就属于第一哲学，即形而上学，后者在绝对者之自我认识中得到完满。"作为无之深渊的无限，一切存在皆在其中"，它是在哲学之前的（前哲学的），在基督教对上帝之死的体验中，它就被体验到了；上帝不是一直都在彼岸，他成了人，但是，基督作为神与人，被羞辱而死，从而，神性也就不是作为某种被给予之物而可及，而是仍然为绝对者。基督宗教建立在对上帝之死的体验之上，它与哲学结合，后者把绝对者设想为无，而无则是在那消解一切的意识中体验到的：从而，受难星期五，它曾经是历史性的，则变成了思辨上的受难星期五了（就像黑格尔表达的那样）。在这个受难日中把基督宗教之真理吸纳入自身的思想得到完满，成为对一切有限者来说为无的绝对者之自我认识，因而完满了的哲学就是真正的虚无主义。

至此，我刚刚详细地表述了历史性的内容，因为它当今大部分都被遗忘了，至少是没有在其上下文关联中得到考察。在我现在试图询问虚无主义讨论之内容上的收获的时候，为了简短起见，我局限在雅格比和黑格尔的观点上。雅格比的观念——这可以先提一下——是从一个特定的基本体验中成长出来的。在他的斯宾诺莎书中①，雅格比本人提到，永恒的持久之思想对他来说，就如同完全的毁灭那样可怕；单独以此思想，他相信他就可以自杀。存在者可以出自自身而永远持存下去的思想，也就是说同等事物之永恒轮回的思想，对雅格比来说，并不是走出虚无主义的道路。他在关于一个在世界彼岸的上帝思想中找到了唯一的出路，这条出路也正是雅格比在当时激烈的世界观争论之中，他与其他这一时代的伟大思想家相对立而想要拯救的。雅格比点燃了泛神论的争论。他的论点是，莱辛宣称自己所追随的斯宾诺莎获得了一个内在于世界的上帝，而此上帝并非神。在费希特的思想中，雅格比则找到了一种反向的、建基在主体性之上的斯宾诺莎主义。迈入老年的雅格比又一次唤起了关于神之事物的争论，也就是与谢林的争论。在后者的思想中，雅格比认为必然见到了费希特观念论与斯庇诺莎主义的结合。

虚无主义这个词在无神论争论中落到了费希特头上并非纯属偶然。虚

---

①　"斯宾诺莎书"是学界对雅格比的《论斯宾诺莎的学说：致库西·门德尔松先生的信》（*Über die Lehre des Spinoza in Briefen an Herrn Moses Mendelssohn*）的简称。

无主义概念，尽管雅格比不具有针对性且很不精确地使用它，却并非其他谴责之词之外的另外一个（比如宿命论，无神论）；此概念也表述了讨论中的一个转折。仅仅在它自身之确定性中找到其最终合法性，并且成为一种无条件的自我认识。这在雅格比看来，是虚无主义，因为人所可能认识到的一切实际上都并非绝对自我成立的，而是作为一个有条件的认知从与物、他人、上帝之关联中获得其合法性的。雅格比的思想在我们的年代——就内容而言，而不涉及历史关联——以多种形态得以重复。知识和技术的年代不可能对此断言感到陌生，在首要地以自身及其严密性为基础的知识中，有着虚无主义的危险——此危险在于，人们把这种知识视为毫无保留地有效，而却不去询问它在此之外成为某物的知识的前提。雅格比关于宗教领域的虚无主义所说的，也可以直接地被纳入我们当今的神学讨论中。而黑格尔关于虚无主义的思想也并非为一个边缘化哲学家之离奇的思辨。比如，就内容而言，可以与无之神秘主义体验联系在一起，而此联系也有人做了，当然并没有把虚无主义概念给牵扯进来。① 当时却要意识到，真正的虚无主义所针对的是绝对者——黑格尔试图这样来树立此概念，而绝对者即便在那似乎已经隔开黑格尔的一个世界之处，也是可以起到规定性作用的。比如，就像已经提到的戈特弗里德·贝恩的论点，当今的人在艺术中找到了一个朝向绝对者的可能性。贝恩所想要寻求的，是一种在自身中为绝对的行为，而他只有在那种美学的或艺术家的行为中，才找得到以虚无主义为前提的行为："在一方面总是那价值之深邃的虚无主义，但是在它之上，则是创造性乐趣之超越性。"就像贝恩与亚瑟·叔本华（Arthur Schopenhauer）和尼采一起所说的那样，艺术是一种形而上的活动；它作为形而上的活动同时也是普遍得以实现的虚无主义——纯粹的形式，它要求脱离任何一种内容上的规定，且不计任何牺牲。如果我们先不管细节上的区分（首先是对黑格尔来说全然陌生，把绝对者还原为美学行为的方式），我们则可以说，贝恩仍然是在黑格尔的意义上进行思考的。这样，他也得以在他的题为"诗歌之问题"的马堡讲话中以"告别和趋势"寄语那些在他之后的人，而这是黑格尔的话，他把此话称为一个"伟

---

① 青年黑格尔早就接纳了中世纪神秘学，即万物皆非某物或某一小点东西，而是"无"。参见《黑格尔的早期神学作品》（*Hegels theologische Jugendschriften*），Hermann Nohl 编，Tubingen：Mohr & Siebck，1907 年版，第 367 页。

大的""真实的西方的话语",即那句话——生命为精神的生命,它不惧怕死亡,死亡就在它自身之中。

二

但是,雅格比和黑格尔是如何将虚无主义之主题作为哲学问题流传给我们的呢?当我们在寻求超越世界观主题且超越类似主题之间的类比的时候,并且在寻求把虚无主义讨论又带回到一个把其陈述的和与其内容相关的验证相连的对话中的时候,他们是否给予了我们帮助呢?为了回答此问题,我想又一次地限制我的主题,也就是把黑格尔和雅格比的虚无主义论点仅限于这一方面,即它对关于那种在康德之定言命令中找到其表述的伦理学之讨论所起的作用。定言命令,即要求为了义务而履行义务,它影响了几代人的道德行为——按照雅格比的看法,这是一种虚无主义。由于在定言命令中有着虚无主义,费希特的哲学也就必然要成为虚无主义,它特别是对康德实践哲学的思辨基础的继续发展。对黑格尔来说,这个蕴藏在定言命令中的虚无主义却是真正的虚无主义,此虚无主义对于以绝对者为方向而言,是必要的。

这一切都是让人诧异的想法,如果不是丑闻性的想法的话。但是,让我们观察一下吧。康德在他的三大批判中所提出的,用黑格尔的话来说是概念的内涵。按这个概念的概念来说,(概念)把握指的是把某物追溯到一个与自身保持同一的普遍者上去,并且将此作为主体之客体在方法上置于一个无前见(Vorurteile)的思想。在纯粹理性批判中,康德试图发展的是当存在者被认识的时候,什么作为这个概念,即作为与自己保持同一的普遍者,是一直地,即先天地做奠基的。在实践理性中,康德以类似的方式寻求某普遍者,其普遍性当时是与理论理性之普遍者的普遍性相区分的。每一个行为都必须以此普遍者作为概念为基础,如果此行为要为善的话。康德寻求一个绝对且自为地,即被善的意志,且不考虑某一特定的目的及其结果是否成功,亦不考虑欲求、欲望和对幸福的渴求。此意志在其无规定性中不是那个有限的我的意志,而是普遍意志。在定言命令中要求了此普遍性,即如此来行动,而使得意志的准则每时每刻都可以作为一个普遍的律法之原则。普遍性从而通过意志的形式得以被规定,而不是借着其内容,比如像人性的欲求、欲望和倾向,目的和目的之确定,或是还有习惯和传统会传达到意志内的那些内容。绝对善的意志在其无规定性中是借着自身得以被规定的，而非受到他者的规定。

在此使得意志成为普遍和善的，且赋予它"概念"的自我规定中，不是恰恰有着虚无主义的危险吗？这个危险与理论哲学由于不思索与"自在之物"的联系而展现出来的危险是一样的。而美学由于纯粹从形式出发来理喻美，宗教哲学由于把宗教还原为仅仅是由理性所设想出来的对象，也就不再是实证的，而且也都展现出同样的危险。雅格比就借着其形式获得其普遍性的意志说，它是一种意愿无的意志。的确，此意志所意愿的并非由于近人本身的原因而帮助他，而是为了履行义务。此要求本来是由一个特定情景出发，就与这特定的人相遇而言的，却被转变成了我的意志之规定，是从我本身出发的。从而，近人连同他对我的要求一起，相对我的意志而言就变成了无，因为此意志恰恰在其善中，只容忍自我规定。这样，人之伦理意识通过康德的伦理学，并没有得到它本来面貌的阐释，而是——至少在所提到的那一点上是这样——被扭曲了。

雅格比却并没有以这一种温和的方式来反驳康德，而是采取了一种极端的对立立场，同时也反对整个观念论。他驳斥了绝对的善的意志，它在其形式性中，所意愿的是无，在其自我规定中还要开启人心中的神性和绝对，而且说，如果此意愿为对人心中之神性的开启的话，那么他，即雅格比，则宁愿为无神者。他在给费希特的信中这样写道："是的，我是一位无神论者和无神者，为了要抗拒无，愿意撒谎，如同黛丝德蒙娜（Desdemona）① 在临死时撒谎一样；愿意撒谎以及被欺骗，就如同那个假装自己是俄瑞斯忒斯（Orest）② 的皮拉得斯（Pylades）；③ 想要谋杀，就像泰摩利昂（Timoleon）④ 那样，如同大卫那样掠夺神殿——是的，在安息日摘麦穗⑤，而且仅仅是因为我有所渴求，而且也因为律法是为了人才树立的，而非是人为了律法才有意志的。"雅格比肯定了人的主权，即人得以采取不受律法所规定的行为，某一个特定的个人在此特定情形之下所做出的行为。这种行为，在雅格比看来，一起从本质上规定了人的人性。

雅格比并不否认追随着知性之规律的思想必然会以康德和费希特所发

---

① 莎士比亚戏剧《奥赛罗》中的女主人公。——译者注
② 古希腊悲剧作家埃斯库罗斯的同名悲剧中的主角。——译者注
③ 在古希腊神话中，皮拉得斯是俄瑞斯忒斯的好友。——译者注
④ 古希腊将军，打败了僭主狄奥尼索斯二世。——译者注
⑤ 这是《旧约》里所禁止的行为。

展出来的思想体系为结果。而且他还在费希特身上欢迎思辨理性之"弥赛亚",也就是那给予哲学很早以前就已预言到的完满的那位人物。在雅格比看来,哲学必然要推行到极致,要推行到虚无主义的立场。雅格比却要求人不仅要追随知性思考,而且也要追随他的心,从理性跳跃到情感,再跳跃到信仰,并且随同信仰而终于逃离虚无主义,为自己开拓出在虚无主义彼岸的天空。而虚无主义在此还是被承认是知性思考之不可避免的结果。

这却是黑格尔要反驳雅格比且反对逃离虚无主义的原因,这种逃亡使得虚无主义保持原样,而黑格尔却要把真正的虚无主义声张为哲学之目的。在《信仰和认识》(*Glauben und Wissen*)中,黑格尔把雅格比就人之主权,即不是总得遵从律法的话语称为是"美丽和非常纯洁的"。这些话语是非常纯洁的,是因为在其中,人之人性就其一面得到了肯定,即就"作为个体性之生动性"(*Lebendigkeit der Individualität*)这一面而言,它不屈服于僵死的概念。黑格尔与雅格比的思路是一样的:人之行动并不能由一个形式化的原则出发而被证实为是善的。相反,黑格尔也指责雅格比"痛恨概念"。对黑格尔来说,借着普遍得到的中介绝对属于人之行动。只是,普遍不可被设想为一种抽象物,后者在其僵死的刻板中,即纯粹的形式性中,把活生生的东西排斥在外,为的是要暴虐地凌驾在其之上。与雅格比一样,黑格尔也一直都强调在康德的实践哲学中,概念的暴政摧毁了伦理的生动和美。是的,黑格尔甚至试图指明定言命令是如此抽象的,以至于一切任意的内容都被赋予形式的绝对性,也就是说,与其一同既可以证明最不伦理的,也可以证明最伦理的东西的合法性。

克服生命和概念之间的对立,这是青年黑格尔在他的法兰克福时期就已经为自己定下的核心任务。首先在他对康德伦理学之批判中,他也一直将其置于眼前。黑格尔想要展现,概念之普遍并不能被理解为随后渐渐通过特殊而得以填充的空洞形式,也就是说,借着内容,而内容则永远把形式作为与己无关的和陌生的东西而排斥在外。这样的关于概念的概念可能在理论之有限领域中有效,但是如果与其一同来思索伦理上为善的行动之普遍性的话,也就是说,把善的行动之最终原则树立为一种纯粹形式的原则,那么就会为了概念的纯粹性,使得伦理得不到保证,就像在雅格比对概念的痛恨之中,也保证不了伦理一样。

在正确的、被理解为借着普遍的中介概念中,有着虚无主义应被正确

理解的任务。在此中介中，每个通过习俗和传统、通过倾向和欲求或是通过目标和目的所直接规定的，都被放弃了。只有这样，道德的行动者才得以在一种为自我规定的自由中展现自身，而这种自我规定却超越了主观的任意。作为这样的自我规定的自由，则是绝对者，而且是最先作为任一规定性之无的绝对者——作为一种在死亡中达到最纯粹的显现的无（黑格尔在《哲学批判期刊》里关于自然法的一文中发展了这一点，其中，他在细节上讨论了康德和费希特）。作为这一无的绝对者对哲学来说，是首先要加以思考的，在此意义上，虚无主义为哲学之任务。由于康德和费希特承担了此任务，他们也就赋予了作为自由哲学的观念论哲学一个不可失去的开端。黑格尔认为必须要批判的是，在定言命令意义上的自由和自我规定借着一个形式化的原则得到阐述，且因此与道德行为之特殊的内容相对立起来的做法。黑格尔认为，他可以阐明，此绝对者在自身中已经蕴含着特殊的中介；它作为一个历史共同体，用黑格尔的话来说，即某个"民族"（Volk），伦理之具体的普遍与行动者相遇。

如果说，黑格尔将具体的、体现在一个历史共同体中的伦理与康德之形式主义相对立的话，那么，他不是仅仅将雅格比之个人的反智主义转嫁在整个民族之上吗？但他却没有这样做，是因为他考虑到各个人民间的关联，从而认为可以指明，单个的民族精神是如何在世界精神之辩证法中，作为绝对者的自我实现而展现出来的。历史本身却向我们证实了世界精神的这一辩证法仅为一种虚幻罢了，无论它是以何种方式表现，此虚幻以一个比伦理学中的形式主义所能及的更加可怕的形式扭曲人之人性。无论对康德形式主义和对雅格比之反智主义的反驳有多合理，黑格尔却没有以他的思想逃离空洞的虚无主义之危险。批评者们认为，这种虚无主义在思辨观念论中成长起来，实际上却没有脱离它。

然而如果完全抹去世界精神之可预见的辩证性发展之幻想，人们还是不愿意回归到康德的形式主义或雅格比的反智主义的话，那么，虚无主义则以另一种方式出现，即把我们行为之规范的东西加以历史相对化。在对价值的贬低中，在其变得空洞的过程中，则无又作为哲学之首要对立面登台露面了。但是，无论是以控诉还是指责的形式，对这变得空洞的可能性的发现对谈论虚无主义有帮助吗？到底能否避免此空洞化？对虚无主义的谈论难道不是预设了那根本无法预设的东西（即人们称为价值的无变化的持衡）吗？在这关于虚无主义的谈论中，不是被带入了根本就不该被带入的预设了吗？到底是否采用了正确的方式探讨虚无主义？

三

对"虚无主义"有着不同的理解，且相互对立的观念也相互指责对方为虚无主义，这是不可置疑的。这却并不排除在某一特定的领域所表达的还是同一种或类似的含义，无论是在否定的还是肯定的意义上来说虚无主义。在屠格涅夫的小说《父与子》中，年轻的阿尔卡狄对他的伯父巴威尔·佩特洛维奇解释道，他的朋友巴扎罗夫的特性为一位"虚无主义者"。他是这么来解释的："一名虚无主义者是一个不在任何权威面前低头的人，如果没有先前省思过，他是不会接受任何原则的，即便人们是多么看重那个原则。"就此那伯父便把俄罗斯的政治无政府主义和德国观念论联想在一起了，虽然内容上根本不确切，他说："是的，在我们的那个时候我们有黑格尔主义者，现在是虚无主义者。"由于政治虚无主义（或无政府主义）有着这样的危险会使得对任何对象之批判都会转变为对任何一个过时的或无法执行的政治原则的肯定，人们也就恰恰会把这种转变当作虚无主义而加以攻击。赫尔曼·劳史宁（Hermann Rauschning）得以"虚无主义革命"（*Die Reoolufion des Nihilihues*）为题来描绘"第三帝国中的表象和实质"。当然，所有的关键词都由于使用过度而变得苍白无力，它们也就暂时退居幕后，为的是最终又被人以为是新东西而在此发现，并且与其他关键词联系在一起。这样也就必然会出现当今人们把讨论众多的异化问题也标以"虚无主义"。

那位至今在欧洲地区被人公认为站在虚无主义讨论背后呼唤人们要做出抉择的那个人物是尼采。他明确地把虚无主义称作即将来临的那几个世纪，即我们的 20 世纪和随之而来的 21 世纪的客人中最可怕的一位，这两个世纪将会被展现出来的虚无主义统治。由于尼采习惯把虚无主义理解为对最高价值的贬低，而要被视为最高的价值是以"上帝"为名得以表述的，尼采也就可以以这么一句话概况虚无主义："上帝死了。"不仅仅对我们从这一世纪开始几十年的文化批判、哲学和神学来说，尼采为分水岭；他的这一句"上帝死了"也在第二次世界大战（简称"二战"）之后的

20 年中，对例如布伯、加缪、海德格尔等来说，为此时代的核心词。当然，在人们向他们大量地阐述"上帝死了！尼采"的时候，法国学生们调转矛头，在索尔本的墙上写下："尼采死了！上帝。"与此尼采所提出的问题当然并未借此终止。甚至在神学本身，此问题也以转变后的方式又以"上帝之死之后的神学"的形态而重出江湖，它更多的是以黑格尔的关于上帝之死的言语为基础，而不是尼采的话。由于黑格尔据说发展出学说认为，自从启蒙而来，传统的与上帝的关系遗失了，在此意义上，上帝"死了"，所以可以以黑格尔为开端。在回到自身的人性意识中，就像基督已经代表过的人性，上帝要复活。有神论和无神论的立场可以在这样一个信仰中得到结合和调解，即上帝想要成为我们。①

为什么人们不再以尼采，而是以黑格尔的话"上帝死了"为出发点了呢？肯定是因为所有的关键词都已经被滥用而无力，人们就一直要寻找新意的刺激。但也是由于人们认为，历史和共同人性（Mitmenschlichkeit）是其有决定性的，也就想要把上帝视为想要"成为"我们的那位，而且他首先是在我们的共同人性中来规定我们的。尼采通过关于永恒轮回的学说消除了虚无主义问题，却恰恰没有开创通往历史和共同人性的道路（而黑格尔的哲学却做到了这一点，但这在尼采看来本身就是一种隐蔽的神学）。"上帝之死后的神学"如果说不是与"革命神学"密切相关的话，也是与发现了政治社会问题之重要性的神学努力相关的。黑格尔却是人们当今继续讨论这些问题的出发点（或是说从马克思出发又被重新发现的黑格尔，然而并不是尼采）。

即便在这回溯到黑格尔，却并非因为当今特定的神学或半神学方向从黑格尔出发。在以黑格尔上帝之死出发的这个做法中，可能是有着一个有意思的虚无主义讨论的展开方式。不过，一方面，可以怀疑这种从黑格尔出发的做法是否真的是成立的；另一方面，哲学不是神学，特殊的神学问题对哲学来说，不管怎样只是很多问题中的一个。尼采，就像海德格尔试图在他关于尼采的论述中试图要展开的那样，并未以充足的方式探讨虚无

---

① 参见多洛蒂·隋勒（Dorothee Sölle）等的德语作品，英语作品参见阿勒提泽（Thomas Jonathan Jackson Altizer）的作品。汉斯·昆（Hans Kung）做了一个对此关联的总结性介绍——《上帝成人》（*Menschwerdung Gottes*），Freiburg i. Br. ：Herder，1970 年版，第 207 页。

主义，且因此就必然要把虚无主义问题置于更广阔的历史下来考察，这个想法是主导的。虚无主义讨论之开端首先给予了我们一个问题，即虚无主义到底是不是属于哲学。此问题恰恰是在哲学开始对此本质重新定义的时候，即德国观念论所提出的。

如果回溯到虚无主义讨论的开端的话，那么，也当然必须要防止这么一种相反，即会找到一个最早的"虚无主义"之概念的使用（例如，在雅格比致费希特的信中），而此用法则为所有后来的用法之源头。此术语是否立即就被作为一个确切定义了的或至少是得到了清晰把握和阐释的概念而进入讨论，这根本就不确定。此概念的使用是如何发展的，只有历史研究才可展现。就算有人认为"虚无主义"这个词的最早使用是在 19 世纪的俄罗斯，或认为是在让·保罗那里，哲学史的专家们今天一致认为，1799 年，雅格比在他致费希特的信中最早使用了这个概念。早在 1951 年，台奥巴尔德·苏斯（Theobald Süß）就在一个不起眼的文本之处分析了雅格比对虚无主义的批判，他认为可以将雅格比与虚无主义的相遇追溯到他个人与存在的背景上。用来反驳他的，有一部刚刚出版的论述雅格比的作者为君特·宝姆（Günther Baum）的著作。宝姆指出，例如博涅特（Georgl-trienne Bonnet）、贝克莱（Berkeley）和托马斯·里德（Thomas Reed）[①] 的哲学对雅格比有着决定性的影响，"所有哲学家已经蕴含着地在他们的哲学中阐述了认知之'虚无主义'问题，而且雅格比关于虚无主义的学说并非发自一个不可克服的绝望之情，而更多的是发自在这些哲学家们的影响下特定的认知论阐述的"。雅格比思想之结晶点应在"直观"（Intuition）的问题中得到理解：一切认知都发自直观，其中，物质的或非物质的对象以个体的形式被给予，而如果哲学不应陷入单纯的观念论的话，那么，以普遍为目的的抽象则必须被视为是低于此直观的，而单纯的观念论其实就是虚无主义。哲学史却展现出是一个逐步迈入虚无主义的历程。在雅格比的小说《阿尔维尔》（*Allwill*）的第三版中的第十五封信里

---

① 台奥巴尔德·苏斯（Theobald Süß）：《雅格比那的虚无主义》（*Der Nihilismus bei F. H. Jacobi*）。载《神学文献报》（*Theologische Literaturzeitung*）1951 年第 76 期，第 193 – 200 页；君特·宝姆（Günther Baum）：《理性和认知——雅格比的哲学》（*Vernunft und Erkenntnis. Die Philosophie F. H. Jacobis*）。Bonn：Bouvier，1969 年版。就以下的论述参见 Baum，第 10、14 页。

叙述了一个关于"观念论"问题的争辩（即关于对外部世界之"实在"的否定）。在此争辩中，争辩的一方提道："一位英国人，贝克莱的书，前面有着一幅铜版画，上面画了一个孩子，他用手去抓他镜子里的像，以为这是真实的东西。在边上坐着一位可敬的哲学家，他笑孩子的错误，而下面写着拉丁文词语，这些词语针对这位代表所有不情愿的读者的哲学家而言指的是：他是在笑话他自己。"贺拉斯①（Horaz）在那篇贝克莱《海拉斯与斐洛诺斯对话三篇》之法文翻译版的扉页上印着铜版画上的格言"此故事适用于你"（fabula de te narratur）。此格言想对哲学家们说的是，他们自己就无法抓住实在，从而留在"虚无主义"之中，而且是因为他们由于要抽象从而失去直观的认知。

雅格比从而得以在博捏特、贝克莱和里德那里找到他关于虚无主义的思想；而他自己就只需要把这些思想置在"虚无主义"这个名词下即可。雅格比得以使用"虚无主义"的名称，宝姆似乎也对此有一充足的解释。他指出，雅格比知道约翰·安德雷阿斯·克拉莫（Johann Andreas Cramer）对波斯维特（Bossuet）的《世界和宗教历史导论》（*Einleitung in die allgemeine Geschichte der Welt und der Religion*）的续作，并且在这本1786年的书中读到，中世纪神学家们为了诠释基督的神性和人性使用了"无"这个概念，而他们被指责为"虚无者主义之异端"（Ketzerei des Nihilianismus）。从虚无者主义（Nihilianismus）这个概念出发，雅格比就可以轻松构成虚无主义（Nihilismus）这个术语。"虽然至今还没人相信对'虚无主义'这个术语的解释，但它可能是离实际情况最近的，因为恰恰那些在雅格比先前的对抗观念论的人所说的并不是虚无主义，而是自我主义（Egoismus），从而雅格比对一个从中世纪思想领域借用过来的概念加以模仿，这在我看来，是回答这个一直重要的词产生的难题的最可能的答案。"当然，这一段宝姆的阐述里，真正新颖的，只是那个有意思的关于克拉莫的信息。把"Nihilianismus"放在"Nihilismus"之前，在辞典里是惯例〔比如，约翰斯·霍夫迈斯特（Johaunes Hoffmeister）在《哲学概念呢辞典》（*Wörterbuch der philosophischen Be-*

---

① 著名古罗马诗人，拉丁文写作"Horatius"。——译者注

griffe）中，就是把此虚无者主义（Nihilianismus）概念放在虚无主义（Nihilismus）之前的，而霍夫迈斯特在 1955 年的版本中甚至不写 Nihilianismus，而是直接写了 Nihilismus］。另外，只有当我们指出，雅格比在他的克劳迪乌斯书评中，使用了虚无主义概念来与不同的基督论观念加以区分，把他自己的观念论与马提阿斯·克拉迪乌斯（Mattias Claudius）的宗教唯物主义进行区分，那么这个虚无主义概念由来的说法也就获得了一个更大的说服力。此由来却会贬低雅格比作为使用虚无主义概念的第一人的地位，至少会使之变得不确定。雅格比是如何开始使用虚无主义概念的，这在今天并没有得到确凿的证实，因为我们还没有雅格比著作的批判版。不管怎样，惯常的说法说雅格比在他致费希特信中首次使用了虚无主义概念，是站不住脚的。早在这封信之前，虚无主义概念就被人使用过了，比如丹尼尔·叶尼什（Daniel Jenisch）1796 年在一本书中这么写康德，就此还必须再更加详细地讨论。[①]

　　"虚无主义"概念是在何时、何地进入到讨论中的，如果说这仍然没弄清楚的话，那么，从现在已经被认识的对这个词的早期使用中可见，这个词是曾有着多重含义色彩的，它可以在一个特定的哲学或宗教，或者诗学讨论中被使用。"虚无主义"这个术语与"观念论"这个术语之间的关联却看似是至少一直都有的。在这里，"唯心主义"指的不仅仅是对外部世界实在的否认，而且也之在一种实证的意义上，对每一种固定的设定的消解。君特·宝姆指明，"唯心主义"就像人们指责贝克莱有唯心主义那样，也为成为"自我主义"（Egoismus），克里斯蒂安·沃尔夫（Christian Wolff）就明确地把自我主义和唯我主义（Solipsismus）理解为唯心主义的不同形式。雅格比却把被称作为"虚无主义"的东西首先称作"自我主义"。还有一系列其他的、与"虚无主义"这个术语一起出现的诸术语：无神论——否定，上帝实在的失落泛神论——上帝进入世界并消散——对自由的毁灭；幻象主义——实在的

---

　　① 这并不是在说，叶尼什是第一个使用虚无主义概念的人！（参见施雷格尔对此概念的早先使用）要考证的问题是，这个概念最早是在哪种语言中得到使用的，它是不是被借用到其他语言中去了，还是重新得到构建（比如屠格涅夫错误地认为，他发明了"虚无主义者"这个词。）？某些痕迹指向了法语中对此词的更早使用。

消减。如果想要展现"虚无主义"这个术语是如何进入到哲学讨论中来的，那么就得注意这个词语域。[①]

四

黑格尔在他的《精神现象学》的序言中，采纳了费希特的一个描述，他说到，哲学应该放弃其"对知识的爱"这一名字而成为"科学"（Wissenschaft）。在两千多年来的历史之后，哲学应该重新定义它的本质，而这个要求是黑格尔的那句话背后的含义。哲学如果将虚无主义当作其任务的话，那么它就做到了这一点。黑格尔虽然在《精神现象学》中不再用"虚无主义"这个术语了。在内容上，他却继续讨论着虚无主义问题（即便说是在一个有所改变的形而上学观念之内），而且他也一直用着一个与哲学针锋相对的术语作为他哲学的标识。黑格尔把"现象学"称作实现自身的怀疑主义。此怀疑主义却恰恰是不应以"无之抽象或空洞之抽象"（die Abstraktion des Nichts oder der Leerheit）结尾，而是否定作为"特定的否定"而成为科学之（"辩证式的"）前进方式。在怀疑主义中，人们找到了当时的哲学之弊病，而黑格尔却把"真正"的怀疑主义，与真正的虚无主义一样，设定为想成为科学的哲学之任务。[②]

哲学（爱智慧）的希腊文名字指向了它的希腊起源。冠以"哲学"一名的那些问题和思想被抬高到一个历史权威的地位，但这是否根本就不是普遍人性，而是特殊的希腊式的，或是欧洲式的呢？对"哲学"和"做这些"的最古老的使用就好像并未把做哲学理解为是自然而然的且普

---

① 就以关键词或其他的讨论指引为出发点的研究之方法重要性的问题而言，请参见作者的文章《辩证法和题旨论》（"Dialektik und Topik"），载《诠释与辩证》（*Hermeneutik und Dialektik*），Rüdiger Bubner, Konrad Cramer, Reincr Wiehl 编，第二册，J. C. B. Mohr, 1970 年版，第273-310 页。

② 参见黑格尔《精神现象学》（*Phänomenologie des Geistes*），Johannes Hoffmeister 编，Leipzig: Meiner, 1949 年版，第67 页。就主题参见哈特慕特·布赫纳（Hartmut Buchner）《对青年黑格尔之怀疑主义的诠释》（"Zur deutung des Skeptizismus des jungen Hegel"），载《乌尔比诺黑格尔会议论文集》（*Hegel-Tage Urbino*），汉斯·乔治·伽达默尔（Hans Georg Gadamer）编；《黑格尔研究增刊》（*Hegelstudien Beiheft*），第 4 册，1969 年，第 49-56 页。——作者感谢哈特慕特·布赫纳，他为这篇文章给了作者很多信息（此文也是作者与他们共同编辑的黑格尔耶拿时期批判性著作的工作之成果）。

遍人性的，而是理解为历史特殊的和有特点的。希罗多德（Herodot）叙述道，梭伦（Solon，古希腊人名）①一边讨论哲学，一边周游各地，克罗伊斯②（Krösus）则问梭伦，谁是最幸福的人，并且也期待他自己由于拥有财富、权力而被赞誉为最幸福的人。但是，做哲学的梭伦却没有成全他。这个问题，是直接从特定的生活需求中所提出的，而梭伦却没有对此给出一个同样直接的回答。（按照传说）他用一个更根本的问题来回应此文，即人到底是怎么能够询问某人的幸福的，他就是以这种方式做哲学的。通过询问的方式，即首先询问其提问之可能性，并且区分开来我们能知道的和不能知道的东西，以这种方式，哲学就发展出来了。由于它询问了自己的提问之可能性，它也就不是一种简单的、可以被揭露为表面的知识，而是一种对知识的追求、"对知识的爱"和"爱智慧"。

哲学问题却不再讨论克罗伊斯的问题了。这个特殊的问题成为哲学中其他问题中的一个，成为一个或许甚至是次要的问题。哲学带到其询问之出发点之中的，也就是存在之全体。柏拉图就以这种广度来构建他的哲学。他询问在我们一起遇到的存在者中，什么是"存在"（Sein），并且问道，我们究竟是何以可询问这种存在（三角形的存在、国家的存在，等等）的。他问道，存在者具有存在，以及我们人类能够把握这样的存在，这究竟如何可能。只有在对知识的追求中，即爱欲，获得了一个对此问题的回答，哲学才突然达到目的，就像在《会饮篇》（Symposium）和《第七封信》（"Der siebte Brief"）中那样。

通过善自身或是美自身，理念之理念，存在者才拥有存在，且此存在被人所把握。柏拉图将此理念之理念、存在之存在，在太阳喻中加以描绘，以这自身抚育自身的光芒的比喻，这光芒没有更深一层的根基的了，它作为太阳同时也是最大世界之母。是太阳以此温暖众生的光芒给所有活着的东西带来了生命，但是由于它的明亮，也使得其他的一切都在它的照明之下，使得人的眼睛能够看得见它们，从而也作为世界之目，把人的眼睛也纳入自身。太阳可以以最古老的神之名字来称呼。它

---

①　古希腊七贤之一。——译者注
②　英文作"Croesus"，古代里底亚国王。——译者注

并不是哲学之前神话性的传说中所提到的神：后者的神性是众神形体的神性，并且是这些形体之任意的错综关系之神性。与此不同，太阳是更加有神性的神，是哲学家的神。在神话中，神性已经向此方向发展了，也就是发展为太阳、世界之母并且从而成为哲学家的神。赫西欧德已经提到了宙斯的眼睛，它见到一切。色诺芬则把神设想为一个看、认知和听的神，为纯粹知觉，即理性的神。由于人做哲学，他的理性也就分有着此神性理性。

恰恰是因为人之理性向神之理性努力，它也就一直为特殊的人之理性。作为人之理性，它就一直是为努力和寻觅、为爱欲所规定。哲学不拥有知识——智慧（sophia）本身只是神所拥有的；只有智者们才假装他们拥有知识，从而能把它如同货物一样贩卖。哲学按其名就是对知识的爱，是对知识的追求。哲学是爱欲所完成的工程之一，它是通过爱欲之本质而得到规定的；如同爱欲本身一样，它是"媒介者"（dialektos），神与人、不死者与可死者之间交谈的中介。它是可死的人对不死的渴求，也就是人之教化，是可死的人按照不死的神性模型的教化，从而也是把可死的人提升到不死的高度的教化。在新柏拉图主义中，在中世纪神秘学和哲学中，在文艺复兴的柏拉图主义中，可死的人对不死的追求总是以灵魂到上帝之旅途的形态得以重新展现，作为一种心向上帝的旅途（itinerarium mentis in Deus），就像波纳文图拉（Bonaventura）所说的那样。灵魂在这旅途上的不同阶段被加以区分——认知和情感的行为，最终是认知与情感之行为在一个最高的行为中的合一，斯宾诺莎也将这一点在这一传统中称之为对上帝理性的爱（amor Dei intellectualis），即作为一个无限的爱的一部分的那种对上帝的爱，上帝以此爱爱着自身。作为媒介在可死者与不死者之间进行中介的哲学是灵魂通往上帝的旅途，这种哲学能够在它的意义上，将人类立足于其中的历史从单纯的生成和毁灭转变为对永恒和持衡者的把持，就像柏拉图在关于政治家的对话——《政治家篇》中所指出的那样，他也设定了哲学对政治的意义所在。

中世纪神学家和哲学家们以全新的方式把上帝视为造物主，在他们看来，上帝是以他的认识来创造万物的，而人是没有这种创造性的认知的，人认识事物是因为人有了上帝之创造性的认知，从而也就借着认识且至少借着共同创造而拥有了那种创造性的、将万物按它自身的特定规律而塑造的力量，此时，他们却还是停留在柏拉图的出发点范围内的。第一，进行哲学探讨的理性所保证拥有的，是柏拉图两千年之后人们所称之为概念之客观实在性的东西：理性的概念确实是在其存在中把握了存在者，因为理性在其理性的把握中拥有了那神性的理性，而此理性把万物创造成它对它们的认知，以及使得它们要被认知的那样。第二，理性使得正确的伦理行为成为可能：道德。存在者之存在能为理性所认知，它同时也是善的存在和美的存在。在对存在的知觉中，也就有着伦理为善行动的可能性，在此也就有着幸福感。就整体看来，不可能发生的是，一个善的行动不让人感到幸福，不获得其犒劳，因为推动人进行善的行动的理性也是神性的理性或是拥有理性，也就是说，拥有了那按照善和美使得世界有条有序的那个理性。第三，知识的统一性最终也得到了保证。由于神性的理性是统一的，在哲学中，人性的理性分有它，则此人性理性之认知和行动的统一也得到了保证。认知和行动的形式并不是相互没有关联的，而如果理性穷尽其可能性的话，所有这些方式都可以被统纳到一个囊括性的统一体之中。

当我们说概念、道德、理性之同一性的客观性的时候，我们就已经在康德的概念语言中思维了。然而，康德恰恰试图要在放弃上述立场的框架之中建构哲学，同时也是在对柏拉图主义的放弃的立场之框架中，后者以其借着一种终极体验而获得的"爱欲式"的临幸状态应被揭露为一种狂热［参见康德的论文《近来哲学界提出的高雅声音》（"Von einem neuerdings erhobenen vornehmen Ton in der Philosophie"）］。康德觉得，哲学不应从一种狂热的预设出发（即哲学能够理喻到上帝创造性的认知），而是必须把自己理解为一种工作和方法，理解为对认知要素的分析，从而也就理解为对我们在认知对象性的存在者的时候或做伦理抉择的时候一直所预设的东西的阐明。这种"批判性"哲学并不以柏拉图主义为出发点，而是以"亚里士多德"为基础（它从而继承了那种在中世纪就已经独立于终极"神学"体验的哲学传统，这种哲学传统开始讨论个体物体的实体是什么）。康德指出，他很大程度上由于英国哲学家大卫·休谟（Darid Hume），特别是休谟对因果关系的阐述，而获得他批判哲学的启发。

当人们用一根棍子推动一个圆球，圆球就开始运动：一个特定的原因，即棍子对圆球的推动，引发了一个特定的效果，即圆球的运动。此因果顺序对我们来说是习以为常的。但为何是习以为常的呢？我们从何得知每一个原因都会有其效果呢？我们是否能够洞见事物内部，并且从其本质和本质联系出发来导出特定的规律吗？我们是否应该遵从真实给予我们的东西——经验？经验使得我们把特定的原因和特定的效果联系在一起，或是问得更加确切一些：我们不是该对"为何"的问题回答道"就是这样的"吗？我们难道不可以协同休谟一起说道，我们有着习惯期待有原因就有效果，或是反之从效果也追溯到其原因吗？我们把这一个与那一个联系在一起，习惯了这种关联并且以因果性来表述它。如果因果性概念是从把特定的表象联系在一起的习惯所发出的，那么它就具有单纯的主观必要性，而无客观的必要性了。

康德抗议这种对因果性概念的阐释。他试图克服这种引向主观主义的经验主义，而这种克服却不应再次把人引入超越的东西（引入对物体之本质的洞见，或引入到对造物力量的分有）。这种克服应该只是"先验的"（transzendental），即以经验为对象，却并非终止于单纯的经验主义，而是询问对物体性存在者的每个经验中，什么是作为经验本身可能性的条件的。我，即每一个人，每一个有限的理性生物，都只能在这么一个条件下来经验物体性的存在者，即我以特定的方式来经验它。当我们在经验的时候，哪些要素是一直都先天地在经验中存在的呢？我必须把物体置于时空之中，同时也使用特定的范畴，如同因果性范畴。我们却绝非仅仅因为我们习惯了因果性概念才使用它的，康德反驳休谟说道，它不是仅有主观必然性，而是有着客观必然性：它是每个经验之可能性条件中的一个，并且这样也就是先天的，一直都并存着的要素，它无法被作为一种单纯的经验所给予的要素在经验中得到证实。此概念却有着客观实在：它切中了能够成为我对象的那个东西的内容结构；我能够声称这是客观实在的，因为此概念可被证实为经验中的可能性条件。但是我们借着此概念所把握到的却并不是物体之内部或是自在之物（Ding an sich），而是作为现象的物体，也就是能被我们所认识的物体。同样，康德也试图不将行为在内容上以一个被给予的伦理的善为定位来为此做根据，而是纯粹从行动之形式出发来规定伦理上为善的行动（在定言命令的律令之下）。甚至理性的统一性也并非预设的，而是要在对理论理性、实践理性以及判断力的分析中统一地以一种"拱顶石"（自由）的形式呈现出来。

当康德以此方式试图重新建构哲学的时候，他不是陷入意义的模棱两可吗？如果我们仅仅认识的是现象，即我们必然要以此方式来认识的物体，而非自在之物，那我们的认知难道就可能统统都是与那些自在之物没有关联的幻想吗？谁告诉我们说我们作为现象所认识到的，就和那些自在之物相关呢？康德不是把认知彻底地脱离开了那个作为存在之存在使得一切存在成为存在者的存在，且成为一个可认知的存在的太阳吗？1796 年，叶尼什（Daniel Jonisch）在柏林出版的书《论康德教授在形而上学、道德哲学和美学中的发现之基础和价值——柏林王家普鲁士科学研究院获奖论文。附：作者就批判哲学至今所起到的有益和无益的影响致康德教授的信函》（*Über Grund und Werth der Entdeckungen des Herrn Professor Kant in der Metaphysik*, *Moral und Ästhetik. Eine Accessit der Köngli. Preuss. Akademie der Wissenschaften in Belin von D. Jenisch. Nebst einem Sendschreiben des Verfassers an Herrn Professor Kant über die bisherigen günstigen und ungünstigen Einflüsse der kritischen Philosophie. Berlin* 1796, *bei Friedrich Vieweg dem älteren*）中展开讨论了这一危险。这本书也是就柏林科学院的著名征文问题的回应，征文问题为哲学自莱布尼兹和沃尔夫以来所取得的进步。在其内容庞大的目录中，叶尼什以以下方式总结了他的回答："哲学自莱布尼兹和沃尔夫以来获得了：①一个较为谦逊的独断论；②品味或所谓的美学逻辑；③大众哲学——它对德意志的教育展开了有益的影响，并且作为一种教育手段，也可以在康德主义者的傲慢面前得到辩护；④诸更正；⑤康德教授的批判学说系统。"然后叶尼什对康德哲学加以了描述，且分为三个部分：形而上学、道德哲学、美学。

在他陈述的形而上部分，叶尼什描述了斯宾诺莎主义和批判主义（Kritizismus）或唯心主义（Idealismus）之间的对立，斯宾诺莎主义是独断论和实在论。实在论被唯心主义所驳倒，但是唯心主义不可被理解为无条件的，而是要理解为有条件的先验唯心主义，更近的康德诠释者们却会提倡一种无条件的唯心主义。由于有条件的先验唯心主义是以假设的方式认为，我们的思维规律应该包含了对自在之物的"不认可"（Nichtzustim-mung），但是在此问题上，却并未证明性地加以决断，而无条件的先验唯心主义（它消灭了自在之物一说）却以为，证明了人之认知的整个"不实在"。（叶尼什写道，即使是他的理发师在给他修容的时候也赞扬了康德的哲学，因为它使人们可以认为，像桌子那样的东西，也仅仅是"想象出来的"，而非真实。）叶尼什却写道："我坦率地承认，就自在之物和所有自然法则之先验唯心主义的创造（我在这里所理解的也仅仅是它们中最高和最普遍的那些）而言，想到人之的完全和绝对的非实在性，单单这思想对我的想象力和理性来说，就是可怕的，让人不寒而栗，虽然我承认这样一种观点的可能性为不可置疑的。人在地面上面对的本来就已经是问题重重的和担惊受怕的处境，在考虑到人之精神和心灵（因为在这里绝不可能再有世间的生活智慧和世间的生活享受）之最崇高的事物之下，也就是有着一种最让人感到挫败和使得一切更高的努力变得疲乏的东西。在我看来，整个自然，与它所有的千姿百态的生物和奇观，都被推下了一个不可见底的毁灭性深渊，而我的理性自我也随之一起坠落。永恒的无比昏沉的浊流淹没了我们。"叶尼什引用了一些无条件的先验唯心主义的表达："我们的理性自我所带入到万物自然中去的那种智慧和技艺""神性，或者更加正确的来说，理性，借着它，一切所是的为是"。他认为，很不幸的是，新的超级智者们的骄傲赋予这些表达很高的声望。"这些表达方式被用在了实践生活的寻常物体之上，并且也进入了历史，它们的影响是十分不利的，使得大量卓越的思想家避开了批判哲学的研习，后者如果被如此宣传的话，是在传播无神论与虚无主义。"叶尼什也提到"人之知识的观念论虚无主义思想"，此思想对他来说几乎要比消灭永恒存在的思想"更为可惧"。从柏拉图到莱布君兹的伟大思想家并未思考过"无条件的先验观念论虚无主义的思想"。

叶尼什在这里提倡的观点是，理性不仅仅受到道德的推动，而且也受到思辨需求的推动，而此需求承认，至少得肯定我们思维规则中包含了对物体的肯定。这却意味着，要理性地检验人类认知与自在之物之间的关系，也就是说，必须寻找支持它们之间的相符或不相符之可能性的根据。在他的《关系实在论系统》（*System des Verhältnis-Realismus*）中，叶尼什提倡的是相符的可能性。在此他却给予批判性地保留更多的余地。他恰恰就形而上学而言赞同怀疑主义，并且得以引用帕斯卡的《思想录》中的以下言论，且对此加以评论："我不知道是谁将我置入世界之中，也不知道世界是什么，或是我自己是什么。我发现自己对一切事物一无所知。我的身体是什么？我的感官、我的灵魂是什么？这些我都不知道：甚至在想着我所写下来的这些的，且对这些事物和自身加以反思的我的自我的那一部分，我也和对其他事物一样对此知之甚少。我向宇宙那包围着我的浩大空间投了一眸：我则感觉到处在这个无边无际的广延之一个小角落里，却不知道为何我处在永恒的这个点之处，而非另一个点那里，此永恒在我的此在之前，或是此在之后也会存在。我在各个方面所见到的都是无限，它吞噬我，就像吞噬一个原子，或吞噬一个影子，这只是昙花一现，然后就永远消失，永不再来。我不知道我从何处而来，我往何处去。"①

　　由于康德批判哲学所引起的，且可用"虚无主义"这个概念所称谓的困惑，也被那个年代的诗人和思想家所描述过，虽然并未使用虚无主义概念。亨利希·冯·克莱斯特（Heinrich von Kleist）在他的书信中给予此困惑一个让人震惊的表述。在克莱斯特长久用启蒙之乐观主义来克服他对自己的生活之不安之后，他在某一时间进入了"康德危机"。他结识康德哲学，或许是通过费希特的关于人之使命一文的中介，这摧毁了克莱斯特对人能够认识到生命之最终意义以及用理性来理解它、从而借着这样的认识而赋予生活一个确凿方向的信仰。叶尼什还将其作为安慰所提出的思想，即我们或许能够在我们存在的另一阶段中起到有着一种完美的认知方式，而对克莱斯特来说，这变成了一种震撼——死亡会使得我们此世生活中的认知变得毫无价值。1810 年 3 月，克莱斯特致信给乌尔莉克·冯·克莱斯

---

① 参见丹尼儿·叶尼什（Daniel Jenisch）《论康德教授在形而上学、道德哲学和美学中的发现之基础和价值——柏林王家普鲁士科学研究院获奖论文。附：作者就批判哲学至今所起到的有益和无益的影响致康德教授的信函》（Über Grund und Werth der Entdeckungen des Herrn Professor Kant in der Metaphysik, Moral und Ästhetik.），Berlin：Friedrich Vieweg，1796 年版，第 200、259、273、274、277 页。叶尼什所使用的表达"虚无主义"在当时没有引起特别的反感，这一点在一篇叶尼什著作的书评上可见，其中作者很自然地提到"叶尼什先生所担心的为严格的先验唯心主义之后果的虚无主义"。参见《学者协会之哲学和哲学精神年鉴》（Annalen der Philosophie und des philosophischen Geistes von einer Gesellschaft gelehrten Männer），路德维希·亨利希·雅各布（Ludwig Heinrich Jakob）编，1796 年第 2 期，第 691 页。

特（Ulrike von Kleist）："我们对真理毫无所知，而且我们所称之为真理的，在死后又是完全一码事，从而要获得能够带入坟墓的财富之努力是徒劳和无果的，这个思想在我灵魂最深处震撼了我。"1801 年 8 月 15 日，他又致信威廉敏娜·冯·曾格（Wilhelme von Zenge）："不要说什么内心有个声音悄悄却明确地告诉我们什么是正确的。同样这个声音呼唤基督徒宽恕敌人，却呼唤海岛居民烤熟敌人，且虔诚地把他吃掉。如果信仰能够使这种行为合法，那么人能够凭借信仰吗？什么是做恶，是按其效应而言吗？什么是恶？绝对的恶？"康德积极地想要获得的——保证概念之客观实在性和道德，保证善的行动之约束性——，这都被克莱斯特视为无用和最终无效的努力而撇开不顾，他这么做，是因为他认为批判哲学展现出了我们努力之无效性！

即便在康德的学生中获得最高声誉的那位，即约翰·戈特弗里德·赫尔德（Johann Gottfied Herder），也指责他当年的老师之晚期批判使哲学陷入了无底深渊。在 1800 年的《卡利贡涅》（*Kalligione*）中（此书第三部分之第七章），赫尔德就纯粹理性批判和实践理性批判写道："让我们走进它们的群魔殿吧，我们先是经过了两种'盲的直观'，它们自己也承认什么也见不到，并且也不给出什么，我们就像经过大门门卫似的经过它们而来到前院，那里悬挂着的诸'阴影表'自己也承认是'无对象的图形'且不知从对象那抽离出来的词语是怎样飞向它们的。接着，谬误推理（Paralogismen）这股穿堂风牵引着我们穿过漏风的二律背反之回廊进入空空如也的'空洞理性'之大殿，在等待许久之后，从绝对的乌有中，传来了'你应该'的声响。回音回应了绝对的'应然'，清晰可听'无'（Los）一词；因为无条件地借着超感性的绝对义务所约束的，也可以无条件地通过超感性的绝对自由解除。从而我们两手空空走出殿堂，却被提升为在绝对的无中借着无对象的空洞理性之权柄的超感性立法者和自然创造者！"赫尔德在一篇关于崇高的论文中提出了这个康德批判。他想要拯救知识的崇高性：在他看来，此崇高性在于，无论它超越了多少界限，它却总是使知识的界限得以再次扩展，且从而也使其在它面前止步（哲学也就一直保持为对知识的追求，却从不成为智慧）。赫尔德用流传已久的比喻和象征来表达这些思想：那只朝着太阳飞翔的鹰总是更多地体验到太阳的遥而不及。在康德那里却没有了这样的鹰之飞翔："'批判的崇高者'在这里即一种精神朝向无界和无底深入、朝向深渊的跨越或坠落。"

五

哲学的新建筑，就像康德使用近代批判意识之要素来构建的这种建筑一样，是否是一种朝向深渊的坠落，或是会诱发此类坠落呢？（就像雅格比和叶尼什试图表明的那样）康德和他的追随者的哲学是否的确如此呢？亨利希·冯·克莱斯特就通过它而陷入了生活危机，且被他灵魂的"神圣的深入"所撼动。康德曾经的学生赫尔德是否正确地发现康德的批判哲学是丢失了其作为"哲学"（即爱智慧：译者加注）的本性呢？或是说，哲学恰恰可以借此在其本性中重新得以被规定，并且成为科学，从而从虚无主义中赢得一个积极的意义呢？黑格尔在他的《精神现象学》的序言中不仅提出要让哲学成为科学，他还展开阐述了柏拉图—基督教式的理念星空是如何瓦解，且哲学之原初的出发点是如何被摧毁了的。他写道："从前有一个时候，人们的上天是充满了思想和图景的无穷财富的。在那个时候，一切存在着的东西的意义都在于光线，光线把万物与上天联结起来；在光线里，人们的目光并不停滞在此岸的现实存在里，而是超越出它之外，瞥向神圣的东西，瞥向一个，如果我们可以这样说的话，彼岸的现实存在。"① 黑格尔说，瞥向那彼岸的理念星空只可以通过一种暴力的相反运动而得以瓦解：必须要迫使精神的眼睛转向此世的东西，把注意力放在当下，这被称作为"经验"。黑格尔在这里把近代的不同潮流以一个基本趋势加以归纳，只承认"经验到的东西"：不仅有那些新出现的自然科学的趋势，这些新自然科学马上就和工业及技术的开端结合在一起，并且通过培根发现了知识是力量，而且也包括在政治中反对传统统治形式的超越性根基的斗争、从正统的强制和僵化的传统中解放出来的信仰、为宽容和信仰自由的斗争，以及最后从独断主义中解放出来的思想，以自己的思想来批判性地省视每一个想法的做法。黑格尔也知道，以经验为定位，这引入了虚无主义。他在《精神现象学》的序言中写道，我们现在不仅仅要迫

---

① 黑格尔这段话的翻译摘录于黑格尔《精神现象学》（上卷），贺麟、王玖兴译，商务印书馆 2013 年版，第 6 页。——译者注

使精神的眼睛朝向世间，而且是有着"其对立面的必要性"：人们的感官是如此深地扎根在世间之物，由此需要强力来使得它超越此世。黑格尔写道："人的精神已显示出它的极端贫乏，就如同沙漠旅行者期望获得一口水那样急切盼望能对一般的神圣事物获得一点点感受。"① 神圣事物不再是那使得一切生长和照亮一切的太阳了；神圣的，如果说它根本还在那的话，也仅仅只是对盲的情感来说存在，而作为盲的情感，对经验认知的杂多就不再有支配能力。

　　黑格尔是否在这个对近代思想之"虚无主义"的结果之批判中建议回归柏拉图的立场呢?② 对黑格尔来说，哲学，如同他在《精神现象学》中所发展出来的哲学那样，是"辩证法"，是可朽者与不朽者、有限者和无限者之间的中介，从而也就是"教化"（Bildung），是通往上帝的灵魂之路，从而也是历史在永恒和持久之下的转变。即便是有着相符合之处，却使区分更加具有决定性，它是通过要求哲学应放下它的爱知识之名并成为"科学"，而得以设定的：哲学应该失去"爱欲"的特性，爱欲以突然和不可预计的方式得到馈赠，从而最终得以达到目标；哲学应成为科学，即"真正的"科学，是"方法性地"通过概念之"运作"而得以构建的。黑格尔一再要让人理解的科学之特性不再是爱欲，而是方法和劳作。（当然，他从而至少按爱欲的一个方面把它的隐藏着的基础以最鲜明的形态加以了展示，即意志，是它才使得爱欲的追求成为一种追求的，而从劳作出发，意志则被理解为一种方法式的自我创建，自我进入功效和实现。）黑格尔仅仅是为了超越柏拉图的立场才采取它的。这种想要超越的意愿，比如在黑格尔的《哲学史讲演录》中关于柏拉图的一章中明显可见，那里，黑格尔展开阐述了柏拉图把理念，即有限和无限之间的中介，理解为做哲学的目标。比如，他发展了国家的根本规定。但是，他没有具体地展开这些根本规定，没有整理一切单个规定。这样才会出现一种误解，即理念世界为

---

① 黑格尔这段话的翻译摘录于黑格尔《精神现象学》（上卷），贺麟、王玖兴译，商务印书馆 2013 年版，第 6 页。——译者注

② 近代哲学不能再被称作"柏拉图主义"，比如，艾克哈尔特（Eckhart）或库萨的尼古拉斯（Nicolaus von Cues）试图不是从上帝的存在出发来思考上帝的理性或主体性，而是从主体性出发来思考上帝的存在（作为相对于一切存在者的无），这不再是"新柏拉图主义"了，这一点，作者在此未提。

现实彼岸。实际上，理念并非彼岸；它们只是还未被"实现"：从根本规
定出发，还未展示出来，具体的单个规定是如何从它们之中发展得来的。
整体上，哲学也不能仅仅是任其实现为一种机缘产物，而是应该展现的，
这种实现是它所有阐述基础的目的，并且从这些阐述中，可得以实现的。
只有这样，它才是"真正的实现"知识，一种其"实在性"恰恰在于其
目的论式（"辩证法式"）的实现中的知识。只有作为真正的知识，这些
才是"系统"，从而才是科学。① 哲学之实现以及从而转变为科学，这是
哲学在"虚无主义"之媒介中发展的时候所发生的：哲学不再预设它能够
窥见事物内部且分有那使得事物如此的那个创造性力量；哲学而是要尝试
"方法式"地，通过概念的"劳作"来揭示理性在其运用的杂多性中能够
做些什么。如果在此显明，理性运用中有着一个目的（即理性运用的方式
是相互结合为整体的，且理性显示出来，它在绝对知识中即为绝对者），
那么，哲学恰恰是在"虚无主义"的媒介中被引导进入了它作为科学的完
满。它也就能够询问历史之意义，而在历史中，理性运用的方式则具体地
得以构成和发展。

在黑格尔采取这个哲学作为科学之实现的立场（大约自 1804 年起）
之前，他发展出来一种思想，把一切有限物体以及人类知识和行动之个体
形态与绝对者联系在一起，却并没有声明有一种科学之"方法"，即目的
论式的自我完成的有限和无限者之"辩证法"。对这个思想来说，思维和
"无"的主题占中心地位："绝对的无"（那个要比光明更古老的"黑夜"，
那个一切"存在"都陷入其中的深渊）应该被思考为哲学之"最先者"。②
并非存在赋予持存，而"无"是绝对者中的最先者；如果用神的名字来称
呼此绝对者的话，那么，它也就是那个在星期五的受难发生中让他自己的
子死亡的基督教上帝，他能够将自己重新收回。黑格尔引用了帕斯卡的
话："自然是这样的，它到处都标识出一个失落了的上帝，在人身上，也

———————

① 参见作者的论文《哲学之实现——黑格尔和马克思》（"Die Verwirklichung der Philosoph-ie. Hegel und Marx"），载于《哲学视角》（Philosophischen Perspektiven），R. Berlinger 和 E. Fink 编，第二卷，Frankfurt a. M.：Suhrjano，1970 年版。

② 参见黑格尔《耶拿时期批判著作》（"Jenaer Kritische Schriften"），载《黑格尔全集》（Gesammelte Werke）第 4 卷，Hartmut Buchner、Otto Pöggeler 编，Hamburg：Meiner，1968 年版，第 16、398、413 页。

在人身外。"（La nature est telle qu'elle marque partout un Dieu perdu et dans l'homme et hors l'homme）如果说哲学吸收了关于失落的或死亡的上帝的这类话语，它难道不是向这样一个信仰敞开大门，且对此信仰来说，从无中创造和取消的思想都同时属于上帝吗？对此信仰来说，上帝不仅仅只是在"历史"中展现自身吗？帕斯卡在他著名的神观之中所体验到的"哲学家们的上帝"是一个死的上帝，而活生生的上帝只是作为不可支配的恩宠而展现在那燃烧整个世界的火中，在这之中，无持衡。对哲学所发源的受到希腊影响的思维来说，表明这样的一种经验，是一个丑闻。"要回忆起来的是那个《伪经》中所记载的场景，其中，保罗在尼禄皇帝面前预言了世界的燃烧殆尽，从而皇帝陷入了极大的愤怒，反过来命令烧死基督徒以及处死保罗，虽然在这思想中包含了斯多亚学派的宇宙大火（Ekpyrosis），不过当然没有后者所说的从火之更新的创造性力量中，同样的东西会轮回的这种慰藉。"①

如果说，黑格尔在耶拿的最早几年中把虚无主义作为置在哲学面前的任务而拾起，那么，他不仅要求哲学要放弃一个先行的对事物之本质的洞见，而且放弃声称对上帝之创造性的知识有着分有，还要在人的知识和行动中寻求神性之觉醒。他也想要把觉醒中的神性和绝对者思考为深渊性的无，而并非为持衡或赋予持衡的存在。黑格尔发展了绝对者的思想，它在无中展现自身，曾经是以希腊悲剧的表象和基督教之十字架神学一起展现，随后是从斯宾诺莎的思想出发，他在基督教传统里被视为是大异端和无神论者。当时普遍把费希特和谢林的思想称作为反向的斯宾诺莎主义，这一点就已经显示出一种努力，即以自我和其深渊性为出发点，然而又重新找回到绝对者那里。此矛盾性的出发点的表达则是人们对虚无主义概念的多重运用。雅格比在知识中不再找到的是与对象的关联，而仅仅只是一种向表象的我的有限主体性的回归，从而他说道先验哲学之"自我主义"和"虚无主义"。而黑格尔则反讽式地说，雅格比认为先验哲学之虚无主义要把他的"心"（这对他来说是唯一的客观性保障）"从胸膛中扯出

① 汉斯·布鲁门贝格（Hans Blumenberg）：《自我把持和坚持——论近代理性之构建》（Selbsterhaltung und Beharrung. Zur Konstitution der neuzeitlichen Rationalität），Mainz：Vevlag der Akademie der Wissenschaften und der Literatur，1970 年版，第 45 页。

来"。在当有限之物的哲学在无限者的哲学面前被设定为虚妄的时候，雅格比则发出"哀嚎"，他把他有限自我之实在关联称之为"信仰"，却没有注意到，在真正信仰之"吞噬性的火焰里"，"主体性的一切蚊蝇统统烧毁"，并且"这种献身和摧毁的意识本身"也被消灭了。① 黑格尔承认，费希特是在纯粹思想之"无限"之中，肯定了绝对者之"否定"的一门。最终，费希特在我和非我的二元对立中止步不前了。那里，他无法在绝对者之无中消解这个二元对立，也就不能将他的"思辨"发展为"系统"（因为系统的整体性只有一种思维才可达及，即那种把一切对立面，也包括我和非我、概念和存在之间的最高对立，在绝对者中扬弃的思维，这样，复活才会伴随死亡，复活星期六、星期日才能伴随受难星期五，而生命之"正午"才可伴随反思之"黑夜"，在后者中，反思陷入了自己的深渊，而在前者中，一切有限者重新进入无限者的日光照耀之下）。

在黑格尔的论文《信仰和知识》发表和讨论了十五年之后，已经与黑格尔缔结友谊的雅格比为黑格尔关于雅格比的一篇新的书评做出回应，表述了他与黑格尔的思想之间的区分。雅格比说，即便是对黑格尔来说，斯宾诺莎主义（对雅格比来说这是一种虚无主义）也是思维之最终和真实的结果，不过黑格尔超越了此斯宾诺莎主义，抵达了一个"自由之系统"，当然也就"到了一个更高的，却是同样的（即本质上并非更高）的思想之路——没有跳跃"。他，雅格比，却是借着一个跳跃而远离了斯宾诺莎主义和虚无主义，借着那个著名的致命的一跃（Salto mortale），就此，雅格比明确说道，这不是头向下地从山崖坠入深渊，而是跨越了山崖和深渊，在另一边又重新稳妥且双脚着地站立下来。雅格比在这一段关于黑格尔的言论中最终所否认的是哲学能够成为所有科学之科学的观点。在雅格比看来，只有一个跳跃才会领着我们离开科学之知识，从而获得那些思索，在其中我们对知识之关联、我们的知识和行动方式之意义本身加以询问的那些思索，并寻求揭示各个知识和行动之复合体的开端。不是在知识中，而是在信仰中，物质或非物质的对象才在其实在中将自身给予我们。是的，只要构成了交织关联的知识，就一直都有此信仰的判断。"所有证

---

① 参见黑格尔《耶拿时期批判著作》（*Jenaer Kritische Schriften*），Hamburg：Meiner，1970 年版，第 377、379、399 页。——就下文见第 23 页、398 页、413 页。

明都以此为据的最高的基本原则，被揭露之后，仅仅是单纯的对权力的要求，我们对它们盲目地？① 如同我们此在的感觉一样！——信仰。我们可以足够罕见地和不合常理地，却不是完全不哲学性地，将它们称作原初、普遍和不可克服的先见（Vorurteile）。如此，它们是真理之纯粹的光芒，或是赋予真理规律。"② 此类先见是在生活中被历史性地构成的，这一点在雅格比关于斯宾诺莎一书的结尾处被提到。这样，雅格比已经表达了黑格尔正在展开的思想，而黑格尔的追随者们和批评者之后以更加鲜明的形式与黑格尔系统进行了对照。

费希特也在他的晚期哲学里试图展现雅格比和黑格尔的虚无主义指责并不涉及他自己，反过来又切中了这些思想家本人。在 1804 年的知识论中，费希特就发展出一种可以从中批判黑格尔的思想（而黑格尔作为《差异》的作者和《批判期刊》的共同编者，对费希特来说，只可能是谢林的追随者）：面对绝对者而设立的意识是虚妄的，并将自己理解为绝对者之图像；这样也就无法指责他使得两个原则（我和非我）绝对化了；作为全方位的绝对者和有限者之中介的"系统"之要求，根本就没有意识到对有限者之必要的"消除"之切要性。从此立场出发，费希特则在 1812 年的知识论中规定了他对虚无主义指责的态度。"一切反思都摧毁实在……因而——我们就不应反思；知识论之反思是其为人误认为的'虚无主义'之根基。它叫作反思系统。"自然哲学，即谢林和黑格尔的哲学，是从这个观念中得出了结论："绝对者在我们不再应反思之处。"以此针锋相对地表述，费希特当然没有完全理解黑格尔。他不可能知道，谢林在他的晚期哲学中构建出一种以类似反思寻找走出虚无主义的出路的思想，就像费希特在以下语句中所建议的那样："真正的避开对实在的颠覆、避开虚无主义的手段是什么呢？知识以单纯的图形认识自身。所以，它应该是在某一处还是立足在纯粹的实在之上的，即作为绝对的图形，绝对的现象来认识

---

① 原文如此。——译者注

② 参见弗里德里希（Friedrich Heinrich Jacobi）《书信选集》（*Auserlesener Briefwechsel*），v. F. Roth 编，Berh：Gerhard Fleischer Neu Verlag bei Horbert Lang，1825/27，第 2 卷，第 466 页继续；雅格比《著作集》（*Werke*），Berh：Gerhard Fleischer Neu Verlag bei Horbert Lang，1812—1825，第 1 卷，第 274 页。就下文见第 4 卷，第一部分，第 230 页继续。

自身。所以，我们恰是要反思到底……"反思为绝对者之图像、图形或是现象，它当然对晚期费希特来说，即"上帝之永恒圣言"。如果说，雅格比声称，一切哲学都建基在事实上，那么，费希特针对这一断言则反对道，自由知识的"唯一事实"，这作为绝对者的现象绝对者一样都并不在时间之中。"如果把绝对者的现象设定为一个偶然的，而且还是历史性的、作为一个已经消逝且又会出现的，那么，这是把它设定在时间中，并且获得了一个上帝并不出现在其中的时间，还获得了一个上帝在其中出现的另一个时间。这是通常的造物之概念。从而就陷入了绝对的不可理喻的状态。"① 要问的还有，虚无主义讨论是不是也应该讨论思想陷入此不可理喻状态的情况。哲学的实际发展难道不是以一定的正当理由绕过了费希特的晚期哲学吗？因为此哲学没有充足地展现思辨的出发点可如何运用在对人类知识和行动的根据和界限的问题上。这样的运用会引到历史和历史性的问题，而黑格尔及其追随者则比费希特和晚期谢林更多地对此加以探索。

　　恰恰是历史，我们的历史，引到了虚无主义，这是尼采的论点。在他的《敌基督者》的第六节中写道："一幅痛苦、一幅可怕的景象浮现在我面前：我揭开了人之败坏的幕帘。……在我看来，生命本身就是追求力量增长、追求力量持存、追求力量积累、追求权力的本能：只要没有权力意志，那就只有衰亡。我的看法是，人类的一切最高价值都缺乏这种意志——衰亡的价值、虚无主义的价值以最神圣的名义占据统治地位。"② 这里，虚无主义（如同马克思主义中的"异化"）应该借着归向或回归自身中完满的生活而得以克服，这个生活借着形而上的论点（"永恒的轮回"）得以阐释。在实证主义为主导的哲学思考中，这种思想被揭露为绝

_____

　　① 约翰·特利布·费希特（Johann Gottlieb Fichte）的《遗作》（*nachgelassende Werke*），I. H. Fichte 编，卷二，A. Marcus，1834 年版，第 325 页。——很明显，费希特在 1804 年的知识论中已经讨论过这个主题了，而在此，他又提起无神论指责：当有人说，这把神性设定在"我们之中"的时候，这是对知识论的误解。一切有限性，并从而我们自身，在绝对者面前，都应设立为虚妄的，这点斯宾诺莎已经阐明了，不过他的绝对者是一个没有生命的存在，是个死气沉沉的神。而那些，如同雅格比，把上帝设在有限者之旁的人，他们的上帝"内在地在根子里也是死的"。同上书，第 147 页。——费希特 1807 年在试图对雅格比的信做回应的时候，提到了虚无主义概念。

　　② 这里引用的是吴增定和李猛 2009 年的译文。——译者注

对不科学的。这种哲学思考简单地切断了虚无主义问题的结，它在此对不带价值观的科学陈述系统和价值判断之间做了区分，在克服虚无主义一说中，这已经蕴含在其中了。存在主义和诠释学的哲学思考认为，自由借着一种思考才可解决虚无主义问题，此思考是在脱离传统形而上学和方法式劳作的科学的跳跃中赢得的。这种哲学思考也提出了虚无主义到底是否要被克服的问题，是否哲学实际上应该发展一个被正确理解的"虚无主义"。1800 年前后的虚无主义讨论的重要性在于，其中已经提出了这最终的问题，从而虚无主义问题不再是作为许多哲学问题中的一个，而是作为对哲学之本质自身要做抉择的问题得以展开。

黑格尔现象学之问题史及系统性意义[①]

吕迪格尔·布伯纳[②]

先论

美的希腊自由，即在一个连接所有人的精神中的共同体之统一性，已经失落了，这应该就是黑格尔和他在图宾根的朋友们的基本体验。当下的本质性特征突显在与"来自过去的时光"之"民族之天才"的疏离和否定性的关系之上。当下是什么，这完全处在分裂（Entzweiung）的标识之下，其中，所消逝且被历史遗忘的，并非一种随意的，其生命所要求的统一性中就已蕴含着趋于不存在的规定的东西。

黑格尔青年时期的著作的这一出发点是众所周知的。就我们在下文将要提出的诸思索而言，在黑格尔给予某种时代现象，而迫于明确地以历史性的方式来反思无时间性的理想之处，此出发点就获得了意义。就此而言，可以简短提醒一点：对青年黑格尔来说，宗教开启了一个实证性的状态，即服从权威和在解释中与实践理性之道德性的纯粹概念相悖的那种学说。因此，在宗教通过神学得到巩固的时候，它使用康德实践理性之概念系统和其公设理论，从而产生了一个特别固执的正统形式，在此时，用道德性来对一个宗教的理想进行直接地解释就遇到了它的界限。图宾根神学院里的那些年轻人的眼前还浮现着颠倒了的宗教的例子，这种宗教的神甫们"最近假装有着理性"，如同 1796 年的那部以理性之名义出来论战的体

---

① 原文标题为 "Problemgeschichte und Systematischer Sinn einer Phänomenologie"，原载于《黑格尔研究》卷五（*Hegel-Studien*, Vol. 5），1969，第 129－159 页。这里所说的"现象学"指的是黑格尔那里的现象学，而非胡塞尔所创建的现象学学派。——译者注

② 吕迪格尔·布伯纳（Rüdiger Bubner, 1941—2007），德国著名哲学家，图宾根和海德堡大学教授。

系纲领所说的那样。① 在吸收康德哲学的情况下，【129】人们得到了发展的暂时的最后一个阶段，其中宗教成为实证的，并且要做的是，恰当地来理解这种颠倒。

在一种与对其的批评与时俱进，而且认为自己要通过理性得到诠释的神学面前，启蒙的宗教批判的工具变钝了，这种神学是想把迷信的内容从宗教之理性和自然的核心中清理出去。实证者的批评性概念却只有在此概念准备好来面对这个困难的时候，才会得以维系。在对此手稿的导论性段落的一个后来的修订中，呈现出一种相应的变得敏锐且方法性的意识②，而它以《基督教之实证性》（ _Die Possivität der christlichen Religion_ ）为书名为众所周知。对于那些不同的，与它们的时代精神相对应的诸宗教形式而言，关于它们的认知并不允许人们依照普遍的、抽象的概念来规定实证者，虽然人们"在最近的时代"经常这么做，但这种认知却让人们意识到，这些普遍的概念是在一个漫长的"教化之爬升"历程的最后才产生的，因为它们将此历程的结果固定下来，推进了实证性。③ 启蒙了的批评恰恰因地成为"空洞"和"无聊"的，而一个"时代的需求"像是在它里面产生，它要求推演出那些进行批判的形态之相对的自然性和必然性。④ 因为，宗教之实证的形式能够与它的时代相符合，并且在这个方面完全是自然的，也是如此被诸主体所接纳的。它真实的实证性才是展现给主体之

---

① 所指的首先是克里斯蒂安·施多尔（Christian Storr），参见谢林在 1795 年初写给黑格尔的信，以及黑格尔在同一月末的回信，另外也见谢林 1795 年 2 月 4 日信，见《来自和致黑格尔的书信集》（ _Briefe von und an Hegel_ ），约翰内斯·霍夫迈斯特（Johannes Hoffmeister）编，Hamburg：Meiner，1952 – 1960，Bd. 1（卷一），13f.，16f，21。参见《黑格尔青年时期的理论性著作》（ _Hegels Theologische Jugendschriften_ ），赫尔曼·诺尔（Hermann Nohl）编，Tübingen，1907，234（冬季学期 1795/96）。——《体系纲领》（ _Systemprogramm_ ）的作者到底是谁，就此仍有争议。最早的编者，弗兰兹·罗森兹维格（Franz Rosenzweig）认为谢林是此文的作者，但此文又在黑格尔的手稿中能找到。维兰特（Wolfgang Wieland）也跟从了他的意见，参见维兰特《谢林哲学的开端以及对自然的询问》（"Die Anfänge der Philosophie Schellings und die Frage nach der Natur"），载《自然与历史——卡尔·洛维特七十周年生日纪念》（ _Natur und Geschichte_ ， _Karl Löwith zum 70. Geburtstag_ ），W. Kohlhammer，1967，426f，430。在人们排除了荷尔德林为此文的作者之后，近来帕格勒尝试将黑格尔手写的那一份文稿作为其自己的作品来进行辩护，见奥拓·帕格勒（Otto Pöggeler）《黑格尔——德国观念论最早的体系纲领作者》（ _Hegel_ , _der Verfasser des ältesten Systemprogramms des deutschen Idealismus_ ），《黑格尔研究》附刊卷 4（ _Hegel-Studien_ ，Beiheft 4）。

② 赫尔曼·诺尔（Hermann Nohl）编，《黑格尔青年时期的理论性著作》，第 139 – 151 页。

③ 赫尔曼·诺尔（Hermann Nohl）编，《黑格尔青年时期的理论性著作》，第 139ff、147 页。

④ 赫尔曼·诺尔（Hermann Nohl）编，《黑格尔青年时期的理论性著作》，第 143 页。

新的、自由的自我感觉的，也就是一种"判断"，在它之前，必定浮现出的是一个与此对应的"人类之理想"。①【130】

从时代的需求出发，也可以来理解对一个依照普遍概念的抽象批判的克服。当理想变得活生生的时候，而当下的状况却与其不相称了，因而，它更加清晰地标识了后者的缺陷。在此时，一种与其对象并不相配的批评之空洞性就出现了，因为这种批判并不是从对象中获取其标准的，而是将思想的某一个特定发展阶段变得普遍了。而一个历史性的视野才会将逐步地远离理想的发展一览无余，这种发展不仅仅满足于清除实证内容，而且也将形式之杂多中的实证性主题化。在不同的、受到时代制约而在其自身看来合法的形式之间加以区分，这要在理想更加具体地在与历史发展相关联之下展现，而并非要求它有着直接的有效性的时候，才可以做到。

黑格尔调到耶拿的几个月后，他撰写了我们之前简短描述过的那份关于实证概念之方法式的阐明的文章。他已经非常接近后来的著作中他哲学性的自我理解了，虽然他还是处在《宗教问题》（*Religionsproblematik*）的影响之下。同时期所撰写的体系手稿残篇已经规定："哲学必须与宗教一同终结。"因为，只有宗教才能够将人提升到在反思中观察与思考所占据的立场之上，并且将人提升到从属于后者的由反思所产生的有限和无限这一对概念之上，达到无限的生命或精神的高度。② 在同样的关联中，却要承认的是，宗教并不是自在地绝对必然的，而是展现了"一种崇高"，而至于其他的形式，例如在"幸福的"希腊民族当中的那种完美的合一，此崇高与它们相比，其优越性仅仅在于，它与被给予的历史境况相符。在这一种与时相符中，当然相应的哲学现象也不输给它，在"与时代合一"变得不再可能或是成为一个虚假的和平之后，哲学的相应现象将纯粹的自我绝对地提升到了有限性之整体之上。

在这些认知就它们的哲学价值这一方面而言得到了反思，且开始服务于新的出发点的地方，这一点却可以更加确切地加以阐述。【131】在《信仰与知识》（*Glauben und Wissen*）这部作品的开篇部分，融入了实证性

---

① 赫尔曼·诺尔（Hermann Nohl）编，《黑格尔青年时期的理论性著作》，第141f页。

② 赫尔曼·诺尔（Hermann Nohl）编，《黑格尔青年时期的理论性著作》，第347页（写于1800年9月14日）。

概念，以及在体系手稿残篇中先是仅仅被察觉到但尚未得到推演的相似性，前者是从对启蒙批判的克服中发展出来且具有历史形态的，而在历史的被规定性的视角之下，宗教与哲学的现象就有着相似性。"近来的文明将理性与信仰、哲学与实证宗教之间古老的对立提升到了这样的一个高度，以至于信仰与知识的对立获得了一个完全不同的意义，而且也被移到了哲学本身之中了。"① 很快，被唤起的是假扮为理性的正统，以及变得空洞的对宗教之实证内容的抽象、概念性的批判，目的是将已经在瓦解中的区分开来，将已经变得陌生的传统战线仍然作为最近时期的发展，以及作为文明之作来规定。起到决定性作用的是，在此期间，哲学将这些现象与自身关联起来，将自己历史性地来理解，而以此提出了一个更加具有问题性的关于哲学的哲学之理解。

此理解像是影响了黑格尔耶拿时期的早期著作。要阐明的是，黑格尔这些最早的批判性著作在上面所提到的发自神学纲领的过渡时期的诸动机之背景下，是如何围绕着一个哲学性任务的主题而得到排序的，而在构建一个体系的过程中，最终从此任务中产生了一个"精神现象"的构想。在这里，先前的研究却并不自告奋勇地要在历史和语文学上完备无缺地重构此发展的路程。② 而这按照文献传承的状况反正是无法做到的。③ 而我们所关心的，更多的是那个显而易见、却就我们所知的，未曾以足够的决心讨论到底的关于现象学之体系意义的问题，在这部著作 1807 年的前史中，此意义得到了明确的表述，从耶拿著作的提问中，得出了这样的一个意义。

---

① 黑格尔（Hegel）：《著作集》（*Werke*）卷一，Berlin：Duncker und Humblot，1832ff，第 3 页。

② 就此参见奥托·帕格勒（Otti Pöggeler）《论〈精神现象学〉之解释》（"Zur Deutung der Phänomenologie des Geistes"），载《黑格尔研究》（*Hegel-Studien*）1961 年第 1 期；《黑格尔的耶拿体系构想》（"Hegels Jenaer Systemkonzeption"）载《哲学年鉴》（*Philosophisches Jahrbuch*）1963/64 年第 71 期。参见赫尔曼·施密兹（Hermann Schmitz）《黑格尔〈耶拿逻辑〉中对〈精神现象学〉的预备》（Die Vorbereitung von Hegels „Phänomenologie des Geistes" in seiner „Jeneser Logik"），载《哲学研究期刊》（*Zeitschrift für philosophische Forschung*）1960 年第 4 期。参见尼古劳·默尔克（Nicolao Merker）《黑格尔逻辑的源头：黑格尔在耶拿》（*Le origine della logica hegeliana Hegel a Jena*），1961 年版；这是一个详细的、叙述性的阐述，但是由于其历史知识的丰富，无法充分讨论它的主题。

③ 然而，很明显赖恩霍尔德（Reinhold）的《现象学》大多无人问津；见附论，下文第 157ff 页。

最近，通过富尔达（Fulda）的分析【132】《黑格尔之〈逻辑学〉的一个导论的问题》（*Problem einer Einleitung in Hegels Wissenschaft der Logik*）①，《现象学》之系统性的定位的讨论重新得到了推动。富尔达尝试着，在1807年的《现象学》与《百科全书》之间通过对体系思想的极端化来构建一个联系，而此联系是一直没有人注意到的。对体系所能提供的一切可能的融贯的阐述展现出了科学导论的问题，它会帮助一个非科学性的意识升华到纯粹的思想和对其客观的证成之上；《现象学》在这样的一个事实问题背景下得到了考察，而此事实问题产生于黑格尔体系的视域中，并且发展成为一个自主的问题。富尔达的论述是基于一个对问题的诠释而获得的，此诠释预设了一个已经完成了的体系，且以高超的技艺驾驭其概念语言。我们的问题与他的区别在于，一方面，我们所考察的是在体系思想表述的关联中关于现象学的构想是如何形成的，而且恰恰要排除那些从一开始就在他的阐述中作为基础的诠释模式。另一方面，这并不应该视为等同于对《精神现象学》之实际产生的澄释，即其撰写的条件，以此为它的结构和构建之融贯性提供线索，帕格勒最终提供了这种澄释。

与一种事后的从黑格尔体系出发而做的合法性辩护相反，下文以现象学构想的生成为对象，并且与某个具体文本之历史和形态的方法研究相区别之处在于一种朴实的旨趣，它可以由一个通常向黑格尔提出的问题来总结，即什么是现象学？就此问题所做的思考发自于哲学的批判性的预备任务，目的是突显出哲学的思辨性自我实现之逻辑特性。在此区分的背景下，就可以更加确切地来定义精神现象学的体系性意义以及它的成就。

哲学作为批判

在最早的黑格尔发表物，即1801年的《费希特与谢林哲学体系的差别》（*Differenzschrift*）之朴素的文本解释中引起人注意的一点是，教化（Bildung）这个概念【133】独特地以否定的形式得以被勾勒，并且被视

---

① 汉斯·弗里德里希·富尔达（Hans Friedrich Fulda）：《黑格尔之〈逻辑学〉的一个导论的问题》（*Das Problem einer Einleitung in Hegels Wissenschaft der Logik*），Frankfurt a. M.：Vittorio Klostermann，1965年版。

为是分裂（Entzweiung）的同义词。① 乍一看，这并不显得特别理所当然。因为，为什么哲学认为自己必须要针对教化进行指责和争论呢，而不是将其作为思想在一个不同的、非哲学性的层面所做的预备性练习？而一般的思想的形成和哲学间的关系的确并非不成问题的。因为，在广泛的教化中，哲学找到了它自身的预备和伪装。黑格尔就此创造了"哲学的需求"这个概念。已经存在的关系是如此，即它们呼唤着哲学，绝非以一种全面的、以它的最终出场为目标的目的性导向的意义上来这么做，而是以一种否定性的方式，它体现在看似已经在那的东西与尚未在那的东西之间的一种触而即发的区分。

从而，就如同替代品的充斥不能让人获得满足感而是增强了渴望那样，教化的国度为哲学做了预备。黑格尔的诊断区分出两种东西：在时代精神中被给予的历史条件和哲学本身，后者的标识姑且仅在于思辨之体系特性和原理。这两者在此方面相互区分，而在一方面进一步发展出来的思想性的文明和它与哲学的相似性与另一方面的哲学观念之统一性相对立，后者并不等同于成型的方案或是特定的教条意见，这在黑格尔看来已经是对哲学被认识到的需求之最早的回应。

那么，再进一步考察一下，什么是教化呢？一个受到了教化的意识是一个习成的反思（Reflexion）的意识，而教化则是变成了普遍的、达到了统治地位的反思结构的名号。反思展现出了统一化的趋势，因为任何一个内容都可以置于反思之下，因此，这也对任何一个其他的内容有效。反思在这一方式上所达成的关联当然处在纯粹形式的关系之中，而诸关系的交织网络则以相关项的单纯相互隔离的状况为基础。这些作为反思之参照点脱离了它们内容上的自主性，真实的内容转变为了一个由反思所创造的关系【134】的环节，从而，它们也就更多地展现出一种相互关联的环节普遍的同样的差异性和分离性。在这种差异性上，它们当然是相互等同的，而且是这种相关项之间普遍的差异以悖论的方式使得那种统一性成为可能，反思有能力生成这样的一种统一性。通过分离达成的反思性关联每次

---

① 参见黑格尔（Hegel）《著作集》（Werke）卷一，Berlin：Duncker und Humblot，1832ff，第172ff、186f、277、295页。在赫尔德将人之教化理解为人类向着理性和自然的教育之后，这种对这个词的使用就很蹊跷。据我所知，只有在一个费希特1794年《知识论》中的注释里，教化这个词有着一个与黑格尔相类似否定性蕴含的用法。

都掩盖了差异，而前者却不断地重新预设后者。在统一性的显像（Schein）之下，反思的日常工作越是确定地进行着，纯粹的分离越是极端地被固定了下来。因而，分离恰恰就依然存在，因为人们并不直接见到它，且因为一直有效的反思假装已经取消了它。

　　如果说，教化在意识的绝对统治及其反思中对整个时代的生活与境加以了规定①，那么，生命相对于自身就会变得陌生；因为没有任何实际的统一得以与所有生命进程之自然的分裂相持衡。分裂和统一的关系在自身中颠倒了过来。在教化中，分裂仅仅是以直接地被蒙蔽的形式出现，而在这个面纱的背后，反思的分离成为现实。如果说，在这里，哲学的需求登场，而理性对整体性的追求本应解放那些固化了的而无法自发地结合在一起的对立面的话，那么，这也只能意味着，反思的确定性被消除了，而一个针对教化世界的争论性的关系得以被树立。

　　在此，重要的并非用一个新的、被人声称是理性且货真价实为哲学的系统来取代已经存在的思维样式，哲学的任务首先甚至要求避开与时代精神的任何形式的联姻。恰恰是为了得以洞察其结构，就得要克制不去做也许会改变哲学境况的系统性的陈述。事实上，黑格尔是有意识地以批判性的著作来开启他的哲学生涯的，而他的同代人却相互之间攀比谁的新系统更加有力。确定了黑格尔之理论优越性的一个决定性洞见不仅仅在于直接拟设了一个更高且更全面哲学之哲学的原理，而此洞见至今都赋予了他的谱系式的哲学史结构魅力【135】，还在于他展现出了诸哲学理论与它们所属于的当下和其时代精神之间主导着的那些依赖性关系。

　　此时，康德、费希特和雅克比的所谓反思性哲学仅仅是最重要的代表，而赖恩霍尔德也同样是典型的，他展现出了哲学与其所属时代之间的

---

　　①　参见黑格尔（Hegel）《哲学史讲演录》（*Die Vorlesungen über die Geschichte der Philosophie*），载《著作集》（*Werke*）卷十四，Berlin：Duncker und Humblot，1832ff，第3、8页等，也参见第36页。这部著作中也以非常相似的方式来理解教化的概念，在历史这一方面上，它将启蒙与智者运动视为并列的，在其中，"现代时代的原理"开启了。类似的也见辛利希记录的《宗教哲学》导言（"Vorrede zu Hinrichs Religionsphilosophie"），载《著作集》（*Werke*）卷十七，Berlin：Duncker und Humblot，1832ff，第22页等。

关联。① 不过，由于他的《论文集》（*Beiträge*）对黑格尔来说仅仅"遨游在时代之需求中"，也就要求要有一个对此关联更加奠基性的理论，从而作为预备，也要求有一个满足时代要求的哲学。与赖恩霍尔德在同代人那里所享有的名望相比，他的著作失去了重要性，特别是在 1800 年之后，他的作品被人淡忘，其中可见《差异》（*Differenzschrift*）一文中摧毁性的批评的传承和影响。

如果说，赖恩霍尔德的《论文集》意图通过对哲学学说知识的历史性阐述和拓展来使得哲学的当下状况变得更加【136】一目了然，为的是最终开启真正的哲学。对他来说，这意味着要与诸多理论结合，包括巴蒂利的逻辑，因而并不容易理解这种进步是如何发生的，因为，不同观点的并列就其自身而言是属于教化的。新的观点也就仅仅是其他观念之外的另一个观点而已。另外，在黑格尔看来，那个被提倡的原理，即将其从它实在

---

① 众所皆知的是，《差异》（*Karl Leonhard Reihhold*）之作的外在由头是赖恩霍尔德的《十九世纪初期哲学状况之简要概论论文集》（*Reinhold：Beyträge zur leichteren Übersicht der Zustands der Philosophie beym Anfang des* 19. *Jahrhunderts*），Stuttgart：J. G. Cotta，1801 年版）第一册。我们关于此论文集的认识大多局限在黑格尔的复述上，因而也不经意地承继了其中的批评性的着重点；接下来的几册（第 2—6 册，1801—1803）则不为人知。而就其主调而言，黑格尔自己的著作其实是与赖恩霍尔德对历史状况的观察可相比较的，这些观察概括了多个体系，找到了它们的废墟和新的要求，并且观察了对真正的哲学之需求的产生 [首先参见《关于哲学体系本身以及特别是知识论》（*Einige Gedanken über philosophische Systeme überhaupt und insbesondere die W. L.*），Stuttgart：J. G. Cotta，1801 年版，第二册，第 144 页等。其前言落款日为 1801 年 3 月 30 日，并且黑格尔也读到过它，就如《差异》一文中的注释所记载的那样。见《著作集》卷一，第 278 页]。另外，对黑格尔而言，被赖恩霍尔德称为"巴蒂利式"[bardilisch，即哲学家克里斯托夫·戈特弗里德·巴蒂利（Christoph Gottfried Bardili），一位反康德哲学家——译者注] 的逻辑，而且被他一直笼统地提及，且被评判为思辨性的"爱教条"（Filodoxie，与哲学作为"爱智慧"，即 philo-sophia 形成反差——译者注] 的"费希特 – 谢林体系"是迫使他阐述两者之体系间"差异"的直接动机，黑格尔当时为这两者的辩护者（见《著作集》卷一，第 161、164、273 页）。黑格尔也知道赖恩霍尔德在他的岳父维兰特（Wieland）的期刊《新德意志信使》（*Der Neue Deutsche Merkur*）中于 1801 年 3 月所发表的《作为哲学之精神的时代之精神》（"Der Geist des Zeitalters als Geist der Filosofie"），此文被收录在《论文集》中。赖恩霍尔德在此将发自时代之一般趋势的思辨称作"自恋"和"对上帝的遗忘"。在纯粹先验哲学的名号之下，以及在费希特与谢林之思辨现象之下，隐藏的仅仅是"名叫彼得和保罗的哲学家"（也就是指随意的某个哲学家——译者注）对他们的个体自我之任性的欲望。在《论文集》中的批驳也是类似的（例如《论文集》第一册，第 153 页等；第二册，第 58 页等）。虽然黑格尔不接受那种说教式的诋毁，却承认了这么一个观点，即诸哲学发自于它们各自的时代。在 1801 年的黑格尔与赖恩霍尔德之间，要有着比广泛流传的将《差异》一文视为原创的观点所允许的更多的哲学史上的接触点；《差异》一文的争论让人们对赖恩霍尔德的贡献产生了一个失真的图景。

的认知运用中抽象出来的思维作为思维而言，它本身仅仅展现了另一个知性和反思的文化。① 以更加敏锐的注意力集中在时代之上的整个做法，以及与此相对应地公布一个新的哲学抽象的立场的做法，属于教化世界的上下文，并且也恰是在自我历史化的环节中，为其巩固做了贡献。

在另一种方式，依照黑格尔的理解，反思哲学（Reflexionsphilosphie）"受制于它的时代之命运"。② 虽然在当时所建立的体系中，已经完全地表述出来一般的意识的特性中为时间的那个东西，但是，这种与已经在场的东西相适应的状况，以及它在哲学思维的升华，对这种思维本身而言，意味着一种事实上的限制，它阻碍了理性的绝对自由活动。虽然说，在相对应的出发点中，分隔的东西之统一的思辨原理的确是在场的，它却由于不可克服地以反思模型为定位，而被扭曲了。

与此相对应，在这个时代，反思哲学的生涯更多地由此时代之非理性的"运气"和"一种本能式的倾向"所驱动。在创立体系中，它并未完全地满足它对哲学的需求，而是觉得它自己被某些特定的哲学现象所吸引，它更多的是猜测它所要寻找的就在其中，而并未找到它所需求的东西。③ 外在的征象映照出这样的一个情况，即缺乏一个确实地深入历史情境的哲学，而它同时会扬弃了它以时代条件所被给予的形态这一方面。在教化中实现了的反思之首席性也影响到了哲学。反思与思辨之间不成比例的关系将会一再被描述为和异控（Überfremdung）和统治（Herrschaft）④，【137】这指的是，此关系体现在那一个有限的一面有着一种未得到证实的、与物象不一致的过多的重要性，而这只能在另一面以及两方面之统一性受损的情况下，才能够得以维持。从而得出了一种体系上的不完备性以及不融贯性，黑格尔仔细研究了它在康德、雅克比和费希特的哲学中的不

① 参见黑格尔（Hegel）《著作集》（Werke）卷一，Hamburg：Meiner，1934 年版，第289、294 页等；卷十六，第42 页。

② 参见黑格尔（Hegel）《著作集》（Werke）卷一，Hamburg：Meiner，1934 年版，第186 页。

③ 参见黑格尔（Hegel）《著作集》（Werke）卷一，Hamburg：Meiner，1934 年版，第165、200 页；卷十六，第44 页。

④ 参见黑格尔（Hegel）《著作集》（Werke）卷一，Hamburg：Meiner，1934 年版，第207、231 页等；参见第9、105、149 页；《逻辑学》（Wissenschaft der Logik）第一卷，拉松（Lasson）编，Hamburg：Meiner，1934 年版，第26 页。

同形式。① 因为，这些现象中也并没有哪一个是真正满足了哲学之需求的，从而与它一同，教化的原则通过其进入到哲学的过渡也被设定为绝对的了，因而，分裂被推动到了极端；同时，此原则也在其可能的形式之完整性中得到了实现和施行。② 教化过程随着反思哲学的巅峰也就一同终结了，如作品《信仰与知识》（*Glauben und Wissen*）中总结的一样，即"外在的可能性直接被设定了，真正的哲学从这个教化中产生，消灭了其有限性之绝对性"，真正的哲学就出现了。

让我们以黑格尔在《批判期刊》（*Kritisches Journal*）中的第一篇论文中所发展出来的含义来借用"哲学批判"这个概念，来理解至今仍是以设定的方式出现的哲学之概念。论文《关于哲学批判之本质和特别它与哲学之当前状况的关系》（"Über das Wesen der philosophischen Kritik überhaupt und ihr Verhältnis zum gegenwärtigen Zustand der Philosophie insbesondere"）以如下的文字开篇："在艺术或科学之某些部分所进行的批判要求要有一个标准，此标准不受制于做判断的人，也不受制于被判断的对象，不受制于个体的现象，也不受制于主体之特殊性，而是从物象之永恒和不变的原型那里得来的。"如果哲学批判不想要"永远都是仅仅将主体性与主体性相对立"，那么，"哲学之理念本身就是条件与前提"。此理念是无条件的，它在此上下文中被规定为绝对者，而且只会是同一的，因为并没有多个哲学。③ 只有在与此理念的关联之下，【138】近代退化了的哲学和反思

---

① 赖恩霍尔德在选择了"理性实在主义"（rationaler realismus）的时候，宣告了先验哲学的终结（《巴蒂利：第一逻辑概论，清除了至今逻辑体系中包含的错误，特别是康德逻辑的错误；并非为批判，而是一种心灵的良药，适用与德意志的批判哲学家们》，1800）（*Grundriß der ersten Logik, gereinigt von den Irrtümern bisherigen Logiken überhaupt, der Kantische insbesondere; keine Kritik, sondern eine medicina mentis, brauchbar hauptsächlich für Deutschlands kritische Philosophen*，1800）。在站队的同时，他也有着一个对康德和费希特的批判，对其中的一些弱点指名道姓，黑格尔也强调了这些弱点，特别是参见《论文集》的第一册中的《关于一种自我谱系或纯粹自我性，即所谓的纯粹理性之自然历史的思考》（"Ideen zu einer Heautogonie oder natürlichen Geschichte der reinen Ichheit, genannt reine Vernunft"）。

② 参见黑格尔（Hegel）《著作集》（*Werke*）卷一，Hamburg：Meiner，1934 年版，第 5、12、187、155 页；参见《精神现象学》，霍夫迈斯特（Johannes Hoffmeister）编，Hamburg：Meiner，1952 年版，第 12 页。也参见赖恩霍尔德《爱教条论的钥匙特别是所谓思辨性的爱教条论之钥匙》（"Schlüssel zur Philodoxie überhaupt und insbesondere zur sog. Spekulativen"），载《论文集》（*Beiträge*）Stuttgart：J. G. Cotta，1801 年版，第 4 册，第 186 页（1802 年 3 月 21 日的前言）。

③ 参见黑格尔（Hegel）《著作集》（*Werke*）卷十六，Hamburg：Meiner，1968 年版，第 33 页等。

文化之进程中不完善的体系构建才会以此形态为人所知，在用真正的哲学来揣量它们的时候，才产生了批判。

对受限的现象之批判绝非已经与真正的哲学相等同的，却也与被批判对象的水平相区别。真正的哲学在批判之下，最先登场，因为它赋予了自身一个预设了的理念之反思形态（Reflexionsgestalt）。因为对哲学来说，"认识到精神之诸映像（Reflexe）的杂多，而其中的每一个都应该在哲学中拥有其领域，并且意识到它们所下属的东西，以及它们当中有缺陷的东西"①，是至关紧要的，而且对它来说，按秩序来研究由于反思哲学所造成的对绝对化了的分裂之极端形式，也是有用的。② 反之，就哲学在其时代的登场而言，这也需要有特殊的准备。因为，哲学在时代的现象上见到的缺陷，即不自由与受限制的状况，同样也危及它自身，因为它也朝它的历史而聚焦发出。针对不受控制地带入预设了的、潜在的哲学或伪哲学的要素的做法而言，关于这些影响倾向的一般知识，或是一种相应的口头上的疏离，都无法提供安全保障。所需要的是，真正的哲学确实地在批判的意义上省察它自身的历史条件。由此，直接的体系性的命题首先就应退居后位，而哲学则显得是在与已有的体系以及其自命的哲学意图的关系中的一个预设了的理念。它在这个预备阶段企图将受限制者的所有杂多都作为杂多来把握和考察，在其条件中来理解已有的诸现象，并且要"从其自身真实的趋势出发，来驳斥其形态的受限制性"③。它发展出一种时代的意识④，因为它将其现象与【139】自身相联系，也就是说，在已有的方案

---

① 参见黑格尔（Hegel）《著作集》（Werke）卷十六，Hamburg：Meiner，1968 年版，第 37 页等。

② 参见黑格尔（Hegel）《著作集》（Werke）卷十六，Hamburg：Meiner，1968 年版，第 44 页。

③ 参见黑格尔（Hegel）《著作集》（Werke）卷十六，Hamburg：Meiner，1968 年版，第 37 页。

④ 关于黑格尔哲学流行的断言中的一个主题是，它恰恰缺乏了这样的一种意识。如霍克海姆（M. Horkheim）［《论真理的问题》（"Zum Problem der Wahrheit"），载《社会研究期刊》（Zeitschrift f. Sozialforschung）1935 年第 6 期，第 331 页等］写道，黑格尔认为，他的体系为真理的完满，这使得他见不到"受时间制约的旨趣之意义"。"因为黑格尔没有认识和把握到在他自己作品中得以表述的特定历史趋势，而是以为，在做哲学时自己就是绝对精神"，这部作品常常有着任意的痕迹，以及与当时政治状况的紧密联系。而基础在我们的思考上，我们却不能沟通这个或类似的断言。就此参见霍克海姆和哈贝马斯的黑格尔诠释，见本人的《什么是批判理论?》（"Was ist Kritische Theorie?"）载《哲学评论》（Phil. Rundschau）1969 年第 16 期。

和思想建构中，致力于仅仅重新认识自身，即那个独一的哲学，并且在不断地批判性地将此理念摄入目中，来确定诸受限性的整个领域。

批判的反思形式是真正的哲学在其时代出现的形式，目的并非要在一个现象旁边再展现另一个现象，而恰恰是为了自身来扬弃时间的条件。历史与体系的关系成为哲学的主题，因为它得以将精神之历史质料批判性地引入到真正体系的形式中。① 因而，批判并非思辨。"如果说，要期待有着批判的真实效应，也就是说，并非一个单纯否定性的对此受限性的粉碎，而是从批判发出的对真正的哲学之出现所做的预备的话"，那就"应必然相信一个如此的实际的认知之可能性"② ——那一篇有关这些批判的论文的自我认识的这样。

我们会想起，《精神现象学》的序言恰恰是将其规定为任务的：要将科学，这里指的是真正的哲学，从现象特性中解放出来，而它之所以获得此特性，是在它登场且将自身置于其他的现象之旁的时候发生的，却并未已经在其真理中得以展开。【140】相对于此不真实的知识以其他形态的映象（Schein）或是科学本身与后者的相似性的映象而言，对科学来说，枯燥地确保它的首席地位是不足够的。实际上，它必须驳斥这些映象，而提供一种科学性的"对显现的知识的展现"。③ 在此应该使用的方法则被标识为科学针对着显现中的知识所进行的批判性的检验的行为。我们随后还

---

① 帕格勒的对《精神现象学》之哲学任务加以诠释的出发点很明显是以海德格尔为定位的。他预设黑格尔将经验和历史的问题移植到了"形而上学的中心"之中，为的是能将"真理本身作为一种历史，从而在某种方式上也将其视为是一种'奋进'（Streben）且为'悬拟的'（problematisch）"［《黑格尔的耶拿体系构想》（*Hegels Jenaer Systemkonzeptio*），第 308、311、316页］。这种诠释也忽视了这样的一个事实，即当黑格尔在将历史的问题移植到体系里的时候，他的目的并非想要将真理变得历史性并且以此让其成为有条件的，他的意图是，从对历史和时代精神之力量的经验出发，就哲学而言，努力对其所有形式中所具有的此类依赖性获得理解，为的是保全那个独一的、不受制于时间的哲学的真理，以免它被历史化和在哲学上变得不完美，而受到了它所属时代精神影响的反思哲学在这方面失败了（例如参见《精神现象学》，第 558 页）。海德格尔本人在他对《精神现象学》之序言的诠释中也只是因为他不去讨论就体系而言现象学之功能，才得以将精神之现象转而诠释为作为存在之在场性的本来方式的绝对者之显现［《黑格尔的经验概念》（"Hegels Begriff der Erfahrung"），载《林中路》（*Holzwege*），1950］，虽然说，他在内容上非常清晰地突显出了科学之出现与对显现的知识之表象之间的关联（第 128 页等，参见第 181、189 页）。

② 黑格尔（Hegel）：《作品集》（*Werke*）卷十六，Hamburg：Meiner，1968 年版，第 48 页。

③ 参见黑格尔（Hegel）《精神现象学》（*Phänomenologie des Geistes*），Hamburg：Meiner，1980 年版，第 26、66 页等。

会说到此检验的逻辑结构，目前却要预先提及已经得以阐释的现象学之自我理解。

想要从反思结构的禁锢中解放自身，且要看透反思哲学之迷惘的哲学，首先以反思之对立的思维的特别结构为出发点。当然，它并不是让内容上的规定相互对立来将其在反思进程中表面上的合一拿来作为哲学之原理。与此相反，它将自身与那些附着了幻象（Schein）的诸哲学体系相对立，后者仅仅是在容忍了分离的情况下才制造出统一性的。这种对立的做法与赖恩霍尔德臭名昭著的假言式做哲学的方法①无关，后者企图以一个特定的原理出发进行试验，直到能证明其正确性。省察的哲学并不会为了验证而对某个任意设定的体系性出发点进行试验②，也并不会针对此出发点而固化为一个"反思的主体性"。面对此类尝试，黑格尔认为，斯宾诺莎以哲学自身来开启哲学的"单纯"重新又获得了重视。③【141】

省察的哲学则以哲学为开端，但并非在绝对的直接性的意义上的。它以作为与它相同者的哲学为开端，它将自身与后者发生关系，在此，它并不满足于哲学的外表或显现，而是要求自身不得被展开，因而恰恰就被映象所呈现出的内容而言，此映象变得明显。在此初始的阶段，对立的结构被有意识地运用到了哲学上面，而不是如在反思哲学中，不受控制地从头开始来构造一个体系。【141】有意识地使用对立结构的做法有着两种效应：首先，它使得批判性的省察成为可能；其次，真正的哲学也自身预备着它恰当的出场。恰恰是哲学知道如此对待自身的这个状况，即哲学在自身中进行了一个区分，这使得被省察了的形态中已有的却过度紧张的分裂重新发生。如果得以在那里缔结的表面上的统一性中的关联本身重新用反思之对立的思考来处理的话，那么，此关联就无法得以延续了。将对立重新引入到假定的统一性之中的可能性，而在此同时，此统一性面对这种可能性却并不呈现出抵抗力，这展现了的确存在的思维结构，并且揭示了广泛的要求中现象性的一面。同时，开启中的哲学以此方式也为自己确保了

---

① 当然，黑格尔后来还是给予了赖恩霍尔德公正的评价（《逻辑学》，拉松版本，卷一，第55 页），后者对哲学之开端的思辨问题有着真实的兴趣。

② 参见赖恩霍尔德（Reinhold）《论文集》（Beiträge），Stuttgart：J. G. Cotta, 1801 年版，第一册，第 90 页等。

③ 参见黑格尔（Hegel）《作品集》（Werke）卷一，Hamburg：Meiner, 1934 年版，第 190、285 页等。

其优越性，也就是说确保了自己没有那种被批判对象之不完善性和受限制性。已经有了的哲学之显现形态缺乏有意识地面对自身的能力，这也是它们的局限性所在，这确保了一个更加广泛的体系性的出发点。

至此，作为批判的哲学一直都是在体系意义上被称作为真正的、哲学性的、知识的和预备的。而这个有些模糊的概念本身却没有在体系上充分地得到规定。此预备并非从外而来实施的；它在于一种关系之中，而在此关系中，哲学面对着作为其时代的教化之结果的哲学现象，即便这种批判性的交往并非看似哲学在其完整性中最内在的内容，明显的却是，批判性的活动可能是一个不受限制的哲学活动，而其中，哲学必须对其所有的手段都有着确定的意识。就如人们所说的那样，自己预备着自身的哲学只有在此道路上才会获得其洞见之真实的高度，并且才能够没有任何保留地满足体系知识的要求，问题则是，此"预备"该如何与如同"执行"这样的东西区分开来，也就是说，当哲学作为批判完全发展实现了其哲学本质的时候，在内容上还会有什么东西出现呢？简言之，哲学与它的预备之间有着什么样的关系呢，该如何陈述此关系呢？对此问题的阐述会在此时最终让试图明确勾勒出现象学之体系性意义的工作变得更加容易，同时也会对现象学本来的结构加以分析。【142】

逻辑学还是现象学？

人们总是将黑格尔在 1800 年 11 月 2 日致谢林的信拿出来作为他的一个"转向"的证据，其中他青年作品的"理想"开始以体系的形式得以实现。① 在随后的几年中，黑格尔在批判作品之外还忙于搭建他的体系，此体系首先包括了逻辑和形而上学。然而，在 1807 年，它以诸知识体系的第一部分出现在公众眼前，黑格尔将此部分称作为《精神现象学》。这里不仅有着一个历史和发生的问题，而卡尔·罗森克朗茨（Karl Rosen-kranz）对此大体上已经给出了正确的线索，后者将后来的《精神现象学》之文字的产生追溯到对黑格尔的一个讲座导言的教学性修订之上，在此讲座导论中，黑格尔"展现了哲学的需求，在此涉及其绝对的合法性以及它

---

① 约翰内斯·霍夫迈斯特（Johannes Hoftmeister）编《黑格尔发出和收到的信》（*Briefe von und an Hegel*）卷一，Hamburg：Meiner，1969 年版，第 59 页。

与生命以及实证科学的关联"①。

更加有分量的是内容上的问题，也就是说，在思辨中理解体系性的哲学，并且将思辨的工作与批判的工作加以区分。与其同时相关的是这样一个问题，即哲学之最先的东西是什么。在哲学中，理性首先关注的是它自身，它将目光转向自身并认识到了自己。在这个主体与客体的统一中，它就是思辨，并且已经克服了对立性的反思。《差异》一文从而把握到了哲学的工作，并从这里出发，在第一步中，规定了逻辑学的本质即对理性本身的把握。② 逻辑学并没有被完全与哲学等同起来，虽然说，将逻辑学作为哲学思辨本性之直接展现之处的做法是针对赖恩霍尔德对巴蒂利逻辑中的理性主义所做的尝试来说的。在那里蕴含着逻辑学与形而上学是等同的，依照巴蒂利的目的，这是要来治愈先验哲学中主观性的简化这一弊病，而赖恩霍尔德使用这些手段作战，为的是反对这样的一种做法，这种做法在他看来将主观性的先验原理推到了极致，即费希特和谢林的"思辨性的爱教条"（spekulative Philodoxie）。黑格尔认识到，将一种思考作为思考的抽象底下的出发点【143】是发自那些无法透视的前提的，而此时，人们没有意识到其中所做的形式化的对立。在逻辑学的形式性中，首先需要展现出思辨的真理，而这里就已经决定下来了，执行的对立是否的确被克服了的，还是只是被人们以为是被克服了的，而这根本就不是一个偶然的、争辩所要求的例子，虽然说，黑格尔在《差异》一文中对绝对者之本来的实证认知仍然明显借用了谢林一年前出版的《先验观念论体系》（*System des transzendentalen Idealismus*）以及其先验直观的公设（Postulat）。

由此，一种哲学逻辑有着这样的任务，即在反思的抽象中所进行的，然而没有被意识到的对立者作为对立者来把握。逻辑至高法则是二律背反和矛盾，而并非巴蒂利那里以算术为榜样的对同一个东西的空洞重复可能性。③ 被遮掩了的存在着的矛盾对立在当其被推进到了矛盾的极端之时，完全地被彰显出来，并且不得不放弃它的固守防线。建基在一个完全被预

① 卡尔·罗森克朗茨（Karl Rosenkranz）：《黑格尔生平》（*Hegels Leben*），Berlin：Duncker und Humblot，1844 年版，第 179、202 页；也参见前面提到的帕格勒（Pöggeler）的作品。

② 参见黑格尔（Hegel）《作品集》（*Werke*）卷一，Hamburg：Meiner，1934 年版，第 169、171、181 页。

③ 参见黑格尔（Hegel）《作品集》（*Werke*）卷一，Hamburg：Meiner，1934 年版，第 194、280 页。

设了的对立面之上的反思不再能够以一种不确定的方式来维持自身，而同时将固定的一面与另一面相关联，并且通过这种基础在固定基点上的活动产生出一种合一的假象。在矛盾之中瓦解固化了的对立面，这种做法才会与前面所提到的关系所陷入的运动一同带来真正的统一。在对立不可能再继续固定持续下去的时候，而它更是清楚地展现出还未有着统一性，而此时，相互对立的东西之间更深层的交互属于的关系展现出来了。统一之对立面的对立彰显于矛盾之中，它瓦解了反思的映象，并且让对立作为对立继续存在，也就是对立而非统一，为的是同时与其对立面的规定一起创造统一性。对反思来说，形式性的结构意味着，反思的行动中以对立面的形式呈现出来的思维必须要思考这些对立面，也就是说，它必须作为知性的反思消灭自身，目的是将自己作为理性的反思加以维持。

因此，在逻辑上，思辨在把握了真理中的反思所是的那个东西的时候，达到了自身的完满。由于那个真理中的反思所是的东西并不是已经直接地对应其在知性行动中的定在，由于它并不认识到它自己是反思，或是并不会反思自身，当它反思的时候，思辨就摧毁了它直接的知性形式。【144】思辨则通过矛盾，以如此无法忍受的方式迫使它接受那个作为基础的对立，直到反思学会忍受它。反思知道放弃统一的假象，而后者则缄默地建立在预设了的对立面之上，以此，它获得了也包含了对立面的统一性，成为理性。对反思之真理的把握也就是反思的自我把握，而这意味着对那些它自身直接就拥有的形式之衍生性的自发的洞见。最终，它就是逻辑学的对象，就思辨之逻辑的自我理解而言，罗森克朗茨指出了黑格尔耶拿讲演录中的一个重要章节，并如下进行了论述。

科学性的哲学将"无限的认知或思辨"视为"有限的认知或反思"的对立面，它应该在前者中活动，它在后者中所认识到的仅仅是前者的抽象，而在两者的对立中，认识到一种并非为最终状态的，并不为真的东西。"真正的逻辑的对象就该是这样：树立有限性的形式，而且并非以经验的方式来抓取它们，而是以它们发自理性的方式来获得它们，但因为它们是被知性从理性中剥离出来的，它们只在其有限性中得以显现。从而我们必须阐述知性的努力，即它是如何模仿理性，生成一种同一性的，但是却只能产出一个形式上的同一性。然而，为了认识到知性是在模仿，我们同时也必须在眼前有着它所临摹的原型，这是理性自身的表达。最终，我们必须借着理性瓦解并展现那些知性的形式，对理性而言，认知的诸有限的形式具有什么样的意义和形态。理性的认知，只要它属于逻辑的范围，就只会是对其的一个否定性的认识。我相信，只有从思辨的这一方面出发，逻辑才能够作为引导科学的学问，它将有限的形式作为有限的而固定下来，它们完全认识到了反思，并且将其清除出去，不给思辨制造任何障碍，而同时将绝对者的图像置于它的眼前，也同样将其置于反射之下，从而使之变得为思辨所熟悉……。"①

有限的知性之理性的把握意味着克服其反思之本性中的自我确定性，且同时承认了思辨。这是通过将有限的，【145】即禁锢在对立面中的形式与它们的无限原型联系起来而做到的，并且还完整地省察了所有的形式，此原型沦落为有限的诸现象，后者以这种方式同时也以一种映象形式复现了被模仿的无限者。反思的形式作为被知性所把握到的映象被认识②，此映象仅仅是临摹了统一性，并且处在一个在形式上超越了的对立。由此，在使得那个处在反思的假象性统一之下的对立过渡到了处在统一与其临摹之间的对立之上时，也就有可能将知性变成作为其本身之真理的理性。由于没有了真正的对立，对立也就不再是对思辨统一的障碍，而同时，它作为与统一相关联的对立得以被保留。换言之：对立的反思和知性思维在它们的所有形式上都与理性发生了关联，诸关联的整体展现出来，理性不仅仅是一个任意的参照点，而是所有这些形式之最根本的统一性，反之也展现出，这些自为的形式是抽象。此展现的两个方面，即构建真实的统一性以及对被固守成规的形式的否定，映照了从反思过渡到思辨的进程。这种"思想的思想"③（Denken des Denkens）就其自身而言，是逻辑学之思想规定的自我运动。逻辑学作为进入哲学之思辨的引导的标识在于将有限者过渡到无限的思维之中，这是科学体系的最先的东西，且为首要的哲学成就。引导（Einleitung）的概念很明显还是在一个很一般的意义上来使用的，在此，并不能够以后来的体系中所发展出来的问题为出发点而过分强调它。

在上文，我们依赖罗森克朗茨所复述的逻辑学片段，虽然说其真实性

① 卡儿·罗森克朗茨（Karl Rosenkranz）：《黑格尔生平》（Hegels Leben），Berlin：Duncker und Humblot，1844 年版，第 190 页等；我们忽略对逻辑之三大部分构成的提示。

② 参见黑格尔（Hegel）《著作集》（Werke）卷一，Hamburg：Meiner，1934 年版，第 137、176 页。

③ 黑格尔（Hegel）：《哲学百科全书》，§19。

还有待考证，这是因为那个时间得到保存的文本看似并未含有任何具有与其可比较的清晰度的东西。《耶拿逻辑学》手稿的开头遗失了，这是众所周知的事，因为在那里所阐述的对逻辑学的自我认识与后来的版本完全对应，特别是涉及反思与思辨的那一部分。《逻辑学》也就认为，思想朝向理性之思辨性升华的跳跃发生在对反思着的知性之诸规定的二律背反式的尖锐化的时候。【146】而另一方面，知性在"掌控了"哲学之时，它恰恰怯于陷入矛盾，且企图不顾理性而贯彻平常的意识之"意见"和一般人类理智的立场。① "但是这些前见，如被带入到了理性之中……就是错误，而哲学则为通过精神和自然的宇宙之所有部分对其的驳斥，或是说，由于它们阻挡了进入哲学的道路，哲学必须消除这些错误。"②

思辨哲学在体系及其部分之整体中是否就等同于对一个绝对设定了的反思立场的诸错误的驳斥呢？在此，它将此立场扬弃到了理性之真理中。或是说，那些由它所产生的观点、前见和意见形成了对哲学的扭曲，而当人们要严肃地开启哲学的时候，就得将它们事先清除掉呢？当这些观点和前见被归咎到那个"显现着的"意识之特性之上的时候，《逻辑学》中模棱两可的表述在同样的语境中也影射到了《精神现象学》。然而，与通过哲学对错误的驳斥，也就是说，在哲学面前放下前见，所不同的选项却蕴含了一个尚未解答的难题，我们此时在逻辑学和精神现象学的交互区分中必须讨论此难题。由此，我们思虑这一节开篇之处所提出的问题，并尝试着将其与哲学作为批判的原初主题联系在一起讨论。

紧随着教化，针对其时代的哲学诸显现的哲学之批判性的任务应该给哲学本身做了预备，以便它作为思辨体系登场。就在历史上变成主流的反思思想而言，此类预备是必须的，在原理上，它给予了同时代的哲学方案预先的形式，并在此形态中，对哲学领域提出了要求，它生成了体系的映象，而实际上，它却对在理性的思想关联中的统一置之不顾。这里增强了的哲学需求要求思辨或对反思现有的思想之真正的把握，在作为思想之思想的逻辑学中得到了满足，与此一同，体系意义上的哲学科学便开启了。

---

① 参见黑格尔（Hegel）《逻辑学》（*Wissenschaft der Logik*）第一部分，Hamburg：Meiner，1934 年版，第 26 页。

② 参见黑格尔（Hegel）《逻辑学》（*Wissenschaft der Logik*）第一部分，Hamburg：Meiner，1934 年版，第 25 页。

【147】

反思隐藏在寻常思想之后，而后者的诸前见（Vorurteile）或者意见，或者说也是那些所谓健康的人类的理智所占据的立场①，并不是逻辑学所要考察的东西。对思辨性地进行思考的逻辑学来说，诸前见出现的地方在于当他们被过渡到理性中的时候，而在那儿展现出了反思着的知性之顽固不化的错误，这些错误是要被驳斥的。逻辑学所关心的逻辑学之哲学科学仅仅将知性和思想以非常一般的方式与非科学性的意识联系在一起②，在此，优胜的科学指派给知性其相对于理性的意义，这直接消灭了嚣张的知性的各种进程和行动。由此，它当然也就抑制了原初的思想在独立于科学且不知它在科学之中的角色的时候关于自己的臆想。③ 非科学性意识的思想是以直接的方式自为的，因而针对科学之绝对的自为存在而言，它完全是自主的。对思辨的运动来说，此自主性仅仅意味着僵化和障碍，对此，它也仅仅以消极的态度来面对它。以在它之前已有的思想之自主性为代价，它为自身赢得了自主性。因此，只要非科学性的意识面对科学能够僵持在其直接的确定性之上，科学的自主性就仍然是抽象的；的确，在此，它以陈旧的关于所有科学和哲学之抽象性的怨言的形式周期性地重新出现。

显然，对非科学性的意识来说，这个状况并不如对科学来说那样棘手，因为前者可以没有这种意识，但反之却并非亦然。只有在放弃持久的抽象性和放弃对其本身之出发点感到不断的局促不安的条件下，哲学才能够让自己不注意到此事态。如果说，哲学一开始就以科学性的要求与那些不受制于科学的思想对立起来的话，那么这样的要求就不应建基在片面的知识之上，即那种将异质的自主性自为地取消了的知识，同样也不应建基在那种同义反复的陈述上，**【148】**即在人们找到了同样的立场且与哲学一样进行思考的时候，每一个人都会有此洞见。那种哲学仅仅是自为的，且

---

① 参见《差异》（"Differentschrift"）一文（《著作集》卷一，第183页等），以及克鲁格书评（"Krug-Rezension"）《普通的人类理智如何看待哲学》（"Wie der gemeine Menschenverstand die Philosophie nehme"）卷十六，Hamburg：Meiner，1934年版，第50页等。

② 参见黑格尔（Hegel）《精神现象学》（*Phänomenologie des Geistes*），Hamburg：Meiner，1980年版，第17页。

③ 参见黑格尔（Hegel）《精神现象学》（*Phänomenologie des Geistes*），Hamburg：Meiner，1980年版，第25、67页。

与非科学性的意志所对立的那种优胜的知识有着意识形态的特性。

虽然说，哲学认识到意识的自主性，而同时将其转而解释为朴素的、已经是以科学性为导向的单纯，而由此，抽象性和扭曲的危险并未减少，将意识与科学加以区分的东西就简化成为教育的不完备性。如果说，意识的自主性对科学还仍是一个问题，那这也仅仅是以一个意识所提出的要求的形式如此，对并不是科学的意识来说，至少它要指明通向科学的道路。[①]当然，《精神现象学》之自我诠释推动了这种理解，而我们一般将《精神现象学》解读为由科学为非科学性的意识所指明的道路，好让它进入科学，或是将其解读为一种引导[②]，它告知日常的意识哲学立场的必要性。从而，此读法含有一个困难，如果说，它预设这样一种已有的状况，即不受到意识之非科学性影响的科学以及一个以科学为定位的意识是毫不相干地同时出现的，而后者仅仅需要的是引导。一个这样的模型不仅忽视了关于意识的现象学考察针对其变为科学性的进程而言所具有的意义，也忽视了它针对在它身上证明了的已经存在的哲学立场之必要性的意义，而且还忽视了它针对此立场之获取本身的意义，从而也就忽视了科学作为科学的存在。

因为，具有决定性的是非科学性的意识与科学作为两个对立面被加以描绘，其中，每一方面对另一方面来说都看似是"反面"，[③] 由此，在这个层面上关于真或伪的判定就不可能了，或是最多只能任意地判定。日常思考的自主性必须要被作为一个竞争性的力量来严肃对待，【149】而针对这一点，当科学自为地取消了另一方面之非真实性的时候，此时，它指派给在那里的思想一个处在本身概念之运动中的逻辑位值，但这仍然是不足够的。就自主的诸立场之竞争而言，尝试简单地引导到绝对知识水准之上的做法，同样是不到位的，这种做法预设了一个在其真理性中没有受到触动的哲学立场以及一个任意的"灵活"的意识。相反，要做到的是，瓦解

---

① 参见黑格尔（Hegel）《精神现象学》（*Phänomenologie des Geistes*），Hamburg：Meiner，1980 年版，第 17、25 页。

② 汉斯·福尔达（Hans Fulda）在其体系性的复杂关联中详细地阐述了这个论点，并且以后来在《逻辑学》和《哲学百科全书》中所提出的对现象学的诠释为由哲学科学所占据的立场之必要性的根据（见《逻辑学》，第一部分，第 29 页；《哲学百科全书》，§25A）。

③ 参见黑格尔（Hegel）《精神现象学》（*Phänomenologie des Geistes*），Hamburg：Meiner，1980 年版，第 25、67 页。

在科学和竞争中的诸立场之间在事实上有着的对立关系，因为这种对立是
不自然的。① 只要一个方面只能在另一方面见到反面，映象就持续着，它
完全误导了对科学性哲学的运用。哲学必须排除这个映象，并且让对立的
立场变成它自身的显现，从而不再强硬，也就是说，哲学必须讨论此映
象，并且迫使意识放弃它的立场，而这并不是为了说服或科学地教导意
识，而是为了它自身作为哲学的可能性。

　　首先哲学所面对的对立从自身出发在程度上变弱，在此就有了科学的
空间。科学直接独有的那些主张和逐渐退居二位的要求，这并不归功于科
学在承认它们的合法性的时候所给予它们的认可，以满足它们。相反，这
是对哲学科学之真实的优胜性的一个考验，哲学科学能够将它自己置于诸
要求之合法性之中的怀疑也赋予那些提出这些要求的诸立场。从日常思考
和意识这一方出发，这个进程也就必须被描述为"自我完美中的怀疑主
义"，② 就哲学科学而言，它是现象学式的"预备"，③ 它这才开拓了精神
之真实的立场。至此，哲学仅仅是将自身展现为对一个对立面的映象的批
判性考察，其中，它发现对立与意识，而它的科学特性在此最多形式性地
作为方法之必要性而得以被表述。④【150】

现象学之结构

　　在着重现象学式关于非科学性意志针对科学之自我存在的角色的时

---

　　① 参见《耶拿实在哲学》（*Jenenser Realphilosophie*），第一部分，霍夫迈斯特（Hoffmeister）
编，Hamburg：Meiner，1932 年版，第 266 页：就《科学》这一片段之脚注 II。

　　② 参见黑格尔（Hegel）《精神现象学》（*Phänomenologie des Geistes*），Hamburg：Meiner，
1980 年版，第 67 页等。——这个思想在黑格尔的 1801 年教授资格论文中也出现过了："VI. 理念
是无限与有限的综合，且全部哲学都在理念中。VII. 批判哲学缺乏理念并且是不完满的怀疑主义
之形式"（VI Idea est synthesis infiniti et finite et philosophia omnis est in ideis. VII. Philosophia critica
caret ideis et imperfecta est Scepticismis forma）［罗森克朗茨（Rozenkranz）：《黑格尔生平》（*Hegels
Leben*），第 158 页等。)——相似地，《差异》一文也将那种没有满足哲学需求的哲学之变种称作
为"真正的怀疑主义"［《作品集》（*Werke*）卷一，第 295 页］。也参见论文《怀疑主义与哲学的
关系》（"Verhältnis des Skeptizismus zur Philosophie"）［《作品集》（*Werke*）卷十六，第 98、106 页
和第 81、85 页］，以及《哲学百科全书》§§78、81A。

　　③ 参见黑格尔（Hegel）《精神现象学》（*Phänomenologie des Geistes*），Hamburg：Meiner，
1980 年版，第 31 页。

　　④ 参见黑格尔（Hegel）《精神现象学》（*Phänomenologie des Geistes*），Hamburg：Meiner，
1980 年版，第 74 页。

候，出现了诸多关于对现象学之具体分析的问题，而这些问题我们是没有
办法全都充分地加以回答的。首先，我们至今很充分地在一般方面讨论了
与哲学对立的立场，并且将它们称为日常的已有的思考，或者也称为意
识。这种描述需要阐明。对黑格尔来说，哲学的中介是精神，且它们从而
应该借着相应的范畴与哲学相竞争的诸形式来加以规定，虽然说是在一种
不恰当的意义上。在哲学对面的东西必然也是属于精神的，而且处在非真
实性的一个特定样式中。在本体论上，那些竞争中的形式被视作精神之最
先的直接存在，以至于它们从一开始就作为显现被联系到完全的自我中介
性上，其中，哲学科学才得以可能自由地运动。《哲学科学百科全书》之
实在哲学的语境中的"精神哲学"① 提供了体系性的手段和材料，借助它
们，与科学相对立的诸立场可以在其为精神的本体论预先判断之下被诠释
和批判。这些立场与哲学科学之对立和竞争中所固定下来的映象特性② 则
可以被化解到显现之反思关系中，其中，绝对地自在存在着的精神将自我
进行了分解，因为它是以直接的方式所在，也就是说，是不真实的精神。

显现着的精神叫作意识，而归属到它之下的，有那些我们日常思考即
健康的人类理智、教化，以及相应的学说之不同的、已经出现了的诸形
式，那些受制于相应的教化状态，且不完美的体系出发点。③【151】对一
个一直是关于某物的知识的意识之结构分析的内容性，也就是关于某个对
象的意识以及关于自身的意识，误导人们遗忘了现象学之意识概念的原本
功能。④ 因为，并不应该有这样的一种情况，即在《哲学科学百科全书》
之精神哲学中那样，以实证的方式展开真实的意识——否则这就等于说将
其在内容上过渡到了精神之中⑤。相反，而是应该针对所有意识的形式证
明其非真实性，这在于它们本身的自我理解中。从而，意识就必须放下那
些建基在其纯粹和非批判性的存在中的他异性映象，且面对精神放弃那种

---

① 参见黑格尔（Hegel）《耶拿时期实在哲学》（*Jeneser Realphilosophie*），Hamburg：Meiner，
1932 年版，第一部分，第 195 页等，特别是第 201 页等。

② 参见黑格尔（Hegel）《精神现象学》（*Phänomenologie des Geistes*），Hamburg：Meiner，
1980 年版，第 314 页。

③ 参见《哲学科学百科全书》，§ 415A。

④ 这在纽伦堡哲学预备科学（*Nürnberger Propädeutik*）中的《精神现象学或意识的科学》
（"Phänomenologie des Geistes oder Wissenschaft des Bewußtseins"）中就已经可以观察到了。

⑤ 参见《哲学科学百科全书》，§ 387A。

虚假的自主性，这被理解为精神的现象，为的是让它真实的精神性本质得以登场，由此才抵达了一个水准，在此，精神的科学才能得以开展。①

　　如果说，这种在思辨的精神哲学意义上从其现象学功能中提取意识概念的做法是有效的话，那么，就现象学而言，就从中得出重要的方法性问题。人们很容易就忽视这个问题，特别是当人们将大多时间耗费在《精神现象学》的海量材料上且沉浸其中进行冥思时。现象学的方法首先作为一种批判性的方法，并不能完全与思辨的方法混为一谈，后者在逻辑学中得到了范式性的阐述。然而，如果说科学性的哲学本质性地进行的就是思辨的话，在何种方式上还可以说明两者的区分呢？②【152】大多数情况下，人们会寻找逻辑学与现象学规定之间的对应，来面对此问题，而当人们所关心的是，在一个普遍的定位中，将引导现象学之进程的概念系统映射到逻辑学中纯粹的思想规定之上的时候，人们也就首先会考虑《本质逻辑》，而本质则是过渡到了反思之他者的存在。③ 的确，现象学的运动看似是在自在存在与自为存在的统一性空间中发生的。当然，同时清楚的是，就此至少得以说出，是如何出现了对单个环节之运用的巨大困难的。黑格尔虽然将在此意义上作为现象的意识的诸形态的领域与精神的真理相关联起

----

① 参见《精神现象学》，§75。

② 福尔达（Hans Friedrich Fulda）就此有着睿智的考虑。他首先从现象学结尾处的一个有名的句子出发，即科学的每一个抽象的要素都有着显现着的精神的一个形态与其相对应（《精神现象学》，第562页）。而他原本是打算将此问题与紧随着1807年的《现象学》的纽伦堡哲学预备科学中的逻辑学联系起来的（《导论问题》，第142页等），由于现存的1804年耶拿逻辑学在撰写现象学的时候不再有约束力，他在此期间修订了这个"有些公式化的"联系［《论1807年现象学的逻辑》，载《黑格尔研究》（Hegel-Studien），1964年版，增刊第3册，第98页等］，并且针对思辨逻辑而言，试图通过就其技术和方法性的形态之具体洞见来把握现象学中特殊的逻辑。总体来看，其结果也就是对对应这个概念进行精妙的诠释。研究现象学之形式结构的着手点在我看来，也是正确的。然而要问的是，是否应该以一个综括性的公式化陈述为判断的基础，此陈述将现象学结尾那一章中的那个句子呈现为一个对整部书的结论以及对接下来的科学之展望，而这一句话，是在撰写的最后阶段才出现的。简而言之，关于精神现象学之逻辑体系的问题由于前者按照与逻辑学的对应模式被工具化了的缘故，一般地以及在它的诸多展现中的一种被狭隘化了，而这却并未带来更多的东西（就此参见福尔达《关于逻辑学》，第79页等）。至今为止最为详细的要在现象学的每一个形态之后都发现一个相对应的逻辑学环节的尝试则毫不意外地在现象学之第三章之后走到了极限。参见威廉·蒲普思（Wilhelm Purpus）《论黑格尔之后的意识之辩证法》（Zur Dialektik des Bewußtseins nach Hegel），（最早的此类阐述是1905年的，它局限在"感性之确定性"之上）1908年。

③ 《哲学科学百科全书》，§414。

来。然而，就此关于与逻辑学环节或科学体系之部分之对应的纯粹关系概念恰恰促进了对现象学特性其方法的标识。

而更加能够让人获得对现象学之方法性结构的进路的，是将注意力放在就体系而言的现象学批判的功能上。由此，如果从一个现象学式的对科学的预备的概念出发，那么，人们期待现象学所要取得的成就之重心也就落在了对以为自己是自主的意识诸立场的批评之上，这些立场与科学性的哲学相对立，也落在了对不真实的对立关系之消除的工作上。为了此目的，每一个相应的意识的自我理解和意见都必须被严肃对待且得到倾听①，而思辨则在理性的知识中消除了两者，并让它们消解。单个的现象学形态总是更多地在一个整体的意义上诠释自身和要求自身成为真理，它们实际上也应该得到显现，从而使得批判找到它的完整对象。【153】在现象学进程中的这个展现性的方法在一开始就周期性地拥有一种静态的倾向，与此一种间歇性的冲力运动借着观点的转换相抗衡。对我们的反思而言，一个意识立场首先开展出来的自我理解转化成为观察者的意识立场，或者说，意识的它为（das Für-es）就自我是什么以及对我们来说什么具有效力而言得到了考察。

就知识而言，它为指的是确定性（Gewißheit），自为（das An-sich）指的是真理，而这两者构建了意识的非协同性（Nichtkoinzidenz）。非协同性的认识对意识来说意味着经验。知道某物的意识就必须将此物作为与它相区分的东西来作为它自己的对象来加以反思，而它将自己转移到此物上，将其视为真实的和自在存在者。被体验到的对自在存在者的对象的遗失意味着对意见的修正，也意味着真理与确定性之间的中介，也就是说这是一个步骤，其中，自为成为它为。

然而，这种借着体验而改善了的认知同时又会陷入遗忘②；从而，在意识的语言之中，它不再被描述为一个立场之更新了的直接性，而现象学方法又将它视为那种借着意识而是的东西，即关于自身具有确定性的对真的一种臆测。就是在此，由现象学所发出的反思也将为我们解释已有的自

---

① 在此语境中也参见赖纳·维乐（Reiner Wiehl）《感性确定性的意义》（"Der Sinn der sinnlichen Gewißheit"），载《黑格尔研究》（*Hegel-Studien*），1964 年版，增刊第 3 册。

② 参见黑格尔（Hegel）《精神现象学》（*Phänomenologie des Geistes*），Hamburg：Meiner，1980 年版，第 86、94、127 页等。

在之关系，为的是，让体验来克服自在为真的东西与意识自以为真的东西之间的割裂。只要是在遗忘已经做出的体验的意义上能够占据更多的意识之立场，此进程就一直会继续下去。这种可能性在确定性和真理同一的时候，才会结束，因为，意识不再能够将自身转移到另外的对象上，而是移到了自身。① 与发自自身的对意识的驳斥一起，也就获得了知识的一个绝对的水平，在此水平之上，哲学科学能够毫无障碍地作为它自身而开启，因为不再可能有一个与它相区分的意识存在。【154】

因而，现象学方法的功劳在于让意识自己获得反思，而一开始就承认了此意识拥有基础在确定性和保障②的权利，而反思却是原初以一个现象学式的观察者的名义来进行的。意识为了自身完成了这个反思，而现象学已经将此反思交给了意识。现象学反思之外在性的直接的显现（Anschein），通过同一性的进程逐步消失，在此进程中，意识的第一个立场过渡到了现象学式的观察者的立场。而现象学式的立场只是因为面对它的意识采取了它自己的立场，因而哲学科学的出现陷入了一种立场之对立关系的映象之中，才之所以成为一个立场的。实际上，在看似直接是一个现象学式的立场的东西之后隐藏着预备着自身的哲学，而首先以现象学式的方式所出现的模式的哲学也就更多地遗失了立场的特性了，因为意识立场之得以描述的意识立场的同一进程与此一同得以实现。诸立场的过渡最终只留下一个立场，即绝对知识的立场；当然，这其实已经不是什么立场，而是一个完全显现的哲学。③

如果说，现象学式的立场已经是非真实的且只有在涉及其对立面的时候才有效，那么，那个对立的意识立场也同样是非真实的且仅仅是一个并没有完成的反思的表现，以及膨胀的意见和断言的表现。没有完成的反思意味着意识的单纯确定性或其他的直接性，它就是形式，杂多的内容能进

---

① 参见黑格尔（Hegel）《耶拿实在哲学》（*Jeneser Realphilosophie*），第一部分，Hamburg：Meiner，1932 年版，第 267 页。

② 参见黑格尔（Hegel）《精神现象学》（*Phänomenologie des Geistes*），Hamburg：Meiner，1980 年版，第 177 页等。

③ 哈贝马斯［《认识与旨趣》（*Erkenntnis und Interesse*），1968，第 30 页等］特别重复了那个常常被用来反驳在现象学中以独断的方式预设的一个"绝对知识"的终点的怀疑，却没有意识到，他恰恰通过将现象学以哲学知识的标准孤立起来的时候，剥夺了它的批判的可能性，而他却是为此才提起这一点的。对此参见上文提到的作品：《什么是批判理论？》（"Was ist Kritische Theorie？"）。

入此形式，而人们则以一种无区分的方式对杂多有着确定性。在一个迷失到任意的某物上的意识之确定性换来的是空洞的、无规定的他者性。从内容之尚未得以中介的特性中相应所得出的是一个独断的立场，而此内容仅仅拥有一个单纯的确定性之形式，而由于此立场以为它拥有了一切真理，也就无法认识到为它奠基的意识与对象的关系。【155】以自在为目标的反思之完成，将构建性的它为从直接性中解放了出来，而此反思在之前是由现象学式的观察者所执行的，而反思的这种完成也让意识之本身的反思本性在面对某个立场之禁锢性之时得到了伸张。意识之真理不在于对某个特定形态的自我认识，而是在于自为之变（das Fürsichwerden）之可能性之中，而这种可能性经历所有的直接性的形式，同时摧毁了所有固化了的立场。意识认识到，它就是反思，由此，它就不再仅仅是反思诸形态中的某一个。

　　反思的完成将意识带入到了它的本质之中，而这同时也是对在现象学立场那里已经有了的反思的承认。如果说，意识实现了反思，并且将自己从其立场中解放出来，使得它也变得接近了一个这样的立场，即那个以那种直接性首先被称作为现象学式的立场。分布到不同立场上的同一个反思将映象性的东西展现在其对立面之上。诸立场本身不再拥有效力，而是要在与那个在它们之中显现着的反思相关联之下，才有效力。在此，对立并非那个反思思考所使用的形式，而它自己还恰恰需要被引入到这个形式之中并承认二律背反定律的对立。在现象学的方法中，更多的对立是形式，它接受了一个整体性的反思，为的是将本质还给一种思想，它臆想自己存在，并且也为了消除其错误的预设。换言之，在其本身的水平之上，意识的本质被明确地展现给了它自己。反思是什么，这在反思之特性的对立中完全地展现出来，虽然说，一切僵化在对立面上的思想都被取消了并且也获得了关于自身的认识。当然，恰恰在此有着与理性思辨性的对反思之把握的区别，我们借助逻辑学对其加以描述。适应一个对它自己来说并非其本身的思想形式的可能性，使得哲学能够确保与已有的反思形态相接触，而却又不被其风格所俘虏，同时也就保持了距离，不僵化在虚假的对立之上。

　　通过直接建立起诸立场的，意识隐藏了它的反思本性，相对于这样的意识，即教化，如我们开篇讨论过的那样，哲学以作为意识之根本的思想，即反思的方式出现。面对这样出现在它面前的它自身的真理，意识不再能够维持那些预设了一个他异的对立面的诸立场了，这些立场也预设了一个得到规定的对峙状况。【156】对单个的意识之诸形态的现象学批判是哲学能帮助一个僵化了的，且无法获得自我认识的意识成为它所是的东西，即反思的道路，因为只有这样，哲学才能为自己预备成为它所是的可能性，即思辨。在现象学的标题之下，思辨显现为反思，因为如果不是这样，它就无法涉及已有的思想，也无法将那个仍然在意识及意识的诸立场中占据主导地位的映象降低为哲学自身的现象。因而，从映象中得到解放指的恰恰就是哲学之无能，它无法在缺乏与现成的思想或是时代精神的关联之下对自身加以定义。这个黑格尔的洞见在《精神现象学》中得以实现。

历史性的讨论

《精神现象学》的历史生成最有可能借着这一点得以被理解，即从哲学的批判性任务中生成了一种构想，其中，逻辑与现象学的主题没有区分①，从而，现象学的纲要作为一个独特的体系部分是逐渐才从这个关联中脱离而出的，而就《现象学》这个术语，在此还需要提到一些解释。

研究一直都提到约翰·亨利希·兰伯特的（Johann Heinrich Lambert）《新工具论》（*Neues Organ*），其第四部分名为"现象学或论映象的学说"，也提到它对康德的影响。② 有的或多或少摘录自更早的作者的引文也被与此相联系，但是在历史上距离最近的《现象学》（*Phänomenologie*）至今却还无人关注，而它曾一度是康德主义者的赖恩霍尔德于 1802 年在《论文集》（*Beiträge*）第四册中起草的，且此论文集受到了黑格尔的猛烈攻击。③ 在黑格尔那里，"现象学"这个术语很显然直到 1806 年才开始出

---

① 参见帕格勒（Pöggeler）《精神现象学的构想》（"Die Komposition der Phänomenologie des Geistes"），载《黑格尔研究》（*Hegel-Studien*）第三册，第 40 页。

② 除了《自然科学的形而上学奠基》（1786 年）之结尾部分和著名的致兰伯特的 1770 年 9 月 2 日的信以及致赫尔兹（Herz）的 1772 年 2 月 21 日的信，及其《遗著》（*Nachlass*）中的《反思》（"Reflexion"）第 4163 号（学院版第 17 卷，第 440 页）。

③ 《现象学要素或通过对其在现象上的运用对理性实在论的阐述》（"Elemente der Phänomenologie oder Erläuterung des rationalen Realismus"）所预告的续文却并没有刊出，因为作者由于人们对前面的一篇名为"对理性实在主义要素的新的介绍"（"Neue Darstellung der Elemente des rationalen Realismus"）（第三册）的文章就已经充满了误解，因而宁愿不再继续发表《现象学》（见第五册，VI）。

现，而并不能够证明他不知道赖恩霍尔德的论文。然而，如果说，对《论文集》（*Beitraige*）的第一册进行批判的人却并未至少以一种疏远的方式知道接下来的几册，【157】或至少可以期待赖恩霍尔德对其批判进行回应①，这几乎是不可能的。

赖恩霍尔德的体系转化，作者没有矫揉造作地一直对此加以阐述②，这最终将康德的追随者们，而之后也将费希特转变成了来自施瓦本地区的高中教授克里斯托弗·戈特弗里特·巴蒂利（Christopher Gottfried Bardili, 1761—1808）以及他的逻辑的辩护者。巴蒂利以莱布尼兹和 18 世纪的德国哲学（沃尔夫、鲍姆加登、门德尔松）为依据③，从康德往回退了一步，并且尝试着从根本上用一种新版的理性形而上学来治愈先验批判主义之"癌症创伤"。他认为，后者是"我们得了病的德国哲学之支离破碎的状况"所引起的。他反对理性的污染，因为理性以先验的方式仅仅是在思想的运用中得到考察，他也反对知识论中以差异和非 A 为原理的做法。巴蒂利所要实施的原理是一种从其在"质料"上的运用抽象出来的作为思想的思想，而在这样的抽象中，此原理仍然处在先验哲学的影响范围中。

被引用的赖恩霍尔德的《论文集》将逻辑置在理性实在主义之名称之下加以阐述。这个名称的表述是为了用来反对知道谢林之《先验观念论体系》的所谓夸张的先验哲学，它错误地将思想的思想"主观化"了，为的是随后将其在思想的爱教条之学（Philodoxie）中设定为绝对的。黑格尔在《差异》一文中就已经注意到了，由此，赖恩霍尔德自己的基础哲学和其意识的原理之基本思想又一次得到了陈述。④

如同赖恩霍尔德和巴蒂利就《关于哲学之本质和思辨之弊病》

---

① 在《论文集》（*Beiträge*）第四册第 203 页等中就首先提及《差异》一文；参见《论文集》（*Beiträge*）第五册，罗马数字页码 XIII 等。赖恩霍尔德的反映是温和的，不过他将黑格尔所强调的差异解释为不足轻重的，并且重复了"爱教条"的指责。

② 见《论文集》（*Beiträge*）第一册的前言：《关于我的体系转换的解释》（"Rechenschaft über mein Systemwechseln"）（第五册）。——谢林将这一点作为他对赖恩霍尔德之评判的基础[《我 1801 年哲学体系的阐述》（*Darstellung meines Systems der Philosophie* 1801），《著作集》（*Werke*）卷四，第 111 页等]。

③ 参见巴蒂利（Bardili）《第一逻辑学概论》（*Grundriß der ersten Logik*），Stuttgart：Franz Christian Löflund, 1800 年版，罗马数字页码 X，第 21、131 页等。

④ 参见巴蒂利（Bardili）《第一逻辑学概论》（*Grundriß der ersten Logik*），Stuttgart：Franz Christian Löflund, 1800 年版，例如第 334、343、352 页。

（"Über das Wesen der Philosophie und das Unwesen der Spekulation"）所展现出来的那样①，就针对费希特和谢林哲学里绝对映象的一贯攻击而言，赖恩霍尔德很早就意识到了在内容上驳斥此映象的必要性。赖恩霍尔德补充了理性实在论所实施的将思想在认知中的运用回溯到作为思想本身的纯粹思想之上的做法（或是将真实的回溯到非真实者之上的做法），他反过来将已经获得的原理运用到现象之上，并称其为现象学。"现象学需要将对人类认知的澄清进行到底，此工作借着本体论（或纯粹的逻辑），通过对理性本身之清晰认识的中介得以开启，并借着对感性本身之清晰认识而得以完成。它通过将其原理运用到显现之上，而阐述了【158】理性实在论，借着那些原理，它教会人们将现象与纯粹的幻象区分开，并对其加以清理。"②

感性现象通过它对作为思想之原理的揭示清晰地将自身与那个通过思想之理性原理之思辨性谬误而引起的幻象相区分开来了，这种幻象具有感性现象的结构。在赖恩霍尔德看来，它意味着在实在上原理的启示，或是在自然上上帝的显现。因而，他将现象学理解为"哲学的第二个任务"，实际上即纯粹的自然哲学，它想要将现象作为经验之对象"回溯到它们在本质之中的根基"③，以此消除一切先验的立场。因而，现象学并不是像在兰伯特那里是对幻象之主题化，并将其视为一种对人之认知而言特有的被欺骗的可能性，目的是通过标识出幻象来促进真正的认知；也并不是像在黑格尔那里，是对显现的知识的表现。而是针对一个陷入了感性的思辨性的幻象的对抗，方法是对实际上隐藏在感性现象背后的东西进行实证性的处理，也就是说，在纯粹的思想原理中，通过"对自然本身进行分析"来达到这个目的。

另外，被攻击的费希特对这些指责进行了回应，并且在 1804 年所做

---

① 参见黑格尔《著作集》卷一，第 290 页等；同样，参见费希特对巴蒂利的《逻辑学》的书评［《费希特全集》（*Sämtliche Werke*）卷二，Leipzig：Veit，1845 – 1846 年版，第 491 页］。参见赖恩霍尔德（Reinhold）《对人类表象能力新理论的尝试》（*Versuch einer neuen Theorie des menschlichen Vorstellungsvermögens*），Prague/Jena：C. Widtmann und I. M. Mauke，1789 年版。例如第 280、209、225 等页。

② 赖恩霍尔德：《论文集》（*Beiträge*）第四册，Stuttgart：J. G. Cotta，1802 年版，罗马数字页码 IV。

③ 赖恩霍尔德：《论文集》（*Beiträge*）第四册，Stuttgart：J. G. Cotta，1802 年版，第 109 页。

的《知识论》讲座里，从容地驳回了赖恩霍尔德的诸论据。被误以为是实在主义的，最好情况下也就是观念论的一个新的形式，或更多地仍然是主观主义，它在自己面前隐瞒了每一种思想实际上对一个意识的依赖性。由于它就此没有清晰的认识，而且简单地使用了"首先由意识所映现过去的思想"，它也就完全依赖于此事实，而且缺乏根据。① 相反，知识论从来就不是以意识的事实为出发点的，而是从一个本原行动（Tathandlung）出发，来获取一种生成性的动机，来揭示在意识中所预设了的真理原理的幻象，但首先，也是演绎出处在真理之显现之处的意识，此显现之处为意识之事实性。费希特将此引入"第二部分"，它衔接了严格意义上的知识论，即"理性和真理的学说"，并将其称作"现象学、显现的和幻象的学说"。② 在此，他很明显又拾起了赖恩霍尔德的模式，将他的对手的概念交给了知识论使用。

黑格尔应该是没有注意到费希特口头提出的答复以及他对现象学概念的占用；但很有可能的是，他知道赖恩霍尔德的反驳，从而为他自己的著作书名带来了启发。【159】

---

① 参见《费希特全集》（*Sämtliche Werke*）卷十，Leipzig：Veit，1845–1846 年版，第 189 页等，参见第 197、201 页。

② 参见《费希特全集》（*Sämtliche Werke*）卷十，Leipzig：Veit，1845–1846 年版，第 194、205 页等。费希特的现象学在霍夫迈斯特（Hoffmeister）编的《精神现象学》版本之导言中，费希特的现象学没有任何关联地出现（罗马数字页码 XIII），因为编者忘记了其与费希特的联系。

第三部分

秩序和目的论

爱的秩序——关于奥古斯丁对伦理的本质规定[①]

诺伯特·哈特曼[②]

一、铺垫性的思索

1. 秩序以及世界的可认知性

古希腊人认为，世界并不是杂乱无章的混沌，而是一个有着良好秩序的封闭的整体，这是西方哲学最重要的基础之一。针对这个对世界的理解，毕达哥拉斯（Pythagoras）给予了一个经典的表述，按普罗塔克的记载，他是"第一个因为其中的秩序而把万有称作为宇宙的（Kosmos）"[③]。这成为所有以自明之理式的确信为其目的的认知努力之真实的奠基性前提：由于世界是有秩序的整体（Komos），所以它是可以被认知的。至少这样哲学认知就获得了如下任务：去找到统领世界整体的秩序，并在思想中将其作为一个精神性的有序形态而加以构建：智者的任务即为排序（sapientis est ordinare）[④]。

在这个基础上，哲学成为一个普遍的科学。通过哲学所给予的基础和框架，可以形成各门学科。由于世界展现出一个有条有序的结构，并且作为整体被精神所理解，在宇宙之中，也可以研究和认知单个对象。这样就是说：由于哲学是可能的，所以各门学科也是可能的。这也符合西方科学发展的历史进程：一开始致力于世界整体之理解的哲学，渐渐转而针对单

---

①　原文标题为"Ordo Amoris. Zur augustinischen Wesensbestimmung des Sittlichen"，原载于《科学与智慧》（*Wissenschaft and Weisheit*）1955 年第 18 期，第 428 – 446 页。

②　诺伯特·哈特曼（Norbert Hartmann，1912 – 1989），方济各会修士，门兴格拉德巴赫市，曾任明斯特的方济各会大学讲师。

③　赫尔曼·第尔斯（Hermann Diels）：《希腊学述》（*Doxographi graeci*），1879，p. 327. Plutarchi Epit. II. Proem. 1，1 – 3。

④　托马斯·阿奎那（Thomas Aquinas）：《反异教大全》（*Summa contra Gentiles*），I，1；参见亚里士多德《形而上学》I，2。

个对象和获得划分的现实领域，并且经过更多的对专门的研究方法的专业化和限定，从而分化出了各门学科。

近代思想与古希腊的基本认同究竟有多大的区分？这在康德那里清楚可见。虽然他仍然忠于这种认同，因为他还是认为在显像后面有这么一个本体（Noumen）的智思世界（mundus intelligibilis），并且也认可智者的任务为排序（sapientis est ordinare）。但由于他给予认知主体这样一个任务，即通过直观和思维的形式给感性之堆积的混沌赋予秩序，那也就只有显像的世界被认为是可认知的，而那"物自体"却在原则上根本就无法被人认知。在否认有一个被给予的秩序，而认知主体在要负担借着它的精神之有限力量先来赋予感受混乱的杂多一个秩序的重任的那一瞬间，也就申明了要放弃对真实世界的认识。因为有限精神可赋予秩序的能力只达到显像世界，而不可触及"物自体"。看上去康德在这里是提高了人之认知的尊严；它应该出于自身能力而创立一个精神的秩序，而不是来发现现实中已有的秩序且对其在精神中进行重构和体现。而实际上，康德却恰恰摧毁了人的尊严，因为他认为人是没有能力认识真实世界的。这样，对世界整体之哲学性认识的可能性也就有争议了：形而上学是不可能的。①

随着对人之理性的形而上学认知的信任的削弱，近代思想陷入了单门科学不断专业化的状况。值得深思的不是科学方法增长中的细化和专门化本身，这些是当今科学发展状况所不可避免的要求，每个想要扩展和增进至今所获得的知识的人，都无法避开这几点。让人不安的其实在于人们妄图要通过单门学科的积累而获取整体知识，并想要将哲学构建为总领精确科学的冠冕（"归纳的形而上学"）。原则上放弃关于被给予的整体的哲学知识，并以为认知努力的唯一意义在于不断地增加和扩展单门知识，这种做法的危害也不亚于前者。在这种或那种情况下都无法成功找到那种"整体的精神"，在那种"整体的精神"之中被认识到的单个物体可以占据它天生就应有的地位，并且可以获得与这个单个物体所相配的意义之充溢。因为，不可再被精神所洞见的秩序，既不可以认知的方式，也不可以行动的方式，人为地被创造，因为它并不是结果，而是人的认知和行动之可能性的根基。

---

① 此处"物自体"于康德之批判哲学中具有争议的地位无法得以讨论。

2. 秩序和伦理学的基础

让人有点惊讶的是，以上简短描述的有关认知问题的联系至少在原则上获得了重视，然而，对于哲学伦理学这个特殊领域来说，却大体上没得到注意。虽然人们不停地说道"道德秩序"（sittliche Ordnung）、"伦理秩序"（Sittenordnung）等，然而，无法消除的一个印象是，这里所使用的秩序概念是很模糊的。就此而言，一个典型体现就是关于伦理，很难获得一个广泛认同的本质规定。当然，尝试询问特殊的伦理责任以及其根据是重要的，但是哲学伦理学却无法回避到底是什么构成了伦理之本质以及伦理的善与恶是通过什么得以被区分的问题。当然，答案并不在于单纯对在不同的时代、文化、民族、群体和个人之中确实被认为是伦理为善或恶的那些事物进行探索和询问；而法理问题（quaestio iuris）所要求的，是以本质规定为形式的真正的哲学回答。人之行为非常多样的方式中所实现着的和抵达不同完美程度的伦理，按其本质来看，只可能是同一的；否则，无论是在伦理实践还是在哲学学科的意义上都不可能有一个统一的伦理学。只要伦理本质没有足够清晰地与相关的现象得以被区分并在内容上得到规定，那么科学伦理学的尝试也就不可能有意义地获得系统哲学性的阐明。

一种不放弃它应有的成为一门规范性科学的要求的哲学伦理学[①]也必须追求伦理义务和美德的系统化。这首先是由于它作为科学的特性所致。单纯外在的归类划分范式是不满足这个要求的。如果要构思一个真正的、可以承受批判的伦理系统的话，就必须非常坚定地要求有一个内在的秩序和构建原则。伦理之规范性特点着重强调了这个要求。义务学说的传统教学内容不可以仅满足于或多或少细致或完整地罗列不同规则和单条义务，并且为了更加简单明了起见，或为考试提供一种记忆帮助，而来对规则和义务进行归类。在以往几个世纪中，在那些按案例而细致化的道德神学参考手册里，可以找到许多这样的典型，其"实用性"当然是不可置疑的。所以不足为奇的是，最近几十年以来，道德神学急迫地更深地意识到关于它自身整体性的思辨神学根据上的弱点，并对道德神学的整体性构建原则

---

① 鲁道夫·舒洛特兰德（Rudolf Schlottlaender）对伦理学的巨大贡献是，他坚定和有力地针对舍勒、哈特曼和海德格尔他们以现象学为定位的（价值）伦理学批评道，这些人否认伦理学规范性特性而宣传一种危险的"非实用主义"。参见下面这篇杰出的论文《伦理学作为科学的危机》（"Die Krise der Ethik als Wissenschaft"），载于《哲学研究》（*Zeitschrift für philosophische Forschung*）1951/52 年第 6 期，第 17－41 页。

的问题加以讨论。① 虽然这些努力的趋向暂时不同，或是其所获暂时还不怎么让人满意，提出这个问题来是一定要加以肯定的，并且要鼓励一切寻求答案的尝试。可惜不得不说的是，并不是所有的道德神学家都领会到了这个问题的意义，对这个问题的解决和解答不仅对他们的学科，而且也对救赎的宣讲有益处，作为神学家，他们的科研工作是在后者的要求下进行的。

当今道德神学的情形所体现出来的，并作为例子阐明的，基本上也适用哲学伦理学。这里要提出的论点与奥托·弗里德里希·伯劳（Otto Friedrich Bollow）的看法达成尖锐对立，他的观点为："没有美德的系统，也不可能有这样的系统。"而且这不仅仅是出于那外在的也就是在一定程度上技术性的原因，即美德的多样性太大、分支太多，从而无法借着这种做法获得一个令人满意的结果，而且，除此之外还有一个原则性的原因，即美德的本质先天就排除在一个共同视角下把它们统领起来的可能性【337】。……就根本没有一个属的意义上的共同美德，单个美德在此框架之中与这个共同美德的关系就像仅仅通过属差区分的种与属的关系那样，而是每个单个的美德就已经对自己来说是整个美德的，这里，那句斯多亚学派的老话也就得到了证实，即拥有一条美德也就必定拥有了所有美德。……严格地来说，根本就没有美德这个普遍概念，人们只能用某种类比的方式来这么说"【339】。② 伯劳正确地提醒我们提防"构建主义"，也就是说，

---

① 参见约瑟夫·福克斯（Joseph Fuchs SJ）很有参考价值的报道《爱作为道德神学的构建原则》（"Die Liebe als Aufbauprinzip der Moraltheologie"），载于《经院学》（Scholastik）1954 年第 29 期，第 79–87 页。

② 奥托·弗里德里希·伯劳（Otto Friedrich Bollow）：《具体伦理学——哲学美德学说之的先行考察》（"Konkrete Ethik. Vorbetrachtung yu einer philosophischen Tugendlehre"），载于《哲学研究》（Zeitschrift für philosophische Forschung），1951/52 年第 6 卷，第 321–329 页。由于在这提到 Bollow 是用作一种趋势的例子，重要的不是对他的证明加以仔细驳斥。要说的仅仅是：①如果"美德"不是真正的普遍概念，而只是"在某种类别意义上"可以使用的话，那么是否更好地该把它剔除出去，因为对伦理学问题的哲学探讨来说一直会有一词多义的危险？另外要认识到的是伯劳本人多次表示他并不乐意不顾他的顾虑而因为"没有一个其他的概念"照样使用美德概念。②伯劳自己所承认的不同的美德间所存在的类比到底是在于何处呢？③如果辩论说因为没有"属这样的一般美德"，所以"美德"作为一般概念也就不可能，这难道不是预设了非常强的概念现实主义吗？当然这样的一种"作为属的一般美德"在实际意义上是荒唐的！④将美德的丰富多样"系统性地加以排序并完成这项工作"的（不可否认）的难度或不可能性难道不是没有美德的秩序、内在关联和系统的证明吗？那尽管如此，可不是还可以察觉到至少有一个可能存在的秩序的轮廓和结构法则吗？

"期望从一个整体性的原则中推导出伦理显像的多种多样"①。然而，即便对伦理学史来说，确实"每一个这样的系统都是把美德的多样统领在一个特殊构建的视角之下的"②，但这却不能推翻这么一个完全准确的事实断定，即"从一开始，就有着对美德系统的追求，也就是说，把美德的多样按一个揽括性视角排序，从而得以将其囊括到一个整体中，对其进行探求"③。正是这么一个"排序的囊括性视角"，或更加准确地来说，真正的统一性原则要在这里被认识到是合情合理的，而不仅仅是某种形式的"构建主义"，后者才是扭曲了关于美德之广阔和不可概览的丰富性的视角。不同美德是不可以从所要求的构建、排序和统一原则中推导而出的，这一点不用特别强调，哲学方法并不是演绎。

当然，追求伦理学真实系统的哲学伦理学说不能够单一为先天的。纯粹先天的伦理学是个死胎。人们必须在最广阔的范围内从个人和集体的伦理经验中获取信息，并向体验之下的伦理历史征求意见。但单单以归纳式的后天方式是从来都不会出现伦理学哲学系统的，好像从所有伦理经验积累中得出的总结或总和即可构成这样一种系统似的。因为即便我们不考虑这么一个情况，即伦理体验自身或是它的探索相应地最多能达到各研究者之历史上的当前状况，而未来几代人还没有出现的体验却还没有办法顾及，所以原则上这样的体验是不完整的，在此之外，这也还有这么一点是成立的，即通过部分的叠加是得不到整体的，因为整体先于其部分。无论伦理生活有多么充实和广泛的内容，光是顺着它的这个线索是无法发现伦理之内在的秩序结构的。相反，单纯的先天秩序规划对伦理实践来说是毫无价值的，并且只会停留在缺乏伦理现实的思想建构这一地位。

哲学伦理学不仅仅是为了其科学和规范的特性而必须要证实它内在的统一性，并且显示出自身的秩序原则。伦理学应该通过给予努力要符合伦

---

① 奥托·弗里德里希·伯劳（Otto Friedrich Bollow），《具体伦理学——哲学美德学说之的先行考察》（"Konkrete Ethik. Vorbetrachtung yu einer philosophischen Tugendlehre"），载于《哲学研究》（*Zeitschrift für philosophische Forschung*），1951/52 年第 6 卷，第 322 页。

② 奥托·弗里德里希·伯劳（Otto Friedrich Bollow），《具体伦理学——哲学美德学说之的先行考察》（"Konkrete Ethik. Vorbetrachtung yu einer philosophischen Tugendlehre"），载于《哲学研究》（*Zeitschrift für philosophische Forschung*），1951/52 年第 6 卷，第 337 页。

③ 奥托·弗里德里希·伯劳（Otto Friedrich Bollow），《具体伦理学——哲学美德学说之的先行考察》（"Konkrete Ethik. Vorbetrachtung yu einer philosophischen Tugendlehre"），载于《哲学研究》（*Zeitschrift für philosophische Forschung*），1951/52 年第 6 卷，第 336 页。

理的人建议和阐释以协助他。当伦理学在仔细考察哪些伦理规范是有效的，并且其相应的义务涉及面有多远，而且特别是在它努力提供内在的、从事实内容本身中出发的根据的时候，它就完成了一大部分交付给它的工作。但如果它并不是不懈地努力着让伦理内在的秩序结构变得可见，并描绘伦理生活之统一的秩序的话，它就没有把它最有价值的天赋献给实践，而且也没有认识到它本来最首要的任务。胜任这个任务的伦理学就和教育学和伦理教育一样，不可以也不应该排挤良心或将其替换。在一般情况下，没有扭曲的良心本来就会给予明确的指示，告诉人在这里和现在具体该做些什么，不该做些什么。然而，在真正出现冲突的情况下，比如在不同义务相对峙的时候，暂时缺乏一个断定的良心就只能把负责的单个案例置于一个更大的关联之中，并且从那里出发来获取一个概览性的视角，以此来解决问题纠纷。就是在这里，也还是良心来做决定的。它必须致力把目光投向整体秩序，为的是能将此案例和所要做的决定定位在这个框架之中。但除了所要做的单个决定之外，本身即可塑造的良心还需要有仔细的系统性的良心教化，而这不可能在于获得多方面的具体案例的单个认知，而是在于获得一个整体性并且有内在差异的秩序构建。如果我们以为伦理教育的意义在于让人尽可能广泛和详细地记住包含了各种单个义务的目录，列举上千种可能性，设定所谓的"具有美德的行为"，并且在每天的良心省察中以一个公务员的"负责精神"来做账本记录，那么此时，我们就从根本上误解了这个意义。针对这种误解，再怎样迫切地提出杰克斯·莱克拉克（Jacques Leclerq）[①] 最近所表述出来的要求，即在所有的伦理教导和教育中，第一目标必须是唤醒生命之统一性和价值等级区分的认识，都是不过分的。

伦理追求的目的和意义并不是要做这件或那件好事，或是尽可能多和频繁地实现美德行为，而是成为一个道德上为善的人。难道是要让时运不济而走了弯路、有着挣扎并受到批评而成熟起来的人的自我纠正，而这个自我纠正是每个人都必须有的，以使人在痛苦地反复经历了严肃努力、羞愧的失败和重新尝试之后发展出一个完整的、内在成型的伦理人格吗？难道在伦理道德上努力寻找答案的人应该更多依赖直觉来发现和实现伦理秩

---

① 杰克斯·莱克拉克（Jacques Leclerq）：《基督教道德教育》（*L'enseignement de la morale chrétienne*）. Coll.：*Les livres du Prêtre* 3，Paris：Vitrail，1950 年版，第 279 页。

序吗？如果没有伦理体验的宝库作为帮助，也没有哲学思索的成果可以使用的话，这其实是过高地要求人了。当然，伦理教育还不是让人成善的；知识也并不是美德。不同意见之间的争执在这一方面至少是得到了调解的。但如此，伦理学也没有失去它要指引伦理之实现的这个任务。不用虚荣地幻想唯独它是伦理的源头和唯一保障，伦理学是哲学学科之中最需要实行具有"号召力的思维"的那一门。①

如果哲学伦理学以为能够脱离秩序理念之概括、统一和建构的力量，那么，它就既不符合它的科学性和规范性，也不符合系统义务学说的要求，或者也不符合对具有美德的生活加以阐明性指导的要求。秩序对认知和行动来说，都同样是有奠基意义的。伦理秩序的理念不仅仅是一切伦理行动所追求的目标，而且它也必须作为赋予秩序的力量来引导伦理行动，并且概括伦理行为方式的多样性。否则，伦理追求也就多少只会是交付给了偶然机遇的尝试和实验，却没有以塑造道德的人格为目标。形象地描述出这个目标、在真正的伦理学系统中指出多样的伦理行为方式之位置和地位并且表述出一个整体性的、赋予一切灵魂的道德秩序和结构原则，这个任务，不仅服务于关于伦理的哲学科学，也同样服务于伦理实践。就认知而言可以："真即整体。"同样也可以就伦理正确的作为而言："善即整体。"对应着真理的世界②的是（伦理为）善的世界，在这两种情况之下，这种世界不可以被理解为一种单调的同质性结构，而是要被理解为是有多样分支的多维度的秩序结构，就像古希腊关于宇宙的观念那样。

二、爱之秩序

（一）在伦理世界中的爱

就这些一般的铺垫性思索来说，特别是那些符合哲学伦理学的要求，看来没有比奥古斯丁的定义更好的对伦理的本质定义了："美德最简洁和

---

① 关于教导对伦理实践的价值参见出色的论述，杰克斯·莱克拉克（Jacques Leclerq）《基督教道德教育》（*L'enseignement de la morale chrétienne*）. Coll.：*Les livres du Prêtre* 3，Paris：Vitrail，1950 年版，第 29 页。

② 参见欧根·比塞尔（Eugen Biser）《真理世界》（"Die Welt der Wahrheit"），载《知识与智慧》（*Wiss Weish*）1954 年第 17 期，第 13 – 36 页、第 99 – 111 页。这篇非常值得读的论文在决定性程度上启发了本文的尝试。

最恰当的规定是爱之秩序。"① 并不是这杰出的表述之绝对经典的简练和深远意义让我们这么判断，而是它的内容。即便是有对这种表述的顾虑，也不能把这些掺杂到对此表述的阐释性开展中去。必须万分小心地保证单纯从奥古斯丁的思想世界本身出发来对这个定义加以理解和阐释，而不受到其他来源的思想要素的扭曲或转变。奥古斯丁也给出了其他表述形式的定义，这是众所周知的。对不是第一次结识到奥古斯丁精神世界和个人特点的人来说，这里没有什么好让人惊讶的或不可理喻的。在下文中，这些表述还会被用来做阐释，它们虽然表述不同，却是内容上相互联系的。

1. 爱以及其心灵秩序

首先要回想的是奥古斯丁虽然有时尝试过区分，但或多或少地还是把"amor, dilectio, caritas"作为同义词来使用。特别是"amor"（爱，名词）——"amare"（爱，动词）所指的是爱之一切形式、方式和完美程度：感性的爱，精神上的爱，带欲望的爱，无私的爱，自然的和超性的爱。它可以指非常不同的物体、事态和人。这却没有阻止我们仅仅把严格人格性的爱，即两个精神人格的合一，看作完整意义上的爱。② 而当"caritas"和善的意愿等同起来的时候，这个概念则更广泛和更有弹性地得到了理解。③ 是的，在爱中见到意志的基本冲动④，即人最根本的力量，他最高尚的能力，最终，爱和意愿被等同起来了，这是奥古斯丁意志心理学的特点。邓斯·司各脱（Duns Scotus）向我们保证，奥古斯丁在这并没有因为他充满激情的心的冲动而做出过激的判断，前者虽然具有批判和冷静的省慎，但他毫不犹豫地承认并接纳了把意愿和爱等同的做法。现代心理学有着对灵魂力量细致区分的认识，但并没有推翻或动摇来自奥古斯丁的这一基本思想，而是更加巩固它，这样最近威廉·海纳（Wilhelm Hein-

---

① 《上帝之城》，第十五卷第22章："尽管它（被造物）是善的，但却有正确的爱和错误的爱两种情况，当正确的秩序得到遵守，那么爱就是正确的，如果扰乱了秩序，那么爱就是错误的。……因此，我们哪怕是在爱那些值得我们爱的事物，也必须遵守正确的秩序，我们的美德能使我们良好地生活。因此在我看来，美德最简洁、最正确的定义就是'正确有序的爱'"。原文摘录为拉丁文，这里的中译文选自王晓朝的译本，上海三联书店2006年版，第677页。——译者注

② 约瑟夫·毛斯巴赫（Joseph Mausbach）：《圣奥古斯丁的伦理学》（*Die Ethikdes heiligen Augustinus*）I，弗赖堡，1929年第二版，第205页；以下的阐述也参见毛斯巴赫的这部详细并且正确无误描述了奥古斯丁意图的论述（I，第202－229页）

③ 参见《论基督恩宠》（*De grat. Christ.*）第一卷，第22章。

④ 参见毛斯巴赫的同一著作，第204页。

en)① 恰恰以心理学研究的认知为基础，而把爱描述为"人和各民族历史中的那一基本力量，那普遍的、构建一切的、承载一切的和掌控一切的力量"。类似地，约翰内斯·梅斯纳（Johannes Messner）② 也把爱称之为"人性基本的驱动力"，这明确肯定了奥古斯丁的观点。另外，要提到的还有舍勒关于"同感之本质和形式以及爱与恨"的富有启发性的现象学研究。这样，所有的价值追求之种类和形式，以及回应价值的行动，按现代的语言习惯，都统统可以被看作奥古斯丁意义上的爱。

只有在认识到有很多和不同种类的爱的前提下，才能够有意义地提出"爱的秩序"（ordo amoris）。伦理并不是被看作在于有同质的整体或爱的统一性。奥古斯丁著名的、多次被引用的秩序定义是以区分和异质性为前提的。③ 伯纳文图拉清晰并简练地说道，"秩序的前提是区分：哪里没有区分，那也就没有秩序。"④"爱的秩序"指的也就是单个行动的行动种类之内在构建秩序意义上之不同的爱之形式的秩序，就像舍勒所要求的那样，是一个内在的、基础在实在内容上的行动结构，而非一个单是任意地按种类和时间所排列的行动系列。偶然或任意的并列或前后顺序绝对不会符合秩序的概念；相反，每一个行动都必须在秩序整体之中获得它"自己"所应有的、事实本身所要求它要占据的位置：而这也不仅仅是类似空间或时间上的排列，而是一种内在的关系结构，也就是发自灵魂行动之意义结构和它们的建基关系的结构。指出完形心理学、构造主义心理学和整体心理学，也就足够揭示我们要说的是什么了。舍勒的行动现象学就此讲述了许多基础性的和方案性的东西，许多细节仍然是可以推敲的。就此，又一次引用海纳的话："如同受造物具有不同层次的结构一样，在动物和人那，也有一个爱的层次结构。从存在上来看（本体论式地）和从效应上

---

① 威廉·海纳（Wilhelm Heinen）：《道德心理学阐释和道德神学评价中爱的追求的错误形式》（*Fehlformen des Liebesstrebens in moralpsychologischer Deutung und moraltheologischer Würdigung*），Freiburg：Herder，1954 年版，第 3 页。

② 约翰内斯·梅斯纳（Johannes Messner）：《具有原则伦理学和人格伦理学奠基的文化伦理学》（*Kulturethik mit Grundlegung durch Prinzipienethik und Persönlichkeitsethik*），Innsbruck：Tyrolia，1954 年版，第 200 页及接下来的数页。

③ 参见《上帝之城》卷十九，第 13 章："秩序是平等与不平等事物的配置，使每一事物有其恰当的位置"。——译者注：原文的摘引为拉丁文，中译文摘自王晓朝的译文，上海三联书店 2006 年版，第 924 页。

④ 《四部语录注释》第三部分，第 29 编，第一篇，问题 1（tom III，638b）。

来看（动态地），爱中的不同区分和程度以及形态和表现之丰富，是比造物界之中的多样（不同种类之广）更大和更加有趣。"① 另外，下文也会更加详细地讨论爱在伦理上特殊的意义，而这里只是从心理学角度来观察爱的秩序。

2. 客观的价值秩序和爱

照奥古斯丁看来，爱当然是以善为目标的，同样，客观的善之间的区分也当然规定了爱所相应的形式。出于疏忽而做出一些表达，如果把这些表达隔离起来看的话，会使得主观解释成为可能，但人们很少觉得有问题。一个作者的表述不可以脱离当时的情形和上下文关联，特别是奥古斯丁的言论，他性格活泼、自发性强，而且常常使用卓越的修辞手法。考虑到他哲学思想的整体，就不可能真正地怀疑，对象的确是决定性地以特别的方式和形式规定着以它们为目的的爱的。所以，第一步的时候，是从对象出发决定了爱的秩序，而且是从客观被给予的善和价值之秩序出发来决定的。② 通过顺应和参照客观的价值秩序，爱就获得了秩序，而不是反过来的那样。

确切洞察到他与奥古斯丁思想间的相似，舍勒兴奋地抓住奥古斯丁的爱之秩序这一表述，并且尝试重新使用它。③ 在他看来，正因为有着值得爱的物体的秩序，所以也有爱的秩序，而奥古斯丁所说的"有秩序的爱"就是那种符合"值得爱的东西"的秩序的爱。奥古斯丁的善的秩序最准确

---

① 威廉·海纳（Wilhelm Heinen）：《道德心理学阐释和道德神学评价中爱的追求的错误形式》（*Fehlformen des Liebesstrebens in moralpsychologischer Deutung und moraltheologischer Würdigung*），Freiburg：Herder，1954 年版，第 7 页。

② 在丰富的文本之中，可举出两个体现这一点的例子：那个公正和圣洁地生活着的人，是对事物做不偏不倚的衡量的人：他就是那个具有有秩序的爱的人，他既不爱那不可爱的事物，也非不爱那些可爱的事物，他也不是更多地爱那些较不值得爱的事物，也非同等地爱那些较不值得爱的和那些更值得爱的（《论基督教教义》，*De doct. christ.*，第一卷第 28 章，第 28 页，原文引文为拉丁文，这里的中译文由译者翻译）。圣经《雅歌》中所写的这样教导我们，其中新娘（教会）说道："向我排列爱。"（译者注：中文《和合本》圣经翻译是"以爱为旗在我以上"，但与这里的上下文不符）什么是"向我排列爱"呢？也就是区分层次并且把欠他人的还给他。不要把该在前的放置到该在后的东西之后。爱父母，但把上主置在父母之前（《讲道》，101，2，原文引文是拉丁文，这里的中译文为译者翻译）。后面这处也就显示出来"有秩序的爱"这个概念是源于雅歌的，而一般把经文中出现的"in me"这个词组理解为夺格的，而在希腊圣经中，这儿可以明确看出是受格的。关于奥古斯丁的理解特别参见海伦娜（Hélène Pétré）"Ordinata caritas. Un enseignement d'Origène sur la charité"，载 *Rech. de science religieuse* 1954 年第 42 期，第 40 – 57 页。

③ 参见马克斯·舍勒（Max Scheler）《遗著》（*Schriften aus dem Nachlaß*）卷一，Leipzig：Der neue Geist，1933 年版，第 225 – 261 页。

地对应了发自舍勒之价值现象学研究，并由尼古拉·哈特曼（Nicolai Hartmann）所提出的"价值等级序列""价值排序""价值等级秩序"等概念，尽管奥古斯丁的这些概念缺乏舍勒的形而上深层考虑。舍勒特别强调了这个价值秩序不是因为人按照其个人的爱好和价值尺度来主观判断，再给予事物一个价值，并且随意地给予事物一个位置而产生的，而是由于在偏爱和偏恶的行动之中就被给予了等级区分。所以，他可以接着说，相对应"正确和真正的爱的秩序的理念的，是关于一个严格客观并且不牵制于人的、包含着万物之有秩序的值得爱的价值的领域的理念"①。

　　所以，就获得客观且正确定位的爱之秩序而言，不可回避的前提条件就是要认识到，每一个价值种类和每一个单个价值都在价值世界中具有一个特定的位置或地位。并且出于这个原因，价值之"拓扑学"就是伦理学的一个重要问题分支，而且不仅仅具有理论意义，除此之外也对伦理行为本身具有直接的重要性。舍勒正确地称这一认识为一切伦理学的"核心问题"②，即认识到万物所有可能的值得爱的价值（Liebenswürdigkeiten）之间，是按其内在的、应有的价值得以排序的。他继续推论道，因为，如果每一个价值都在价值等级的阶梯中具有一个特定和独一的位置，也就是说有这么一个位置，与此相对应的是情感中的一个以它为方向的具有细微差别的运动，那么，我们也就只有在找到这个"位置"的时候，才是正确地来爱，相反地，如果位置颠倒了，并且在激情和情欲的影响之下这具有等级的秩序被推倒的时候，那么我们的爱也就是不正确的而且是无秩序的。爱并不影响或创造出价值秩序，而是必须要承认它对象的要求，并且要顺服值得爱的价值之等级秩序。"之所以这样，才会有正确或错误的爱，因为人实际的倾向和爱的行动可能符合值得爱的价值（Liebenswürdigkeiten）的等级秩序，或也可以是与此相悖的——我们也可以说，这些倾向和行动会感受并认识到自己是与上帝在造物之前就爱了世界的理念以及其内容的爱，并且由此来维持所造的世界的爱是同一、区分、相对立的。如果人在他实际的爱的行动中，或者在对他的爱的行动建构排序之中、在偏爱和偏

---

① 参见马克斯·舍勒（Max Scheler）《遗著》（*Schriften aus dem Nachlaß*）卷一，Leipzig: Der neue Geist, 1933 年版，第 232 页。

② 参见马克斯·舍勒（Max Scheler）《遗著》（*Schriften aus dem Nachlaß*）卷一，Leipzig: Der neue Geist, 1933 年版，第 228 页。

恶之中，推翻了这个自在存在的秩序，那么他同时也在自己身上推翻了以他为目标的意向之中所包含的神性世界秩序。只要他推翻了这个秩序，那么他自己的世界，这个可能的认知对象以及意志、行动和效应的领域，也必定会跟着倒塌。"①

对伦理行为之中的价值认知和价值实现来说，每一个价值在价值领域中都具有他自己特定的位置，即地位的这个事实应该同样获得重要性。在方法上特殊化，并预先仔细加工和隔离对象，由此在这样的对象上所获得的单个知识从来就不会把握此对象的整个真理内容。这对一切认知来说都是成立的，因为这个认知脱离了存在的关联，并由此也脱离了客观的真理整体②，同样，对价值的认知来说，亦是如此。因为单个价值被孤立，并从价值宇宙的关联构架中被隔离出来，而且脱离了它自身的位置，如果单个价值的特殊"地位"没有被考虑到，也就是说，如果他在整体的地位以及由此得出的他针对整体的特定功能没有被考虑到，那这个价值是无法在其特殊的价值特性、价值丰溢和价值深度中得到恰当的理解的。显然，一个单个价值的独一无二以及不可替换的地位，总是只有作为在多维价值领域之整体中的特定位置才能得到体现。如果之前没有任何关于整体和其秩序的知识的话，也就是说，在获得单个价值的认识的同时被给予至少关于价值的整个秩序结构的外在形态和基础结构法则的话，那么单纯的分析性和描述性的价值研究便不能实现这一点。舍勒毫无疑问地正确认识到这一点，他教授道，价值只有在偏爱（Vorziehen）或偏恶（Nachsetzen）之中才取得了其被给予的完整性，并且这种偏爱和偏恶并不是在对两个或多个首先在自身中加以考虑的单个价值的比较之下随之而来的第二步行动。③

---

① 参见马克斯·舍勒（Max Scheler）《遗著》（*Schriften aus dem Nachlaß*）卷一，Leipzig：Der neue Geist，1933 年版，第 239 页。

② 参见欧根·比塞尔（Eugen Biser）《真理的世界》（"Die Welt der Wahrheit"），载 *Wissenschaft und Weisheit*，1954 年第 17 期，第 13–26 页。

③ 这里所说的与哈特曼在他的《伦理学》第 32 章（第 270 页以及接下来的数页）中所说的完全相符："所以，在价值领域中构成了一种类似与可能价值的理想化位置系统（Stellensystem），一种智思的价值空间（intelligibler Wertraum）。其中包含了特殊价值的智思位置。"在此之前的第 31 章〈最高价值的问题〉中的一些顾虑和异议显得却在部分是发自于哈特曼对形而上学的某种回避；但就算在那也有很多令人鼓舞的话语。关于价值秩序的"多维度性"同样参见尼古拉·哈特曼（Nicolai Hartmann），《伦理学》（*Ethik*），Berlin：de Gruyter，1935，第 28 章（第 249 页以及接下来的数页）。

3. 良心和价值整体

然而马上就冒出了这样一个无法回避的问题，即人是从何而来具有或获得这种有关价值秩序整体的知识的。虽然这个知识只是概览性的，而且在内容上仍不完整。天赋观念的理论无讨论意义而退出。这个知识同样不能以纯粹后天的方式获得，就像前面已经说到的那样。如果说，不应把单纯的思索置入真空的空间，但也只有在良心中可以找到一个立足点，以寻找此先天知识的源头，这个知识已经超越了具体的价值经验，因为它走在经验之前或是贯穿着经验。当然，就像欧根·比塞尔（Eugen Biser）所提议的那样[①]，必须要非常严肃地解释这么一个问题，即"就像通常习惯的那样，把良心现象局限在伦理领域的这个做法是否正确"。前面所提到的有关价值的那些不仅仅涉及伦理领域，而且还涉及价值的整个秩序，其中，伦理价值只是一个特殊的类别；另外，这不仅适用于价值认识，而且还适用于整个认知，这在前面铺垫性思索中已经提示了。如果在这个广泛的框架下提出这个问题，那么"良心必须被理解为一个精神的处所，在那里，人的精神之整体责任面对客观的价值秩序得到表现"，或是按海纳的话来说，也是"人格尊严以及客观价值和世界秩序的捍卫者"[②]。许多迹象都鼓励我们不要太胆怯地抓住传统的对良心概念的认识不放。就是在狭隘的伦理领域中即可观察到，良心作为那或多或少被意识到的关于行动是否值得的随同认识（con-scientia）绝非仅仅在事后表述赞扬或批评的机制，而是早已经在要求或警告我们该做或不该做哪些与伦理相关的行动，早就在先促使我们或阻止我们做这样的行动。良心必定不只是这么一个在事后按行动的某些特性或者是在行动之后果中才能够瞧见此行动是否伦理为善或恶；确定的还有，它也不只是一个隐秘地、默默地、不起眼地伴随着行动的对使得行动具有灵魂和内容的内在存心的随同认知；而是在先前它就已经知道后来要做的事的善恶了，并且之所以也在做之前判断这事是否应该做。更多的还有，除了单纯的认知之外，它还促使我们趋向善而逃

---

① 参见欧根·比塞尔（Eugen Biser）《真理世界》（"Die Welt der Wahrheit"）第一部分，载 *WissWeish* 1954 年第 17 期，第 13 页，注释 1。

② 威廉·海纳（Wilhelm Heinen）：《爱之追求的错误形式》（*Fehlformen des Liebensstrebens*），Frelburg：Herder，1954 年版，第 171 页。——也参见赫尔穆特·库恩（Helmut Kuhn）《与存在的会面——关于良心之形而上学的沉思》（*Begegnung mit dem Sein. Meditationen zur Metaphysik des Gewissens*），Tübingen：J. C. B Mohr，1954 年版，第 4 页等。

避恶，是在人的内心中包含人不受恶之影响的机制。还有更多的是，它不仅仅督促在意识中已经清楚可见并得以描述的行动，或是警告不要做这个特定的、在表象中已经清楚定义的行动，而且它常常也会在这之前就已经示意了善之区域，就像它具有一种不会失误的嗅觉并充满先兆那样，从善之区域，对人行善的呼吁、邀请和提议由此可发，而且它也示意了那个危险区域，恶以隐蔽的形式潜伏在那里，威胁着要带来不幸，虽然说，良心还不能指出恶出现的具体形态。

必须毫不犹豫地承认这里的经验和伦理教导一同具有一个重要的角色。纯粹的先天知识在这里是行不通的。按照所涉及的良心是怯弱或松弛、是敏感或麻木、是训练过或是没有训练过、是狭隘还是所谓的"宽大"，也就是说，按照良心的教化或先前获得的不同教化，这些提到过的力量会以非常不同的范围和程度运作。然而，这个后天得来，并且不可否认是完全有价值的特性并没有颠覆这么一个事实，即良心之中还有一个先天的知识。所以可以适当地问道，是否只有当良心在被理解为有精神的光照和力量中心的时候，也就是把它理解为它是同时认识到存在的整体以及后者之超越的特性的，并且它也被理解为先就认识到价值宇宙、各类益处的价值以及伦理价值之整体的，而且它被理解为在它认识的同时，囊括了世界和其秩序之结构，并把每一个显现出来的单个物体和每个单个价值都纳入这个秩序领域之中，通过这样的精神和力量中心有限的精神才得以在一个视角之下把世界整体汇集为一个多维的秩序构架，并从而使得根本上的世界定位成为可能，尽管此时它对世界整体的认识仍是隐晦和不清晰的，是否只有在这样的理解之下，良心才全然得以描述了呢？这是不是就是那个使得人高于动物的这么一个特殊的优势、那个让人具有"世界"（Welt），而不是像动物那样只有"环境"（Umwelt）的这个特性呢？具有"世界"并不仅仅是超越环境之可变动的边界。环境是以一个生物为中心而集中的；而在此本质上有区分的世界则是古希腊意义上的"宇宙"（Kosmos），这不再是以人为中心，就算是人作为生物拥有一个环境；"世界"有着自己的中心，否则的话，它就只不过是一个扩展了的"环境"。人首先在知识中拥有"世界"。如果在这个弯路上不是不经意地又有一些天赋观念潜入的话，那么在这样的"世界"拥有之中也就没有一个完整的并充满内容的知识，而是仅仅有着一种对世界的前策划（Vor-Entwurf），如同一个缺乏内容的图示、一个建筑框架，或是比这些更少，即对最外在的界限就如同对一个遥远的地平线那样的意识，必须要有对某一个中心的意识来与这个意识相互呼应，以及要有对维度、轴线或坐标以及它们之间相互对应的地位的意识。如果承认良心是这个知识的归属地的话，那么并列于伦理的良心，人们也就可以且应该提到有科学性的、艺术性的良心之类。①

绝对不要总是害怕这些思路会以让人顾虑的程度偏离奥古斯丁，或甚至是把近代的思想要素错误地带入他的理论中。他的思想深深扎根在柏拉图—新柏拉图传统之中，所以这一方面的顾虑是站不住脚的。另外，他有关善的秩序的表述过于笼统，这样，纳入今日现象学关于价值等级秩序（Wertrangordnung）具有细致区分的陈述的做法并不显得是不合理的。针对下面一点要划一条清晰的分界线——哈特曼的"范畴基本律法"，即在伦理中反复以价值建基之律法的形态出现的那个律法，并且按照各个律法的说法，地位低的价值是地位高的价值的建基，而反之后者则受制于前者，这一条是完全无法与奥古斯丁的基本信念相调和的；而舍勒的观点则不同。哈特曼的极具疑问的不得已的解决办法，即承认有一个补充性的、像是价值高低的横向坐标的一个关于强度的律法，而如果提出时间是针对现象学正确认识到的价值实现所具有的"紧迫性"（Dringlichkeit）的决定性要素的话，那么从奥古斯丁（如同从舍勒的）的角度来看，这个律法就显得是完全多余的。这样，哈特曼的价值秩序中静态的并且具有浓柏拉图色彩的特性也在很大程度上被减弱了。

（二）在爱之中的伦理事物之宇宙（Kosmos des Sittlichen）

1. 爱之人格性、自由和个体的特性

贯穿整个价值领域的秩序之客观性，以及对其的认知显然对伦理学来

① 参见尼古拉·哈特曼（Nicolai Hartmann）的《伦理学》（Ethik），Berlin：Walter de Gruyter，1935年版，第353页以及接下来的数页："虽然我们关于等级秩序的意识是不完整的，然而，关于价值高低的感知的表征是清晰可见的。是的，甚至存在着令人吃惊的关于价值高低的感知之不可错性和说服力，这能够支持以往关于'道德感官'（赫尔墨斯胡依斯，Hemsterhuis）即'心之秩序'，或是'心的逻辑'（帕斯卡、舍勒）的思想。这是一种具有独特法则的特别的秩序，而不能以理性来证明，但是同样，也不能够以理性论据被否定。它在良心之现象中足够明显，同样，在责任的归咎、一切责任的情感、一切歉疚的情感之确定性中，同样，也在某行动之前即对之的回避和对之所感到不可做的不会出错的直觉之中……。'心之秩序'却要被作为真实的关于价值高低的感知并作为价值目的论中给予方向的力量——或者，如果人们愿意的话，作为在以价值为定位的行动本身之中偏爱法则之隐秘的系统……。"

说有着很大的意义，因为所有的伦理行为都是与价值有关的，并且特殊地表现出是具有所意向的对象之价值的行动。对在奥古斯丁看来奠定了伦理的爱的秩序来说，这个连贯的客观价值秩序是一个建构性的要素。但是，必须特别强调，客观的物或事态价值之等级秩序并不是已经体现了伦理秩序。伦理价值在价值的整体领域之中，只构成了一组或一类。在狭义和特殊意义上的伦理价值是依附在关系到客观价值的行动上的。伦理价值的承担者是这些行动的主体，即执行这些行动的主体。伦理价值是主观价值，而且只有人格才设定伦理行动，并从而成为伦理价值的承担者，这样，伦理价值也就只是作为人格性的价值或人格价值可被提及和讨论。它描述了个人针对某一客观价值的行动的特性，却不描述对象之意向中的价值。这样即可观察到，并不是每一个主体或人格价值全都是伦理价值。就像从关于舍勒和哈特曼的仔细分析中可得出的那样，只有下面那样的主观价值才是伦理价值：通过它们，人格本身在行动自我投入，并自我表达。即便是这样，伦理价值仍然没有充足和完全地获得描述，因为并不是每一个以上意义上的人格的行为都是涉及伦理的，而只有那种最终以人格本身为目的的，即把人格本身作为意向性对象的那种，才涉及伦理，而此时则无论此人格到底是有限还是无限的、是自身还是他者。这里被标志为"伦理"的行为最终必须要越出作为事实价值的意向性对象，并且以某一个人格为目标：针对事实价值的行为，无论它是多么的伟大、精神性、高贵、无私、充满敬畏，比如科学家（也包括心理学家、医生）或是艺术家和艺术鉴赏者、技师等"对事实的热爱"，在其自身看来并非伦理行为，因为它是以在意向中的物以及其价值内容为终点的。只有那种包括了价值并肯定价值的行为，并且在人格与人格之间建立一座桥梁的行为，也就是说本身是人格的爱的，才是伦理行为。这里做的并非一种不合理的对伦理行为的狭隘化。因为人格与人格之间的人格性的爱之关系可以通过上千种非常不同的方式得以传达，而且，当被意向到的人格被蕴含地考虑到的时候，就完全足够了。这样并没有给予伦理行为的多样性一个有限制的疆域。这只是又一次重现了：爱，并且是严格人格的爱、原本的爱和统一的爱，贯穿了一切伦理行为而且是伦理价值之赋予其灵魂的承载者。

　　这样，关于奥古斯丁对伦理之本质规定的思路就自然而然地又出现了：爱的所有形式和方式，所有在某种形式由爱而有灵魂并得以充实的行动和行为方式，都是伦理价值的承载者。对奥古斯丁来说，容易的是让爱之行动朝向所有物体和事态价值，并且同时也使其超越这些价值，为的是使得此行动汇入到至善中。所有价值都分有于至善，也就是奥古斯丁作为基督教有神论的思想家理解中的位格性万物造物主的那个至善，那里，一切人性的爱的追求都得到满足而静止。在所有有限的价值背后，他见到的都是上帝，而且他不知疲倦地致力要把所有对受造物的价值的爱，都引导朝向无限的造物主。当然，这也就是认识到有限的价值在绝对的价值（即上帝）面前，都是相对的、有限的，并且也就要以这样的形式追求它们，在这个意义上，也就是把它们相对化，但这并不是说，有限之物内部的价值的区分和等级就被抹平了，而受造物有限的价值就一下子统统没有本身价值了。如果是这样，那所有关于价值等级秩序的言论都失去了意义，而且爱之秩序也就在对象这一方面失去了其对照点。对奥古斯丁来说，爱是从客观的价值秩序那里领受到它自身秩序的第一衡量尺度，这是不容争辩的："因为一切由上帝所造的都是好的，从有理性的受造物一直到最低级的物体，这样，如果这些东西之内的理性灵魂是按照秩序来的，并且在区分、选择和评价的时候，把渺小置于伟大之下，身体性的置于精神性的之下，低级的置于高级的之下，把时间性的置于永恒之下，那么，它的行动也是善的。"①

　　同样要特别强调的是客观的价值秩序并不是主体中爱之秩序的唯一构建法则。如果只有严格人格的行动，确切地说即原本的人格之爱最终被承认是伦理价值的承载者，并且如果按早先已经说到的爱与意愿是等同的，那么，只有那些出于意愿之自由的行动才是伦理行为。自由是伦理行为的本质性前提。没有一种自然的追求是属于伦理领域的。在奥古斯丁看来，"爱"包括了所有具有价值的追求，也包括了无生命的自然和生物的追求，特别是动物的追求，如果不是在另外几处确切可见，对奥古斯丁来说，他对爱的看法与普遍意见一致，即只有那些自愿的行为才被看作伦理行为，那么这个广泛理解的"爱"的概念就要有一定的限制。从而，可以有一个重要的推论：爱之秩序不可能在于一种尽可能精确并且忠实的对客观价值秩序的映照，或在一种如同照片似的重复。如果这样，伦理主体就会被沦为大体上被动和接受性的角色，而在对象那一方面，有着更大的积极性。这样一种角色分配对认知来说就已经是非常有问题的了，对由意志而塑造

---

① 《书信》，第 140 封；3.4。

的伦理领域来说，那就更是这样的，伦理事物更多是被描述为"作为"（Tun）的。① 首先，它必须是并保持是一个自由的行为。伦理和自由是联系在一起的。如果仅仅要竭尽全力让主观行动符合客观价值秩序，并且在任何情况之下，都要让发自这个秩序的应然要求都在人的生活中获得体现的话，那么，就如同哈特曼准确地提到的那样②，一个自动机器会更合适并且更完美。答应着这个客观价值等级秩序的爱的秩序则必须无论如何是一个自由的、在某一方面具有创造性的构建。它必须要在每一个个体的主体中必要性地呈现出它的个性和特性。因为在（伦理）律法面前，人人都"平等"的说法，是不正确的。而是这样，每一个个体只按照他个人能力的尺度，也就是按照他对价值的认识和他能动性的程度，获得相应的履行律法的义务，而每个人的这个尺度或程度都是不一样的。超出了这个个人之尺度的应然则对于个人来说就不包含任何义务了。③ 所以，在每一个个体主体之中，爱之秩序都是不一样的，是有个人色彩的，而且在个体性不是呈现出伦理缺陷，而是反之呈现出正面的价值的时候，它也应该如此。

从中推导出来的是什么呢？首先，虽然可能有一个爱之秩序的普遍概念，但却没有爱之秩序的所谓模板可以机械和任意地应用在多个人身上。在伦理事务中，是没有对理想的死板模仿的（这要与"道德上的后继"充分区分开来）！另外，从而推导出来的是从个人到个人道德之形态和完美程度有可能并应该是不同的。基于其特性和特点，每一个个人都会先天对应"其"相应的完美的尺度，这对在伦理上正确地对人加以判断是一个重要的要素！要超越这个尺度是毫无意义的，抗拒这个尺度则是幼稚的，即便这在伦理上不成问题。同样也推导出来，个体性不应该被抑制，而且

---

① 此处要提倡的并不是近代典型的能动主义，这个主义仅仅把"作为"，制造性的行动，"创造性的运作"看作具有价值额的，反之，那些更加"消极"的态度则看作没有价值的，而排斥它们。

② 参见尼古拉·哈特曼（Nicolai Hartmann）《伦理学》（*Ethik*），Berlin：de Gruyter，1935，第 567 页。

③ 从价值哲学的意义来说，此处会存留着一种存在意义上的应然（Sein-Sollen），然而，作为意义上的应然（Tun-Sollen）却没有了。人无义务做超出其所能的（Ultra posse nemo tenetur）！那就无法回避这样一个问题，也就是问道：价值哲学断言，在作为意义上的应然特性是可以从价值本身中得出的，并且伦理价值与非伦理的价值之间的区别在于作为意义上的应然之绝对的要求，这个断言是否正确呢？解决这个问题，并不意味着要动摇整个现象学的价值概念，如果要把这个概念看作原初被给予的，那它就会变得比人们想要说服他人的那样更加有问题。

每一个个人内在的自由不应该被窒息，而是必须在其个体特性的框架之中确保每一个伦理人格都有着自由发展和构建的可能性。这也适用于爱之秩序。然而，这不是说毫无拘束的随心所欲就得到首肯了。个人与个人之间区分的可能性受到人类共同本性这个框架的限制，在这个框架之中已有本质的规律（Wesensgesetzlichkeiten），超越和侵犯这些规律，是不可能不受惩罚的。所以，就举最重要的例子之一，把灵魂和精神的东西融入感性和身体性的东西之中，是一个非常基础的结构法则，这也毫无保留地适用于爱之秩序。在此之外，发自不同行动之本质性（Wesenheit）以及从它们之中得来的那些为行动建基的法则就变得不可推翻，并且必须被当作爱之一切秩序的本质结构之法则而得到遵守。就像在客观的事实价值之间有着不可取消的建基关系一样，对这些关系的认识使得内在的秩序关联变得可见，相应地，在主体这一方面，也有着心理学的和价值论的建基关系，它们保障了将要被构建起来的爱之秩序的各个构件间的内在存在关联（Seinszusammenhang）。灵魂之存在和发展中却有着非常大的可塑性和弹性，这里也就仍然有着预留给不同个人的构建意愿的不可预测的广阔空间。

2. 爱之有序和排序的力量

如果回想到刚才所提到的那两种建基关系是多么缺乏研究，而且依照前面所提到的那些，对它们的认识对伦理来说又有多么重要，那么，就会出现这么一个让人不安的问题，即努力符合伦理行为的人，也就是那些注重他的爱之秩序的人，是如何能够认识到爱之秩序的构建法则的。就是那种普通的，并不熟悉科学伦理学和现象学的行动心理学的人也能够，并且也应该依照伦理来追求和行动。一般来说，他难道会有出于无知或是迷惑而迷失爱之秩序的危险，以至于他无法获得伦理上的成熟和完善吗？或是他就是命中注定要在尝试和试验的道路上靠碰运气来寻找他自己的一个或多或少有效的爱的秩序？这种观点太唐突地与全世界人类的经验成为对立。这个经验说，一般来看，恰恰是普通人比那些学者们更加确定和自然地找到伦理上正确的行为方式并这样行动。学者们经常会过于复杂、过多地想预防问题而长时间地思索和犹豫，反而在最后一刻受挫。而且要是以为唯独伦理科学有机会能认识到爱之秩序，并且在行动中依此来作为，那么这是以愚蠢的程度高估了伦理科学的有效性和重要性；但先前对伦理科学之阐明性和协助性的功能之认可在这里并不应该被收回。

一个正面的回答在于这么一个让人欣慰的确认：针对所有教育水平的

人都有一个明智的保证。舍勒非常愤慨地抗拒这么一个流传甚广的观念，而这个观念也是上面提到的几个问题的隐秘的基础，也就是认为人之爱的能力本来就是没有任何秩序和可塑性的，并且与知性相反，人的"心"作为他爱之总概念是盲目的情感状态，混杂的、模糊的、不清晰、不确定的心潮和感情的混沌。舍勒又继续说道，与此相反，当帕斯卡说起有这么一个原初的"心之秩序"（ordre du cœur）的时候，他是多么深刻和正确地见到真谛啊！确切如第一思考原理使得一切认知成为可能并使之获得秩序那样，"心"也有它的"原理"。按照这些原理，它来指导它的爱的行动，并且也恰是这样，有着一个真正的"心的逻辑"（logique du cœur），这个逻辑就和知性的逻辑一样是原初的和特别的，而且也同样是与存在的原理相符合的。心是"包含了一切可能让人值得爱的价值的世界之具有结构的映像——这样，它是价值世界的小宇宙……假如就像古人所教授的未成文的律法（nomos agraphos）那样，在心上已经写上了律法，这些律法则对应着世界作为价值世界得以构建的那个蓝图"①。这样，人也就根本不应认为他最迫切的任务是在他的内心中制造并从无构建出一个爱之秩序，而是应该认为，他的这种任务在于认识和承认爱中的心以及被给予的秩序，并自由地跟随它。在他保持他内心的秩序的时候，他也就保持了他通过他的爱的行动而接触到客观价值世界的工具。如果他跟随着他的心的逻辑以爱的方式面对世界，那么他就不是毫无准备地站在没有结构的价值集合面前，而是作为一个对事物做不偏不倚的判断的人（integer aestimator rerum），知道正确地衡量每一个价值，并给予它相对应的尺度的爱且分配给它所应得的位置：正确地选择和抉择。正确理解是这样：他知道选择和抉择他作为这个特别的人在此时和此地所要选择的是什么、他该如何抉择，他该做什么和不做什么。但是，即便是当他的选择有了偏差而他的决定是错误的时候，发自这样的选择和抉择的行动难道仍然是伦理为善的吗？虽

---

① 参见马克斯·舍勒（Max Scheler）《遗著》（Schriften aus dem Nachlaß）卷一，Leipzig：Der neue Geist，1933 年版，第 244 页。参见乔治·贝尔纳诺斯（Georges Bernanos）《一位乡村牧师的日记》（Das Tagebuch eines Landpfarrers），Hellerau：Jakob Hegner，1939 年版，第 194 页："我们没有发明爱。它有着自己的秩序和律法。"另外也参见威廉·海纳（Wilhelm Heinen）《爱之追求的错误形式》（Fehlformen des Liebensstrebens），Treiburg：Herder，1934 年版，第 7 页，以及第一章。

然说它并不对应客观的价值秩序？不管该如何为这个事实做解释①，还是可以确切地推导出，并非在所有情况下，如果要把一个行为评判为伦理为善的，此人格行动都得与客观价值秩序完全相符合。从而可见，对爱之秩序来说，如果它与客观价值秩序（即实证的伦理律法）不相吻合，这并不会自动摧毁爱之秩序，这也就证实了它是在主体中具有它独立的建基和立足点的。

　　而有一点似乎与上述为对立：爱之秩序不可能是静态而持衡的，因为它在实现爱的同时，也把秩序赋予爱，并贯穿着爱，而精神和灵魂的生活在明显意义上就是爱，并且爱也仅仅在于一个永不停止的实现中。这样，一方面，在灵魂的生活之节奏之中也就必须每次都重新构建一个秩序，而这个秩序不比心理的发生或行动单元更为持久，它是与后者一起出现和消失的。另一方面，必须承认活生生的个人之内在的、联系的心理整体性的发生，如果不想要它解体变成毫无关联的时间先后，或部分同时的事件的话，那么，这个整体就跨越了从生到死的所有空间。这两个事实都要求我们加以注意。那先考虑第二个事实：灵魂生活并不在每一个心理时间环节上都重新得以被构造，而是在变化着的灵魂体验和发生之下，有着一个持久的灵魂，它是整个过程之具有本体性质的主体。所以有习惯、习性、基本态度和个性等等，这一切都是灵魂生活相对的巩固和持久的体验结构，这些已经作为选择和秩序的要素对当前的体验有着深远的影响；反之，从体验出发，有它们又获得不断增进的分化，因为至少真正的以及深刻的灵魂体验在灵魂可塑的根基之处印下不可磨灭的痕迹。由于灵魂和精神上的作为和行为属于伦理领域，这也是对美德的伦理性养成和教化的地方。然而，灵魂一直是以新的方式面对环境中的事宜，并且必须重新与此打交道，这仍然是成立的。所以，它必须每次都重新认识和评价，把它所面对的融入自身或是排斥它，以爱的方式来接受它并把自身奉献给它，或避开它并逃离它。针对环境的行为从来就不会完全是毫无利害关系的，只有在某物以某种方式"有利害关系"的时候，也就是说，对主体来说具有价值的时候，对它而言才会成为一个给定的事实（Gegebenheit），就像舍勒在别处提到过的那样。从纯粹以自我为中心的动物性感性领域一直到精神最高的功能的行动，这都是有效的：（精神性的）爱是"精神的先锋"，是

---

　　①　这里不解释"出错的良心"的问题。

本来的"发现者",没有它,那种在最小细节上都忠实于事实的认知"客观性"就会受到动摇。

然而,爱绝非就只局限在这个发现的功能上。作为灵魂的基本力量,它贯穿了一切。它发自人格精神的中心点,作为至高的秩序力量与思维的第一原理一同,在灵魂和精神的体验和在执行保护职能的作为之整体中掌控着一切。每当对象出现在人的面前并且要求他采取立场的时候,人格也就要作为一个整体来面对它,就算是最微不足道的那种对象也是如此,并且每当人格本身要对一个对象采取立场的时候,这个人格同时也是在对整个世界采取立场。没有任何一个东西可以脱离世界的整体关联。人根本就不可能孤立地拥有一个对象,也不可能这样来认识或爱它;他只能把单个对象作为一个"世界"的部分或分支来认识和爱,因为拥有世界(Welt-Haben)也就是所有人类认知和爱最广泛的范畴,并且也因为人只有在这种对世界的拥有之中才上升到了人的存在的层面。只要他仅仅把事物当作孤立的单个对象来认知和爱,他就不是作为人来拥有它们的。如同动物只是感知和追求它的环境中包含的那些、在它的环境范围内有的那些,以及对这个环境来说有意义的那些一样,人在精神上也只能觉察到在"世界"的范围内并在其秩序整体中具有位置的那一切,并将其作为有价值的加以关注。而且就如同造物主上帝的爱是作为存在和价值的有序宇宙的"世界"之形而上源头一样,因为上帝是在造物的行动中聆听了那独特的、在他神性本质中所在的爱之秩序(Ordo caritatis),因此以在意愿中追求秩序(ordinem volens),并在意愿之中排序的方式(ordinate volens)进行造物,那么,在人之中,爱也就是那把受造的世界作为一个秩序的整体加以把握并让人理解的器官。与推理和分析的知性相反,爱是精神性的能力①,它既给予了单个个体和独一无二的个体充满爱的注意力,并且也在知性的所有抽象化和普遍化的趋势面前把它作为具体的呵护和包含它,也在每一个行动中总是"考虑整体"——同一个爱的行动之两个方面,它们本身没有悖论和矛盾之处,而是相互扶持。人心中爱的基础力量是强大和具有动力的,那它就更加能够在不同的、尽可能分化的和在细节上多样的行动的行为方式中表达和肯定自身,并且这样也能对每一个价值内容在其特性中忠

---

① 当然,与整个奥古斯丁和方济会传统一致,坚决驳斥的是以为在知性和意愿之间、在认知能力和爱的能力之间有一个实在的区分。

实地把握，它更多地能够在自身中就已经呈现爱之能力的多样和富有结构的秩序，而且也就更多地在每一单个爱的行动之中发自它整个基本能力来运作，更加能以在意愿中排序的形式（来爱），这不仅符合爱之力量本身内在的秩序，而且也是符合客观的价值秩序的。爱也更强地在每一单个爱的行动中以在意愿中追求秩序的形式而在，因为按照先前所提到的那些，它只有在价值宇宙整体中在各个单个价值自身的位置上见到并肯定此价值，同时发现和肯定其特定的"地位"，也就是说，当它在面对单个价值中把握了客观价值秩序的整体的同时爱着后者，并与此一同也爱着这个秩序的位格性源头和统一的根基（即上帝）的时候，它才能在单个价值的整个价值充溢和只属于此价值的价值意义中把握此价值。在这发生的地方，无论爱是以什么形式表达自身，也无论它面对着哪个对象，每种爱都成为人格的爱，并于此一同成为伦理价值的承载者，因为它是有序的爱（caritas ordinata）。作为这样的爱，它就像马勒伯朗士（Malebranche）出自真正的奥古斯丁精神说的那样，是"对秩序的爱"。对这个爱来说，正确的是："对秩序的爱不仅仅是伦理美德当中的第一个和最重要的那个，它也是唯一的美德，所有其他美德之母，基础和概括一切的美德，是那唯一使得精神本体之一切行为方式和思想立场具有美德的那个。"[1] 爱自身就已经是有序地把握着价值的，而且也是一个做评价的基本力量，并且，它只有在价值秩序的整体中见到一切具有价值的对象并爱后者，而这是因为它让人的行动以这个秩序定位并塑造人的行动，它也就是人面对世界行动中的排序性和创造秩序的力量，是那个具有远见和呵护小心地运作着的杰出的"美德之建筑师"，就如同金口若望（Johannes Chrysostomos）如此来称呼它的那样。[2]

对那个与奥古斯丁一同认识到世界是充溢着上帝之造物主的爱之力量的秩序整体的人来说，每一种精神上的爱都可以达到伦理行为的高度，就算它是针对最微小的事物以及其价值内容。但是，它却只有在爱的意向超

---

① 尼古拉·马勒伯朗士（Nicolas Malechranche）：《道德论》（Traité de morale）卷二，Paris：Ernest Thorin，1882 年版，第 1 页。

② 参见安东尼·梅利萨（Anthony Melissa）编《通用题旨》（Loci com. Ant. Melissae），载《希腊教父文集》（Patrologia Graeca）第 136 卷，Paris：Migne，1857 年版，785a："爱是一切美德之制造者或建筑师"（"Omnis virtutis opifex vel architectrix est charitas"）。在希腊文原文中当然是用的一个更加模糊的词，即"工匠"（Demiurgos）。对上面的引用来说，唯独考虑的是这个词想要表达的内容。

出了每一单个对象的价值内容，并且融汇了根基在上帝那里的价值世界之秩序全体的时候，才是涉及伦理的。在那世界里无限多和不同的在爱中被把握和概括到了的价值中，到底是哪个价值内容，到底是哪一种爱按照爱的要求关注了它，所有这些都无疑以某种方式被相对化了，然而，这一切却绝非由此要流逝并注定是毫无意义的。正相反，任意一个对象之不同的质料性价值内容都以决定性的程度规定着那转向它的爱之质料性内容，并且以此来区分那些不同类型的爱之行动。只是在其中见到一个作为基地却没有其他影响的载体，这不符合奥古斯丁主义的思想。而且，以为只有在上帝的爱中才会实现伦理价值，好像是人所有以受造物为目的的爱在伦理上都毫无价值似的，好像是被给予有限价值的爱破坏了爱之秩序似的，这并不符合奥古斯丁本人的观点。这种"无世界论"（Akosmismus）或许是柏拉图主义的看法，然而这不是奥古斯丁主义，因为它不会有神论和基督教的观点。所以说，如果只是在最终以上帝为定位的这一点中见到爱的秩序，这是挖空和摧残了奥古斯丁关于爱之秩序的思想内容。在奥古斯丁身后的传统中，这个看法广为流传，这种几乎是唯一的阐释却无视他思想的核心。

3. 在秩序维持中爱构建性的力量

更重要的，是在"爱之秩序"这个表达中所含有的判断，即单个的、面向某一个价值对象的爱之行动，或这种行动最大数量的集合，就算其意向是借着最终的价值内容并超越后者而以上帝为目的，或以正确方式面对对象的许多单个和不同的爱的行动，这些都并不呈现"美德"。作为个人价值特性的伦理并不在于设定很多单个本身就为善的行动，而且一个人格的伦理价值高度并不是按照为善的单个行动的数量来衡量的；伦理的"完美"不在于抵达了一个不可超越的程度，而且实现了实际上不可再增多的善的行动。在现象学以其分析和描述性的方式在仔细孤立出来的单个行动上展现出所有构成其伦理特性的环节和要素，并且以这个方式把伦理行为和非伦理的行为清晰地区分开来，尽管有它的意义；用现象学方式把单个人性行动描述为伦理的，这有着它的合理性。然而在此之后必须把单个分析融入伦理的整个系统之中。现象学的单个分析的结构本身指出了一条道路：从来就不能把伦理行动与设定它的人格分离，并且更不能把伦理价值与人格分开。因为责任、自由、罪责和功绩等这些伦理的基础事实都最根本地在于人格中，并且只是以派生的意义在行动中，行动是分有在人格上的。伦理的善和恶所描述的并不完全是单个行动，人格是通过行动为善或恶的，或是说，在行动中，人格表现出来它是善还是恶的；伦理的善或恶是一种习性、一种状态、一个态度，是人格的整体行为，这个整体行动可以通过非常不同的方式表达或肯定自身。不是说，在这里做了什么善事，而在那里却屈服了恶的诱惑，而由此人格表现出在最内在的核心中为善或恶。即使是义人也会多次犯罪，而一个恶人也很少会如此恶毒，以至于他不会偶尔做一件善事。在这个词的完整意义上，拥有美德是人的一个基本态度，这在他爱的作为的所有方式中表达自身，是对价值世界的一个基本态度，特别是对人和上帝，每个单个的执态（Stellungnahme）都作为内在存心的表达发自它，而内在的存心（Gesinnung）则比在涉及的单个行动中所追求的目的更具本质性。当一个人格以他全部爱的力量敞开胸怀来面向他面前的价值世界，并且还在他的爱之能力之中找到了一个同样是有分别和区分的价值回应的共鸣时，美德就发生在这个人格身上，而爱的能力也就是那有结构的多维度的，并包含所有价值等级的价值世界。这就像在一个乐器上，当弹奏了一个单个音时，所有它上面和下面的音都一起发声，直到达到了和谐完美的音色和饱满度一样，也就是说，拨动的弦也使得其他的弦产生了共鸣，直到发出了完整的和弦。不是一直以让人厌倦的方式奏起有一样高低音阶的同一个音，也不是一直只是同一根弦使得和弦共鸣：在爱中的灵魂使得客观价值这个死的乐谱转变成了优美悦耳的音乐并让人听到其中特定的音色，除了在这一点上，在哪里还找得到根据呢？并不是写在纸上的乐谱使得音乐响起。而按照同一个乐谱作为物理的音是具有准确一致的振动频率的，但却在不同的乐器上会有不同的音色。真正优美的音只会在乐器被“调音”之后才会产生——回到伦理领域来看，这也就是说，人只有在爱的能力之不同种类以最佳的方式相互呼应的时候，也就是说，当爱的能力本身就已经是有序，并且按照这个秩序得以运作时，才会在他的爱中给出一个美好和谐的价值回应。

上面做的比喻可以在多个方面轻而易举地继续扩充，我们也很容易评价它对伦理认知的价值和意义。这里重要的只是两个可比较的地方：乐谱只有作为整体才能得以被理解，其中，作曲家把单个音交织成了一个绝妙的有序结构；而音乐则是乐师借助作曲家的帮助而制造的，只有当乐师的乐器经过调音且音色纯正、有美好音色的时候，乐师才有可能提供好的音乐。第三个可比较的地方也不可忽视：仅仅在技术上精确重现乐谱上的记录，并不提供艺术上有价值的音乐；而是表演者必须在传神地领会到作曲家的意图之下，通过真正艺术家的能力，来进行重构。是的，他得以创造的形式，在没有生命的乐器上面，把作曲家精神上所见到却还没有变成现实的那些唤醒成具有灵魂的艺术品。对伦理来说，同样如此：客观的益善价值（Güterwert）还并不就是伦理道德；它们得先使得爱中的心灵达成共鸣，在心灵中唤醒爱这活生生的语言，以作为回应，而且在富有美德的作为中，形成一个和谐的个性之创造性的表达。另外，难道古希腊人不就以不可模仿的直觉在美而兼善（Kalokagathia）中见到了伦理完美的理想吗？在其中，美德和美交织为一体，而且他们把伦理的美学内容理解为人的形象。再说，当奥古斯丁在说到"爱的秩序"（ordo amoris）的时候，他难道没有保留"宇宙"（Kosmos）这个同时蕴含了结构良好的秩序之美的古希腊概念，并将其移植到了他的美德概念中吗？诗人安东尼·德·圣-埃克苏佩里（Antoine de Saint-Exupéry）对完美的定义也就在这样的一个伦理完美理想上获得完满，这样，一切哲学神学对此的定义企图都被超越了："完美明显不是在人不能再添加一点的时候出现的，而是当人不再能拿走任何一些的时候，它才出现。"① 完美的特征就是它的简单性。

4. 在有序的爱中美德的统一性

这里还要提到的是斯多亚的学说，按照这个学说，获得一个美德也就同时带来了其他所有的美德；反之，一个恶习则会颠覆整个美德生活并摧毁它。历史上伟大的伦理人物、人类的导师，比如圣人，就知道这个真理，在经验中，他们往往都发现这个真理并得到了验证。② 虽然与此相对的是，同样在日常生活里得以坚固的真理，即追求美德的人能在很多方面严肃和坚定地实现善，然而，同时他也会在一些其他的方面可叹地失败，这一点也不可否认。就此而言，一方面原因在于灵魂和精神生活的不稳定性，另一方面原因则在于趋向和欲望之间的争斗，其中，人之原罪的脆弱

---

① 安东尼·德·圣-埃克苏佩里（Antoine de Saint-Exupéry）：《风、沙和星星》（Wind, Sand und Sterne），Düsseldorf：Karl Rauch，1953 年版，第 48 页。

② 我们要举亚西西的圣方济各之《美德赞》这个例子："谁要是拥有一项美德，而不侵犯其他的美德，他就拥有一切美德，而谁要是侵犯了一项美德也就没有任何美德，就侵犯了所有的美德"（译者注——原文摘录的是拉丁文："Qui unam habet et alias non offendit, omnes habet, et qui unam offendit, nullam habet et onmes offendit. Et unaquaeque confudit vitia ete peccata"）。Heinrich Boehmer，《语录》（Analekten zur Geschichte des Franziscus von Assisi），Tübingen：J. C. B Mohr（Paul Siebeck），1904 年版，第 43 页。

和重负作为内在的无序都表达了出来。尽管如此，第一个真理还是保留了它的有效性，因为长期来看，一个没有被抑制的恶习将在内毒害人并导致所有对美德的追求的失败；同样，一个美德如果坚持不懈地得到维持，并且不断增强地规定人内在的态度和存心，那随着它，一切其他的美德将会顺应而来。这个事实见证了美德内在的统一性和不可分割性。

按照至今为止所说的一切来看，美德这不可分割的统一性是不可能被误解为好像只有一个单个的、确切可描述的和确定的一个行为方式被看作美德。如此，这将会是所有伦理学的末日。不断被强调和要求的内在统一性是以伦理行动、行为方式和美德本质上没有限制的数量和多样为前提的。在众多可能性的所有范围内来维护这个多样性，必须一直是每一个有伦理追求的人以及整个人类的衷心愿望。同样，想要不用系统前设而以现象学的方式来描述不同的美德，是完全合理并要加以鼓励的；哈特曼、迪特里希·冯·希尔德布兰特（Dietrich von Hildebrand）、约瑟夫·皮坡（Joseph Pieper）、伯劳以及舍勒在这一点上毫无疑问都有功劳，即便他们承认他们的工作只是个开端而已。所以，奥古斯丁对美德的定义并没有说要通过把伦理生活无理地一体化而压抑美德生活的充溢。这个定义在爱之秩序中见到了美德的本质，一方面，它给予了爱一个没有限制的空间，以相应的方式和形式来面对每一个价值；另一方面，它也只承认那种按照内在的爱之秩序以积极的方式来肯定客观价值秩序，并且在恰当的时刻知道这里和此刻该做什么样的爱才是伦理为善的。

爱不是简单地被树立为伦理的统一和原则的构建，因为不是一切爱都是伦理为善的；伦理为恶的行动，如果以一个正面的价值为目的的话，也是一个爱的行动。虽然爱是一切伦理作为发源的力量源泉；它是源泉（fons）、根基（radix）、所有美德之母（mater omnium virtutum），就像西方传统在自然和超自然的领域都一致认可的那样。但是，如果仅仅是爱，也得不出一个清楚的道德原则，因为爱作为人之多种多样的行为方式和人之共同的源泉，恰恰是同时哺育着伦理善、伦理恶和与伦理无关的方面的。所以，那些想要指出爱是道德构建原则的尝试，比如奥托·希林

（Otto Schilling）① 或吉拉德·季乐曼（Gérard Gilleman）② 所做的那样，遇到了严肃的质疑。这些质疑并不建基在爱作为道德之构建原则被过分狭隘地定义并且没有尊重伦理行为的多样的这个事实上，就像人们常常担心和总是声称如此的那样，而是建基在爱这个统一原则过于广泛和模糊的这一情况中。当奥古斯丁引入秩序这个理念，并且仅把有秩序的爱定义为伦理的时候，他清晰地界定了伦理领域，并没有排除这个领域内容上的区分和生动的动态。一方面，一个统一原则的紧迫必要性得到认可；另一方面，必须竭尽全力保证在一种碾压一切的系统化企图面前，伦理行为的多样能得以维持。从而可见，没有任何一个后来的对伦理和美德的本质定义的尝试要比奥古斯丁的定义更为高明。

所以说，奥古斯丁定义的决定性优势在于秩序思想对伦理学的价值。他使得对价值特别是伦理价值的确切的定义成为可能。这个思想对价值认知和伦理上的价值实现来说，都是有奠基性的。对具体的伦理作为以及对伦理之科学思索来说，它都提供了一个统一的基础，在一方面保持了现象之多样，而在另一方面则保证了实现方式的多样并没有不幸散乱。

如同他之前的古希腊人一样，奥古斯丁也知道秩序既是认知也是爱中意愿的前提，是正确思考也是正确作为③的前提。创造秩序超出了人的力量。它有着第一存在和思考原则的至尊。没有内在的有序，并且在一个包含一切的秩序之外，存在是不可能的。所以，存在的可被理解性以及其本体论的善，都是建基在秩序上的。从而，可以得出一个无懈可击的结论：因为一切的存在之物都是有序的，或是说，因为它处于一个包含一切的秩序中，它也就是可认知的并且也由此是善的（有价值的）。人之精神也在思考和意愿之中，依照烙印在所有存在之物之中的结构法则运作行动。他

---

① 《道德的原则》（"Das Prinzip der Moral"），载 *Theol. Quartalschrift* 1938 年第 119 期，第 419－426 页。

② 吉拉德·季乐曼（Gérard Gilleman）：《爱在道德神学中的首要地位》（*Le primat de la charité en théologie morale*），Paris：Museum Lessianum，1952 年版；《爱欲和爱》（"Eros et A-gape"），载 *Nouv. Revue Théol.* 第 82 期第 72 册第 3－26 页、第 113－133 页；《道德神学和爱》（"Théologie morale et Charité"），载 *Nouv. Revue Théol.* 第 84 期第 74 册，第 806－820 页。

③ 参见维尔纳（Werner）《爱之追求的错误形式》（*Fehlformen des Liebensstrebens*），Freiburg：Herder，1984 年版，第 54 页："人渐渐意识到一切都有着自己的空间和时间的位置……时间和空间的秩序属于人之健康生活的首要经验。所有的伦理和宗教发展都基础在这个对秩序体验和经验之上。"

的思考依照着知性的逻辑，而意愿则依照着"心的逻辑"。如同思考的逻辑是使得对存在的认知成为可能的工具一样，心的逻辑也使得对事物正确的爱成为可能，而这，最终是因为知性的逻辑和心的逻辑都与存在的逻辑相符合。只有当秩序遵循它内在印入的思想原则时，才以事物之本来面貌来认识事物，而只有当意志遵循心之"原则"的时候，当意志作为自由意志结合了这些原则时，意志才以这些事物所要求被爱并且基于它们的客观价值内容而应得的方式爱事物。这些洞见广泛地点明了认知和伦理的形而上学。克莱尔沃的伯纳德（Bernard von Clairvaux）把它们用下面这句话又转换到了实践生活中："服务于秩序，那么秩序也将服务于你。"（Serva ordinem，et ordo te servabit）

三、爱之无序

毫无疑问，传统的对恶的定义，即"对善的缺失"（对所应要有的东西的缺失）虽然是很微妙的，但在理解上是明了的，而且也在概念上是无可厚非的。但是，这个定义缺乏真正的、能够给予探索中的人之精神内在宁静的说法力。面对在生存中所体验的道德可怕的恶的摧毁力，这个冷静的形而上陈述显得毫无色彩，而且也不怎么负责。无论如何，对一个受生活之原始问题之扰的人来说，这个定义显然不是答案，他的心灵在此也无法得到安宁和支撑。所以根本不足为奇的是，这个通常的解答总是让人觉得不满意而且脱离生活，它没有阻止人们去寻找更好的解答。

（一）伦理之恶的本质规定

奥古斯丁对伦理的本质定义的两个好处在于爱之秩序这个公式包含了伦理善在存在领域中自我展开的动态，却又没有使得它沦为抽象，并且同时提供了一个对伦理的形而上据点和根据，在此之外，还提供了一个关于世界之形而上结构的让人吃惊的深刻洞见。这会鼓励人把奥古斯丁的定义当作恶的定义的基础，而由此来尝试从同一个着手点出发重新提关于恶之本质的问题。当然，尽管伦理的本质定义出色地适合伦理善，但在用来描述恶，即伦理之缺失的时候，还是要验证其可行性的。

1. 与客观价值秩序的不相应

先要做的是防止一个可能的误解。为了能够提到伦理行为和作为，就必须满足一些特定条件，并且，这些先决条件对伦理为善和伦理为恶的行动都同样是必要的。它们的存在把符合伦理的行动和不符合伦理的行动区分开来了。符合伦理和不符合伦理的这两方是相互对立的。而"伦理为善的"和"伦理为恶的"则都处在"伦理本身"的领域中。这个事实会容易引发一个误解，好像"伦理"就如同一个普遍概念，作为从属，凌驾在伦理为善和伦理为恶的上面一样，并且把后两者包含在自己之中。而如果以为伦理为恶的行为也就是通过对相应的伦理为善的行为的概念加以简单否定即足够获得规定了，比如，不公即不是公义的，无爱则为不是爱，等等，则更加粗略地错认了此事实。事情本来就不是这么简单的，虽然大部分情况下，伦理错误的质性和严重性只能从被伤害了的或没有去做的伦理善来加以度量。

这个认知可以毫不费力地融入奥古斯丁对伦理的本质定义中来。伦理为恶的作为不能简单地当作不爱，也就是用爱的缺乏或没有爱的状况来定义，也不能够把伦理为善简单地作为爱来描述。就像对奥古斯丁来说，伦理为善的作为是在于爱的秩序一样，伦理为恶的行为也就在于爱之无序。相应地，罪、伦理错误被看作在没有秩序的爱（amor inordinatus, dilectio sive caritas inordinata）之中。爱的这种"无序"（Un-Ordnung）比简单对秩序之概念性否定要具有更多含义：它其实是那事实上已发生或是认真尝试过的对现存或要求中的秩序的"颠倒"（perversio）和毁灭。常常以此相关的表达如颠倒（perversio）、摧毁（destructio），对秩序的侵蚀（corruptio ordinis）很明显是把无序（Unordnung）置于实际的过程之中，这是主动的作为。无序的爱就是违反秩序的爱，它抗拒现有的或要求之中的秩序，反抗后者，把后者扭转过来、"颠倒"过来，并把后者撕毁，解散后者所有的关系和关联，摧毁其结构（de-structio），或是意图要做到这一切。伦理上的恶作为无序并不是某个特定的作为或行为的后果或结果，而是那个以无序为目的并引起无序的作为和行为本身就是伦理上为恶的。就像伦理上的善作为有序的爱（ordo amoris），最终被刻画为秩序之爱（amor ordinis）一样，伦理上的恶则被刻画为无序的爱（amor inordinatus），也就是说，爱之无序，归根结底即对无序的爱。

在这个对伦理上的恶的定义中毫不模糊地显现出两重意思。一方面是伦理为恶是一种主动的作为，是一种意向性的执态，并由此也完全是实在的。另一方面是伦理上为恶的意愿和作为亦是一种爱——对奥古斯丁来说意愿就等同于爱——并因此也以一个具体的积极的价值内容为目的；以另外一种形式去爱是不可能的。决不能以为伦理上的恶在于：因为它是恶的，所以想要恶之本身。这种想法一贯都几乎统一地被驳斥了。然而，并不是因为形式性地想要或意图要无序本身，而是因为对被给予或被要求的秩序不情愿、不认可、不肯定、不去实现，而这是违背客观价值秩序或在其之外的，并且实在地在主动想要一个价值的行动中实现了，所以，这是一种主动的意愿。因此，伦理上为恶的作为是意志主动的行动，而且是爱的行动，并是以对价值的肯定和实现为目的的；然而，它是一种无序的爱，因为它不顺应爱之秩序，而在后者之中，伦理上为善的爱才得以实现。这种爱之所以是无序的，是因为它把单个价值孤立开来，把它从价值世界中脱离出来、隔离出来，因为它肯定和追求的是单个的价值事态，而与此并没有同时肯定价值之整体秩序，亦不追求它，因为此爱并非把这个价值看作整体秩序之结构框架中的一个环节和在其中的位置价值来爱。之所以如此，它就没有实现其完整的价值内容。在错失真正的和完整的价值内容的同时，爱着的人也就针对价值秩序"犯了错"：他使得自己有责于犯下伦理上的"过失"。在把伦理为恶的作为称为"罪"的时候，语言揭示了事实的核心；因为把一个价值从价值整体中隔绝开来，把单个价值特殊化、孤立化，这只能是在把它强暴地从秩序结构中解体而出，并将存在和价值的联系强硬撕裂，而使得结构线索颠倒过来的时候，才能做到，而其中，不依照秩序爱着的人就借着他敌对秩序的意愿而"犯了罪"。

2. 心之颠倒

不仅仅是从对象那一方面出发会有责于无序，就像伦理为善的爱之秩序也不能单由客观价值秩序来保障一样。只有在人的心灵作为具有多样区分的爱的能力之基本力量和总概念而依照着它自己的价值世界之爱的秩序（ordo amandi）来发现自身、面对自身的时候，价值宇宙的丰盈和多样才能以正确的方式得到爱。心灵本身是一种有序的爱的能力，是一种有多种能力的力量（potens in plura），它从自身而发就已经具有一个包括不同种类的爱的、分支细致的秩序结构了。所以说，爱也可以出于以下原因是无序的并伦理为恶的，即它违背了"心之秩序"（ordo du cœur），因为答应着价值的，是一个按种类和程度都不恰当的爱之行动，或是有一个单个面对价值的爱之行动把自己从心之和弦中孤立出来、隔离开来，并脱离整体自成一体。这样，伦理上的恶就显示出来是"心之无序"（discordre du cœur），就像帕斯卡忠实原意地复述奥古斯丁的想法时所说的那样。又一次，"罪"又验证了它是这样一种从心灵的爱之秩序中脱离出来、与此也就从维持它和引导它的力量之联盟中离散了的无序的爱的确切的语言表达，这种爱毫无方向地在价值领域中摸索着。如此冒险的爱之追求还能不以混乱和摧毁性的方式闯入井然有序的价值宇宙中吗？它还能不把单个价值从整个牢固的结构中抽出来，就为了在这价值上找到支撑点和享受吗？而这个孤立出来的价值当然是永远不会给予这种爱所想要的东西的。因为这本身就发自一种无序，它也永远只会摧毁现有的秩序，并制造更多的无序。

然而伦理上的恶恰恰不是在那向外的行动中的，而是在那以无序的方式来意图和爱的人之中心，在他的基本能力和行动的根源处：在心的无序之中。伦理的质性、善以及恶之质性并不是外在的、如同一种添加的附质那样，粘附在一个外在的行动上面，也不是用舍勒的话来说，显得像是"在一个行动的背上"站着。行为从其最初的起源那里，就携带它的伦理质性了：它要么是因为发自一颗有序的心灵，并且保留在整个爱之力量的秩序中而为善，要么是因为它一开始就从心之原初的秩序结构那"错位了"，由此而无序并带来无序，以此触动各种力量，而为恶的。奥古斯丁非常坚定地认为恶，即罪，在人内心的最深处，在意志的根源那里，在爱之起源那里，即使这样，他也没有倡导一种片面的、单一的存心伦理（Gesinnungsethik）；因为，这里所指出为恶之种子和发源地的，与"存心"（Gesinnung）没有什么关系。"罪"之位置是人的心灵、他的爱，是他人格生活的基本力量和发源地。因为恶已经渗透到了人格的核心中区，所以人格也就是最先有罪的，而并非外在的行动。伦理上的恶的质性不是由单个行动出发而转移到行动的主体身上，并因为让人来为行为负责，而把罪责"算在"他头上；相反，恶是从人格的内部发出渗入相应的行动之中，就像一种致死的毒药一样。人格把自己的恶传达给了它的行动，但行动的恶却并非如同从外面回来一样重新回到人格上。一方面，一个"罪人"是如何设定单个为善的行动的，这并不是一个不可解决的问题，因为心之秩序和爱之秩序并不是僵化的、静态的结构，不是说此结构的损坏是不可修补的，而是完全动态的、在人格的行动实现中每每都可重新树立的爱的秩序。罪人反悔的可能性、心从它那"颠倒"了的秩序而回到原来秩序的"皈依"以及对伦理为善的人一直存在的失误的危险："自己以为站得稳的，须要谨慎，免得跌倒"①，都基于其中。另一方面，轻易可见的是，真正具有美德的人，是稳固地站在一贯对善的肯定中的，也因此不是那么容易被恶所诱惑的，而人越是深入地陷入他有罪的心之无序中，并且在抉择中，先受到他恶习的影响，那他就越难回归到善。但只有人还活着，就人的堕落和重振而言，就会有实实在在的机会，这也就是说，他既不是借着自身而获得在善之中的稳固，也不是恶中的顽固的这种绝对最终状况。

3. 良心的迷惑

为了利用奥古斯丁学说的所有内容，这里要考虑前面就良心所说的那些。② 良心被描述为客观价值和世界秩序之守护者以及处在人格中心的机制。它在对整体秩序的先天知识的光照下，在爱中，引导意志自由的行动，给予它方向。因为伦理上为恶的作为被标识为无序的爱，那它显示出自己是一种爱，它脱离了良心的引导和光照，并脱离了能让它保持在秩序中的那种力量。所以说，那种从良心得到解放的，并且摆脱了良心的权威的人之作为是伦理上为恶的。所以，它要么是没有良心的，要么是违背良心的，并且同时毫无依据、毫无根基。虽然在"做善事，避开邪恶"这个良心的最普遍的基本伦理法则，良心显现出的是善和不可贿赂的对秩序的意志之绝对和不会出错的保障，然而恰恰是良心的这种可塑性也是伦理的一个基本事实。当人的作为顺应了良心的要求并且在实现中表明它是维持秩序的行为，那它就证实了良心抉择的正确性，并加固了它将来的稳定性。良心借着这样获得的经验而扩展了它关于伦理整体秩序的具体实现可能性之认知，在此之前，它只是大概地知道这些，而且只是在它对意志的指示中，原则上肯定它们。由于一个具体的意愿和作为显示出良心是符合客观世界和价值秩序的，而良心推动了这个意愿和作为或首肯了这个意愿和作为，那么，良心就不断更多地赢得整体秩序之结构线索和细节一种源自后天的、内容充实的认知。对此，良心先天是预先知道的，但那时其所认知的是内容苍白的。只有在爱着与价值世界接触中、在主观良心与客观价值世界和谐相应时，良心才找到了标准来判断它具体的抉择是否对应了

---

① 作者引用了《圣经》的经文，林前 10：12。——译者注

② 参见诺伯特·哈特曼（Norbert Hartmann）"Ordo Arnoris Zur augustinischen Wesensbestimmung des Sittlichen"，*WissWeish*1955 年第 18 期，第 11 页。

客观秩序，以及它自己是不是一直原初即被给予的秩序之无私代言人。

对无良心的和违背良心的作为来说，也就是说伦理上为恶的作为，相应地也成立，虽然说情况在这里会更加复杂。一种宣布脱离良心清楚的伦理要求的意愿，或是抗拒这一要求的意愿，如果它在与现实的交锋中，已经显示出来是敌对秩序的，那它能够事后作为否定的标准来启动良心判断之正确性。心理上的困难却常常会阻止这种启动。而此事实则更有重要性，即习惯性的、长期的具有恶习的作为把良心本身变得迟钝了，削弱它并让它沉默。在经常重复并不中断的伦理为恶的行为中，良心变得粗野，变得松弛和在一种意义上"宽心"。这种意义当然和古希腊伦理学中所倡导的宽宏大度（megalopsychia）以及由恩宠而引发的基督教之"宽慰"一点关系都没有，它是混乱的和不稳定的。而在伦理上为恶的作为中，从实际行为又回头反作用在良心上的那种扭曲，就不是让人惊讶的了，就像伦理上为善的作为会促进良心的塑造一样。因为伦理为善的爱是有序的爱，那它就会排序，并一直影响到良心领域的最隐秘的深处。同样，伦理上为恶的、无序的爱则会制造无序和混乱，并这样转回头来影响良心。这里并非一个完全的对应。在此事实中，最清楚显示出来的是，良心并不是绝对的、浮在意志之上的、完全超越后者的一种机制。一方面，它是内在于人格之最内在核心里的机制，是塑造人格的最内在核心的机制。另一方面，它当然不能被看作一种完完全全内在的机制，因为良心起到了裁判官的角色，在它面前，自由意愿必须要自我辩护。所以，虽然良心进入了人格之最内在的存在中心，它还是超出了它有着的超越性。所以，用赫尔穆特·库恩（Helmut Kuhn）的话来说，它是"我们人格存在之超越了我们的人格的根基"[1]。这些在良心现象上本身即可见到的事实，很坚定地禁止一切要在良心和意志能力之间进行实在区分和隔绝的做法。良心和爱一样是一个不可分割的人格之生活的表达。一切与伦理相关的爱，即真实的人格性的爱，无论它是善还是恶的，都是在良心的督查和参与之下进行的。所以说，秩序如同无序都会转而影响到个人的原初根基，一方面，良心是维持内在的秩序力量并使之完善的；另一方面，它则是"损坏"这个力量并

---

[1] 赫尔穆特·库恩（Helmut Kuhn）：《与存在的会面——对良心之形而上学的沉思》（*Begegnung mit dem Sein. Meditationen zur Metaphysik des Gewissens*），Tübingen：J. C. B Mohr，1954 年版，第 33 页。

使之混乱的。从而也就在整个范围内可理解了，为何我们把伦理为善的人称为"有良心的人"，而把伦理为恶的人称为"昧着良心的人"，以及为何功绩和罪责都涉及人格本身。两者，伦理上的善和伦理上的恶，都是从人最内在的人格核心中发出的，并会作为后果，带来善或恶的伦理上的行为。善如同恶，两者都发自人的心灵。

4. 出错的良心

还有出错的良心这个问题要解决。首先要提醒的是，原始良心（Urgewissen synderesis）从不会在它的普遍指示上出错或有迷惘：做善事，避开邪恶。只有涉及具体要做什么或避免什么的时候，才有可能出错。良心在对这个每次都重新提出的问题的回答中，确实是比较容易出错且经常出错的，这是不可否认的经验发现。难点在于下面这个问题，即为何一个出错的良心所命令的或认可的爱之行动却不是伦理上为恶的且没有罪责，虽然这个行为的确不符合客观秩序即为无序之爱。甚至还会是这样：有一个不是出于自己的罪责而出错的良心所引导的意愿不仅不是在伦理上无关的，而且还是主观为善的并且被算作伦理上的功绩。这难道不是在把伦理完全转移到主观一面，转移到意图和存心之中，而不考虑客观要素吗？

人们普遍认可对客观和主观有罪的作为、质料和形式性的伦理过错加以区分，这个区分给这个问题第一个否定的回答。这样，寻常的术语在它把客观上定位错误、然而其违背秩序的质性却没有被意识到的意志行动称作"质料罪"（peccatum materiale）的时候，呈现出让人惊讶的后果和准确性。首先，那个为何这样的作为是否为主观上的罪和罪责的问题，它并没有回答。在这里的探讨之第一部分，为解答这个问题做了充足的准备。在第一部分我们说，爱之秩序（ordo amoris）作为伦理为善的作为之总概念，归根结底是秩序的爱（amor ordinis）；相应地，无序的爱作为伦理为恶的作为之总概念，则归根结底是对无序的爱，被标识为颠倒和摧毁了秩序的爱（armor ordinis perverse et destructi），也就是说，它是以秩序的摧毁和颠倒为目的的意愿。主观上出错并无知的人却真的想要秩序，他的意愿是以秩序的维持与建设为目的，他目的中的这个秩序顺应客观被给予的和被要求的形式。只不过在主体和客观秩序之间，插入了一个错误的秩序形态，遮掩了主体的目光，而主体的意图却完全是以秩序本来的形式为目的的。这种意愿跟随的是错误的认识，但是使之启动的良心是对客观秩序坚定且肯定的。附着在这种作为上的无序并不是回溯到良心之人格核心那里，也就是说，这个无序不源于良心。良心并与此人格一同保持完整，"心之秩序"（ordre du cœur）没有受到干扰，人格在其存在的核心中保持为善的，并因此那发自它的爱之行动虽然是有缺陷的，却还是善的。前面所说的那些在这里也出乎意料地得到了证实：伦理质性不是首先附着在单个行动上面的，并且也不从行动反弹到人格上，而是与此相反，它首先是人格之质性，人格把自己的特性传达给了自己的行动。

这里会引出一个刁钻的问题：目的会使得手段合理化吗？难道如果为了善，人可以想要恶的行为并行恶吗？回答只可能是一个坚决的"不"字。秩序不会借着无序得以实现。以此为目的的意愿在自身之中是分裂和矛盾的。它发自一个同时已经具有分裂和自相矛盾的心灵和良心，其中，秩序已经被摧毁了，而维持秩序的爱之力量也已经失去了。如果这不是自我迷惑的话，那这就是自我欺骗和伪善。

只能惋惜地抗拒这么一个诱惑，即用具体例子来验证我至此所做的原则性的阐释，并解释，这些阐释恰恰是在某些棘手的、对其进行解释和提供依据通常带来很大困难的案例上最有效。由于这样一种解释，尽管是局限在个例上的验证，仍要求对最小的单个细节都加以分析，为此这里没有足够的篇幅。

5. 伦理上的恶之人格特性

总体来看，可以把恶加以描述，而不用以收藏家的细致和耐心把所有语言表达的单个要素一一列举。伦理上的恶在意愿之中，在爱之中。它发自心灵、内心、人格的核心，并且由爱之能力的基本力量向外发展。这不是简单的无序存在，而是主动地、动态地对秩序的抗拒，是以秩序的摧毁和实际的颠倒为目的地追求和引发无序。在这里，恶显现出来它是一种实在的权力。

恶不是像一种特性那样首要地附着在行动上面的，而是发自与人格性的深层根基。心之恶与黑白颠倒在行动中则表达为无序并制造无序的爱，同时也回转过来不断强化地使得人格内心的力量源泉和力量的展开变得混乱无序："这就是恶性的诅咒，它必定继续制造恶、生成恶。"这样，伦理上的恶完全具有人格特性。是的，它是一种人格的力量和量。从而，那可怕的、不可预料的、狡猾的、附着在恶之上的，以及伪装和欺骗的技巧、作假和引诱的行为、诡计和狡诈都可以得到一部分的解释。严格地说，它根本就不能被看作中性的。所以说，天启直接把这以其正确的名字称为

"恶者"。在起名中，天启也把恶在人类历史的角色标识出来了，因为天启揭开了它的面具、揭示了其真实本质并这样"揭明"了魔鬼，那毁谤者（Diabolus），就是搅浑一切的、混淆是非、制造无序、颠倒秩序、背弃上帝和他的秩序的那个，因为它本身内在的就是被弃绝的。

就算是在哲学道路上不能证明魔鬼的存在，伦理学仍应能够在对那些发自伦理之恶的"魔鬼"的力量之伦理现象进行无成见的解释的时候，把握住那不可误认的人格特性。不用担心伦理学会通过这样的一种揭露而揭露自身，更不用怕的是，它会因为对魔鬼的惧怕使伦理努力变得瘫痪无力。

（二）奥古斯丁本质定义在比较下的省察

在这里所提到的问题之其他的解释和提供依据的尝试的贡献，不能简单地被忽视或漫不经心地搁置一旁。这个贡献的重要性要求我们对此有个明确的表态。所以，我们对最重要的伦理学流派中的两个方面加以比较和省察。

1. 有神论的伦理学和关于秩序的思想

建立在有神论上的伦理学清晰和确定地维护一种客观的存在和价值秩序，以及其对伦理行为的构建性意义。它把伦理价值看作主观和人格价值，这种价值的实现是通过人格使得其自由的意愿服从客观的、最终基础在上帝制定律法的意志中的应然要求，而这个要求可以从造物界的存在秩序出发并得到认识。所以，有神论的伦理学对秩序思想很熟悉。在形而上的基础上，它以逻辑必然的形式把一切存在和应然秩序的源头，都追溯到了共同的源头上：位格性的上帝。伦理秩序的实现也就与上帝意愿的满全同义了。对这个完全结合事实并客观定位的伦理学来说，这也就巩固了一直强调的人格特性。

奥古斯丁对伦理的本质定义与有神论哲学的这些基本论点是完全相吻合的，这无须加以解释。但出于深思熟虑的理由，至此我们都还没有讨论到伦理学在形而上的根基。虽然回溯到作为存在秩序之原初根基的造物主上帝、回溯到他树立应然之要求而给予规范的意志，会更容易找到所要寻找的解释和根基，但是有神论伦理学（以及基督教道德神学）足够让人发起责难，即这种简化常常是有代价的，而且放弃了真正的解释和证明。那真实的问题常常由此而显得不恰当地被轻视或甚至被忽视了。对道德神学来说，只要这还是涉及上帝所赐予的（或教会公布的）超出自然律法的实证律法，或者只要它在实证的启示形式之中，比如摩西十诫中，还是找得到那些自然义务本身，那么这就还会有些成效。只要它想成为"实证神学"，它就能够而且必须主张"上帝的意志"是终极有效的根据。对道德哲学来说，这条路却行不通。在有神论的伦理学确认了存在这一个位格性的造物主和绝对的上主之后，就是它也总是只能从事实的本性出发来考察和证明某个伦理义务的种类、范围和重要性。这些以及相关的洞见构成了奥古斯丁主义的核心内容。除了"事物"（Sachen）（人、物体、事态等）的"本性"（Natur）之外，它没有其他的可以询问它必须做些什么或是它与其有何相关的认知来源了。

有神论的伦理学不总是避得开那不忠实使用哲学方法而或多或少都是用神学来辩论的危险。关于秩序思想的论述就为此提供了一个富有教学意义的例子。对这种伦理学来说，秩序是不可缺的基本概念。它提及"伦理秩序"以及其实现，并且当它把伦理为善的意愿称为"有序的爱"，而把伦理为恶的意愿称为"无序的恶"的时候，它听上去便很有奥古斯丁主义的味道。但实际上，在这些常见的公式中仅仅保留了奥古斯丁的学说的肢解后的残余。伦理为善的爱之"秩序"被单方面地理解了，并且仅仅被理解为面向上帝，最终目标的排序，而相应伦理为恶的爱之"无序"则被理解为爱脱离、偏离和背向上帝，并转向一个有序的善，即自我，这个自我取代了最高善的地位。然而，每一种面对自己本身或针对有限价值的爱都是伦理为善的，只要给予这些有限对象的爱最终仍是以上帝为目的的，同样，只要通过有限的善，最终见到和追求的是至高善，只要一切有限事物都"为了上帝"而被爱。而每一种爱都是伦理为恶的，如果它与客观的存在和价值秩序相悖，而企图把自我或是任何一个其他的有限的价值置于最高点，并让一切爱之追求都最终以此为目的。所以，爱之秩序在于把上帝作为其排序的最高目的（finis ultimus），而无序则是背离上帝而对正确秩序的颠倒（perversio ordinis recti，aversion a fine ultimo et summo）。

虽然有神论的构想对伦理上的善和恶的这种定义是顺理成章的，但是它却离那常常提起的异议不远了，即单个价值的本身意义在这里就算是没有完全被忽视却也是过分地相对化了，因为行动之伦理之善或恶在决定意义上从最终目标（finis ultimus）那里获得其根据。事实上，在这种有神论的观点中，如此着重爱之追求的最终目的，以至于相应的行动对象，也就是那具体被追求的价值和随之的行动之质料性内容，无论它是善还是恶的行动的内容，都在某种意义上被相对化了。有神论的伦理学不仅必须接受这个不可避免的后果，而且它甚至还必须特别提出这个事实，因为这个事实规定了人的伦理基本态度。尽管如此，它仍未由此沦为一种敌对生活以及"无世界论的"（akosmistisch）态度。这是出于它绝不是没有认识到受制于对象的单个伦理行动之质料性区分的意义。关于善及恶的行动中种类和程度的区分之学说，特别是对死罪和的轻罪的区分，对严重的和轻微的伦理过失和罪责的区分。伦理上的恶之程度是按照事态的轻重来度量的（gravitas resp. parvitas materia，质料的严重性或轻微性），而不仅仅是通过是否存在形式上对上帝的反抗来度量的。尽管如此，仍然成立的是爱的行动之有序或无序是由（最终）目的来规定的。其中至少呈现出了一种关于秩序思想之片面的，所谓的"线性"的理解，这种理解只能在一个维度上对伦理学有用。奥古斯丁学说的思想性的丰盈和多样始终没有得到充分的估量。

不管怎样，对有神论哲学来说，这个观点是合理的。从行动的"质料"出发来提供根据的要求在很多单个情况下被隐瞒，而且由于总是可以回溯到上帝的意志，这个确实的问题被忽略，却没有得到解决，这个发现让人感到非常不安。在此之外，还出现一个更加原则性的顾虑。众所周知，广受新经院学者推崇的"义务论上帝证明"是建基在伦理现象之上的。特别是以良心和伦理要求之必要性作为其出发点。这种上帝存在证明之证明力和说服力在这里不是什么问题。这里要关心的问题是，"伦理"现象能清晰地和"宗教现象界"分开来吗？或换言之，在上帝存得到哲学证明之前，能树立起一个符合事实的伦理学吗？伦理的本质能够不用一个位格性上帝之存在的介入而得到规定吗？要注意的是，良心和伦理规范的绝对性属于"伦理现象"，且这样也属于伦理的本质！把它们排除出去也就等于去除和篡改现象基础。问题也就是这样的：伦理现象是否蕴含了对一个位格性上帝存在的形式性认知（同时在良心中体验到这个上帝的声音是意志有绝对约束力的规范）？更加确切地来问，在我们说到对伦理的基本体验的时候，人体验到了什么（而非：这该如何阐释和解释）？或问，我们把那种体验内容称作"伦理的"？在这伦理的体验中是否包含了一个位格性上帝的存在和意志表达，而且这同时也是体验？但我重复，这个问题不是说该如何阐释和解释那体验到的以及如何给它提供依据？这个问题

也不是说是否真的有人拥有对伦理的体验，而他们在以前或同时却不知道有一个位格性上帝的存在，他们没有感受到这个上帝的召唤并知道自己要在他面前为自己辩解？最后这个表述转移了问题的重心并针对一个完全不同的事态。有可能在具体生活中这两个种类的知识是相互交融的，而且或许实际上没有人会不知道上帝而有伦理体验，换句话来说，或许实际上没有人作为伦理生物行动的人的同时，却在广义上不是"宗教性的人"。在实际生命中或许不是独立出现的，却可以由科学在方法上加以区分和界定。在讲座厅里和街道中的世界观争斗中屡经波折的争议性问题，即是否有"不需要宗教的道德"或是"不需要上帝的伦理"，忽视了这个重要区分。因为这个问题没有判定是否把"伦理"和"宗教"对立起来，这两者之间或许可以区分，并且它们可以相互独立地完成有意义的概念构成（当然是要有事实基础的！），这两者或是实际上实现了的伦理和体验到的宗教。

在这两个提问中，没有一个在这里需要有一个执态的回答。重要的仅仅是对以下问题加以阐明，即什么算是"伦理的"，并且由此伦理的本质如何来规定？有神论的伦理学有这么一个选择：是否把上帝作为世界的造物主和主宰，也就是作为位格性的本体，纳入伦理的本质定义中来。如果它纳入了上帝，它就不再能够把伦理现象，即我们称为"伦理性事物的总和"的经验事实之集合，当作上帝证明的出发点，却不陷入一个恶性循环（circulus vitiosus）。它要选择的是，要么放弃义务论上帝证明，要么就放弃像上文所描绘的那种通常的对伦理之本质规定。相比之下，奥古斯丁的本质定义却做到了没有削减地囊括丰富多彩、多种多样的现象，并且将其与一种有深广意义的本体论奠基统一在一起，并不需要做任何一种形而上的预决定。当然，就是奥古斯丁的伦理学也是站在一个有神论的形而上学基础上的，但是这形而上的基础不是被当作形式的规定要素而纳入伦理的本质定义中来的。

2. 现象学的价值伦理学和秩序思想

现象学的价值伦理学特别仔细地把目光转移到了自身中，以及具有等级层次排序的客观价值之不可预测的丰盈和内容多样上，也转移到了要把握和追求客观价值的行动之质料性区分上。这种伦理学的方法在这个领域上毫无争议地是有成效的。对伦理上的价值行动（Wertverhalten）来说，它清楚认识到并强调了不同的主观要素之构建性意义。同样不可忽视的也是它所做的努力，即要把通过现象分析所获得的质料事后重新组合、排序并归纳到一个整体中来。然而，这种努力至今还不能说有一点让人满意的成效，之所以要以一切形式表明，一项巨大的工程才刚刚开始，必须要整整一代人的共同努力才会有可能完成这项工程。

即便说鲁道夫·舒特兰德（Rudolf Schottlaender）正确提出的"反实用主义"（Apraktizismus）的异议是非常严重的，而且揭露了价值伦理学的一个完全本质性的弱点①，然而，这种伦理学的特殊地位已经在不同的方面得到了正确强调。有两位主要代表人——舍勒和哈特曼所尝试过的伦理本质定义以决定性的意义基础在秩序的观念上，也就是说，基础在现象学方式可指明的价值等级、价值高低和层次秩序之上。这使得他们的思想非常接近在本文中所讨论的奥古斯丁学说。另外，舍勒多次表明他从奥古斯丁那里所获得的灵感。伦理定义以简短的公式叫作：伦理上的善在于把更高的价值置在较低的价值之上，或是把较低的价值置在更高的之下；相反，伦理上的恶则在于把更低的价值置于更高的上面，或把更高的置于更低的下面。这个本质定义却不可避免地带来了"更好的东西则要去做"（melius faciendum）的这么一个有争议的结论。就算这和危险的严格主义（Rigorismus）并不完全是同等意义，但对天主教道德神学来说，更好的建议则显得是毫不动摇地简单否认那个要求人们做更好的事的义务，特别是遵循所谓的"福音劝慰"（evangelische Räte）的义务。这个定义会有自己取消自己的危险，因为它把伦理的"善"描绘成了"更好的"。这种对"善"的本质定义是绝对站不住脚的。

如果不提到哈特曼根本就不满足于上述的解决方式的话，这是不公平的。发自伦理意识而得知的伦理秩序之"多维性"不允许我们仅仅从价值的高低来定义伦理。②横向对于价值的高低层次的，还有另外一种秩序，这是按其强度来度量的。"范畴式的基本法则"对价值来说也适用，虽然

---

① 参见鲁道夫·舒特兰德（Rudolf Schottlaender）《伦理学作为科学的危机》（"Die Krise der Ethik als Wissenschaft"），载《哲学研究》（Ztschr. Für phil. Forschung）1951/52 年第 6 期，第 17 – 41 页。这篇文章以同样的标题作为第一章被收录到《哲学上的救赎概念》（Der philosophische Heilsbegriff）（Monographie zur phil. Forschung, Bd. VI），Meisenheim/Glan：Westkulturverlag，1952。

② 参见鲁道夫·舒特兰德（Rudolf Schottlaender）《伦理学作为科学的危机》（"Die Krise der Ethik als Wissenschaft"），载《哲学研究》（Ztschr. Für phil. Forschung），第 63 章（第 541 页以及接下来的数页），以及那里所提到的段落，特别是第 28 章 c（第 251 页以及接下来的数页）。

是以一种转变过的方式，这样，相应的较低和更加基本的价值是更高的价值的奠基，所以更高的价值就是"取决于"更低的价值的。这样，基本和基础的更低价值是更加紧要的，对它们的实现一定要在对更高价值的实现之前。而这不是说更低价值的实现要比更高价值的实现"更有价值"，而是指，如果不实现奠基性的更低的价值，那由它们所奠基的更高价值就不可能得以实现。在对行动的伦理性评价中，这一点在此得到了体现，即被实现的价值越高，那么伦理为善的行动也就越有价值；相反，那被侵犯的价值越是根本，应然的要求越是紧要，那么伦理上的过失也就越是严重。

　　一个原则性的、批判性的对哈特曼之"范畴式的基本法则"的讨论在这早就显得有必要了。它只要是以转变了的形式被纳入价值学说和伦理学之中时，我们觉得他所期望的帮助既不是必要的也不是充分的，而这里也值得仔细地考察到底是"问题思想家"还是"系统思想家"在这里说起决定性的话语。毫无疑问，更大或更小的"紧要性"是从伦理现象本身察觉到的。这个比那个更加紧要，指的是前者不能更长地延迟、推迟和以后再做。更加紧要的事必须先做，首先做最紧要的，并且这要在实现行动中的时间先后顺序上得以完成。紧要性的等级首先展现的只是所要采取的时间顺序。这确实不是什么无足轻重的！良心不仅仅发现它所面对的是这个问题：根本该做些什么？而且这个问题不断地并一直以新的方式在向它询问：在这里和现在，在这个具体的情况下，该发生些什么呢？这个情况要求我先要做些什么，并推迟做哪些事呢？首先，这是时间不可抵挡地流逝使得伦理主体总是面对新的情形。新的情形是新的时间格局。在情形中和发自此情形而行动的主体同时必须把他要重新做的决定融入他自己的过去中，并除此之外还要尽可能地考虑到它所要面对的未来。它在伦理行动中证实了自己是历史性的本体。伦理作为历史构型要素中最重要的一个，特别是这个主体的人格性的生活历程。伦理在历史性进程中发展和实现自身。时间要素也就从而获得了它对伦理生活的重要性。

　　上述陈述也可以用另外一种形式表达：爱的秩序不是一种没有时间的构架。作为爱之秩序，它是意愿和作为的秩序，所以，也是在时间和历史之先后中实现自身的秩序。人不可能以一种脱离时间的方式通过一个直观（uno intuitu）来认知伦理秩序，或是一下子（uno ictus）实现它，好像它是超越时间似的。而是两者，认知以及实现，都是历史性的进程，它们互相渗透、互相促进，是一种在时间内开展和融汇的作为。所以，对"恰当时刻"的认识和选择，正确的时间，即 χαιρός，是对伦理抉择来说至关重要的。担心会错失这个时刻，使得良心不安或良心受到时间的牵制。当然也会反过来，就像至此所要求的那样，不要"错失时间"，也有时可以"等候时间"。这里，首先指的是"不要犯罪"。无论如何，时间都作为一个决定性的要素对爱之秩序做规定。伦理为善的爱也必须在时间上有序，就像它如果在时间上有悖秩序的话，则在伦理上为恶一样。

伦理要求的紧要性展现了这个时间性秩序。让人非常诧异的是，现象学和价值伦理学如此轻描淡写地讨论这个问题。原因可能在其静观式的和柏拉图式的基本特性中。一个价值越是在低层和越是基础的，那对它实现的要求就更加紧要，所以要优先考虑，而所涉及的价值越是在高层，那就越不紧要，与哈特曼一同，至少"一般性"地把这一点作为法则来考虑，显得是绝对不应该的。对那直接有生命危险的人，却相信死后的灵魂的人来说，更加紧要的义务是"端正他的良心"，比如通过反悔的行动或是在内心所做的原谅，而并非绝望地进行拯救他肉体生命的最后努力。

不管怎样，价值伦理学所尝试的伦理之本质定义的问题不是在于其不实际性和片面性上，而是在于（在哈特曼那里）那不让人满意的和可以反驳的双重意义。理由在于，奠基和掌握伦理生活的秩序如果不是没有以其整个丰盈、深度、区分和多维来得以认识的话，那么在它之中包括一切存在之物和发生的绝对整体性也就没有得到认识。如果没有承认有一个唯一和统一的"世界"为构建宇宙的"秩序本身"的话，那么世界问题在精神层面上就不会得到解决，而"世界"作为整体的问题以及其部分问题，也就都不会得到解决。这样，对认知来说，就必须在"非理性的残余"面前止步，而对伦理上的意愿来说，则有着不可解除的二律背反。这不是因为人只有有限的认知能力并以他的意志在所要求的任务的宏大面前投降，而是因为世界和每个单个物体在其最深根基中就是没有办法被认识的，而且是具有二律背反的。①

奥古斯丁对秩序整体与其多样的结构法则的见解相比，多么没有成见

---

① 参见赫尔曼·维思（Hermann Wein）《哲学宇宙论导论——康德后视角中的秩序这一哲学主题》（*Zugang zu philosophischer Kosmologie. Überlegungen zum philosophischen Thema der Ordnung in nachkantischer Sicht*），Müncher：R. Oldenbourg Verlag，1954 年版。新经院哲学的代表人不应该因其小心的，甚至过分谨慎的，而且语言烦琐的表述，以及其对形而上学的排斥，而不去拾起作者有益的考虑，并且认识到这里所做的工作的价值。

并由此而更加深刻啊！所以，他对伦理的本质定义在每个方面都赋予了伦理上的善一个秩序的要求，并且，也见到伦理上的恶，无论在何处、如何和何时以任何一个形式违背了秩序。由他用来做伦理之本质定义的秩序不需要有附加性的解释，因为他只见到同一和整体性的"秩序本身"，即实际世界。恶是那种以某种方式和在任意一处搅乱、有悖于或要脱离这个包含整个世界的秩序的意愿。而那种融入此包含整个世界的秩序，并在爱中对单个价值以及与此同时也对整个囊括一切、包含一切价值的秩序整体加以肯定的爱，就是善的。为了要强调这是人格性的作为而与存在加以区分，那只要加上在伦理范围内所涉及的是爱的秩序，这就足够了，而"秩序"以其非特定的普遍性把整个伦理作为又结合到存在：伦理秩序基础在存在秩序之上。而存在秩序又在造物主作为世界根源的位格性的爱中，有着它的起源，即在上帝的心中，而人的爱与上帝的爱达成共鸣，由此它获得秩序并由此为善的，而如人的爱脱离了上帝之爱的秩序，那它就是恶的和无序的：这些和与此相关的洞见构成了奥古斯丁主义的核心部分。

奥古斯丁本人把"爱之秩序"标识为"最确切和简洁"的美德定义。[①] 或许我们可以鼓起勇气说，它之所以是最确切的，因为它是最短的，它无可模仿的简短是它的真理之判断标准，它不可超越的简洁性是它内容丰盈和广阔跨度的标识。最珍贵的宝石在简短的"框架"中闪耀和闪亮是最具有效果的。除了奥古斯丁的公式——"爱之秩序"之外，哪种思想上和语言上的表达更加能够且更加容易使得美德这个珠宝发光呢？

---

① 参见奥古斯丁《上帝之城》卷十五，第 22 章："美德最简洁、最正确的定义就是'正确有序的爱'"（definitio brevis et vera ordo est amoris），译者注：中文译文摘自王晓朝译的《上帝之城》，人民出版社 2006 年版，第 677 页。参见第一部分的注释 13，载于 *WissWeish*1955 年第 18 期，第 7 页。

自然目的与行动[①]

罗伯特·施佩曼[②]

关于目的论问题的讨论几乎与哲学一样古老。这个从人的行动语境中所获取的关于一个目标或目的的概念是否要求我们对自然的认知呢？问题也就是这样，恩培多克勒（Empedokles）与德谟克利特（Demokrit）对其做了否定的回答，柏拉图与亚里士多德则对其进行了肯定的回答。[③] 柏拉图与亚里士多德迄今为止所辩护的是我们可以称之为自然世界观的东西。他们辩护了这样的一个观点，即就自然进程的目的的言述并非仅仅是套语。安纳克萨格拉斯（Anaxagoras）说宇宙中有着理性，亚里士多德就他而言说道"他并不是在做出错误论断的众人中第一个清醒的人"[④] 的时候，这话在我们听起来是不习惯的。我们就目的论式阐述而言，并不会想到"清醒"这个谓词。但是，亚里士多德所指的东西很清楚：就狗朝向狗食盆的奔跑而言，不用"饥饿"这个词，而就它在主人回家时的叫声不用"快乐"这个词来对这些行为进行解释，这样的一种科学性的尝试总是有着一些臆想的成分。就苏格拉底的生成而言，对此从宇宙大爆炸出发，加以一个非目的性的重构，这种方案虽然就其基本思路而言，是可理解的。但是，当阅读柏拉图的苏格拉底申辩的时候，人们在脑海中想到这种重构，是不可能的。而且，这也仅仅停留在方案的地步，因为必须要将其分

---

①　原文标题为"Naturteleologie and Handlung"，原载于《哲学研究期刊》（*Zeitschrift für philosophische Forschung*）1978 年第 32 卷第 4 期，第 481－493 页，为替赫尔曼·柯林斯（Hermann Krings）纪念 65 周岁而撰写的论文。此文为 1977 年 11 月 12 日汉诺威的第三届莱布尼兹国际会议上所做演讲的演讲稿。

②　罗伯特·施佩曼（Robert Spaemann，1927—2018），慕尼黑大学哲学系教授。

③　就古希腊罗马时期的目的论问题请参见维利·泰勒（Willy Theiler）《直到亚里士多德的目的论自然考察史》（*Zur Geschichte der teleologischen Naturbetrachtung bis auf Aristoteles*），Zürich und Leipzig: de Gruyter，1925 年版。

④　亚里士多德《形而上学》（*Met*），A 3，984 b17；就此参见柏拉图《斐多篇》（*Phaidon*）97 B。

解为无限数量的步骤，才可完成此方案。它朝向无界（Apeiron）膨胀，而这对亚里士多德来说，意味着它是过度的。因此，恩培多克勒（Empedoleles）在将用以维系生存而发生的毫无方向的变化和选择视为对有着目的性的有机体现象的充足解释的时候，他"做出了错误论断"①。亚里士多德反驳，以这种方式是无法解释此类生物不变的复制的。而当时还没有讨论到，复制机制本身会是无导向的进程之选择的结果，【481】因为这种机制的存在在当时还尚未为人所知。另一个反驳则称，我们并未见到植物思索。对还未发生事情的预期确实考虑的内容。亚里士多德回答：技艺也不会思索，而且它越是完美，则越是不加思索。② 目的在有机体中，就如同在一名半睡半醒中演奏笛子的人的身上一样。

在近代科学的条件下来对亚里士多德的思想恰当地加以重构，这是困难的事情。对他来说，目的是在一个复杂的规定结构中的一环，因果和目的性的规定都不是相互之间独立地来思考的。在中世纪亚里士多德主义中，人们说"有目的因的东西，它也有动力因"（Cuiuscumque est causa finalis, eius est causa efficiens）③。近代不再认识到这样一种相互补充的规定性结构了。其中一个重要的例外是莱布尼兹。不过，即便是莱布尼兹也不再提到这种负责的结构，而是提到两个王国，即"力量的王国"（regnum potentiae）与"智慧的王国"（regnum sapientiae）。④ 因果规律的视角，也就是力量的王国，其间已经独立成为一个方法式的原理，这允许人们设计一个闭环的世界观。只要我们进行自然科学研究，就没有任何走出力量王国的内在性的必要。我们只要放弃提某些特定的问题即可，也就是说，我们必须削减"为何"这个问题的重要性。针对自然发生，当我们想从同类

① 在狄而斯－克兰斯（Diels-Kranz）那里，残篇 59－67；《前苏格拉底哲学家残篇》（*Fragmente der Vorsokratiker*）第九版，Zürich：Weidmann，1960 年版，I S. 333－37；在亚里士多德的讨论中见《物理篇》第二卷第八章（*Phys.* II 8），199b 5ff.；PA（《动物的部分》）I 1，640b 18ff.，参见丹尼斯·欧布莱恩（Deniss O'Brian）《恩培多克勒的宇宙循环》（*Empedocle's Cosmic Circle*），Cambridge：Cambridge University Press，1969 年版。

② 参见《物理篇》第二卷第八章（*Phys.* II 8），199b 27－33。

③ 邓斯·司各脱（Duns Scotus）：《牛津著作》（*Lecfura Oxoniensß*）卷一第八编问题五第 6（*Op. Ox* I dist. 8, qu. 5 n. 6）。

④ "力量的王国是借着动力因被推动，而智慧的王国是借着目的因被推动"（"Regno potentiae per efficientes involvitur regnum sapientiae per finales"），载莱布尼兹（Leibniz）《小作品和残篇》（*Opuscules et fragments inédits*），Paris：F. Alcan，1903 年版，第 13 页。

人那里获取他们行动原因之信息的时候，我们不能用询问他们的同等方式来提问。

那么，那些导致人们放弃提出目的性导向为何的问题的原因到底是哪些呢？清楚的是，从现象来看，放弃目的论的自然观并非必须的。现在我们知道，范式转换从来都不是由现象迫使而发生的，而是出于元科学的原因。近代科学的建构本身就有着非科学性的原因。在此我们无法勾勒出通往近代科学的进程。从希伯来词"jadah"（知道）所指的那种认知，一直到笛卡尔的确定的知识的概念，这是一条漫长的道路。《诗篇》第一篇称，"耶和华知道义人的道路"。在审判日那一天，审判者对恶人说，"我不认识你们"。"亚当与他的妻子同房，她给他生了一个儿子"。弗兰兹·冯·巴德（Franz von Baader）提到过【482】认知与同房之间的关系。① 这里，认知指的是与他者的合一，沉浸到自我意识之中。完全相反，这条道路的终点是意识之没有窗户的处在自身之中的那种敞亮，对这种意识而言，自然根本就成为陌生者。

造物神学是这条道路上最重要的里程。与整个古希腊罗马的看法不同，它使得自然不再是一个终极的东西，而是就其生成发问。而这个生成被理解为某种行为的结果。亚里士多德说过，"技艺在自然之中"。它是如何进入到笛子演奏者内的呢？回答是：通过训练。而这就是有计划的目的性步骤的结果。但是，技艺是如何进入自然的呢？也就只会通过规划和目的了。这就是中世纪亚里士多德主义用来将目的论与神学相结合的论据。托马斯·阿奎那写道，将射出去的箭引导到终点的并不是箭，而是射箭人，他使用自然目的论来作为他的一个上帝存在证明的基础。② 托马斯是以在已做了必要修正（mutatis mutandis）的情况下来理解这个类比的。人世间的制造者只能够利用外部的因果进程来实现他的目标。造物主却以实际的方式给了物体之目的论的"技艺"。射箭的例子是以悖论的形式在

---

① 参见弗兰兹·冯·巴德（Franz von Baader）《关于认知驱动力和生殖驱动力之间的类比》（"Über die Analogie der Erkenntnis-und Zeugungs-Triebes"），载《巴德全集》卷一（*Sämtliche Werke 1. Bd.*），Berlin：Hermann Bethmann，1852 年版，S. 39 – 48。

② "那些没有认知的东西只有在它们被一个有着认知活动和思考活动的主体引导的时候才会导向目的，例如，箭由射箭者所引导。"（"Ea autem quae non habent cognitionem, non tendunt in finem nisi directa ab aliquo cognoscente et intelligente, sicut saggita a sagittante"）载《神学大全》第一部分问题二第 3 章（*S. Th.* I qu. 2, 3）。

历史上造成了影响。在晚期中世纪的时候，在奥卡姆（Ockham）和布里丹（Buridan）那里，人们开始反对目的论：目的性只存在于有意识的行动中。[①] 如果说，自然进程的目的是在它们之外，也就是在上帝的意识之中的话，那么我们也只能将这些进程放置在一个因果关系的视角下来观察。我们可以将世界作为神性创建者的机械来欣赏；我们在它自身中，只能找到力学法则，他使用了这些法则。文艺复兴的自然哲学家施图尔米乌斯（Sturmius）写道，自然目的论是偶像崇拜，而力学式的对自然的观察则是神之返还之诉（vindicatio divini numinis）[②]。另外对弗兰西斯·培根（Francs Bacon）而言，目的论是无用的。[③] 如果我们想要用自然做些什么的时候，思索它到底出于自身想要达到的目的是什么，是无济于事的。【483】自然认知却是服务于制作的。霍布斯写道，表象某物指的是："想象我们在拥有它的时候，能用它干什么。"[④] 相反，目的论是一种同情式的自然认知，也就是尝试着把自然作为像我们一样的东西来理解。这样的理解却并不是为了服务某人的，而是人在整个世界中之自我认识的一个要素。对自然的神学式的和实践性的询问，同时也意味着与自然的疏离。人将自然变得具有超越性了，并且与造物主一同协作。从而，自然就变成了单纯运用，即所谓的使用（uti）的对象。而那种沉浸于享受的状况，即享受（frui），也就是古代意义上的认知，在奥古斯丁看来，只有分享了神性的人才会有。直到近代的市民社会，其后果才变得明显。科学服务实践，它不再是静观（Theoria），即实践之目的。对世界静观式的关系显得

① 参见安娜利斯·迈尔（Anneliese Maier）《晚期中世纪经院学自然哲学的形而上背景》（*Metaphysische Hintergründe der spätscholastischen Naturphilosophie*），Rome：Edizioni di Storia e Letteratura，1955 年版，第 300 – 355 页。

② Johawn Chrsfobh Sturmius：《埃利亚哲学》（*Philosophia eleatica*）1689，Bd. II，S. 359。且参见罗伯特·施纽曼（Robert Spaemann）《十八世纪自然概念之生成》（"Genetisches zum Naturbegriff des 18. Jahrhunderts"），载《概念史档案》1967 年 XI 卷，第一册（*Archiv für Begriffsgeschichte* XI，Heft 1），第 59 – 74 页。

③ 弗兰西斯·培根（Francs Bacon）将目的论称作为"不育的考察，如同那些将自己奉献给上帝的贞女那样，不生出任何东西"（"inquisitio sterilis..., et tanquam virgo Deo consecrata, quae nihil parit"），载《论科学的尊严与增长》（*De dignitate et augmentis scientiarum*）III, 5，《培根爵士著作集》卷二（*The Works of Lord Bacon* Bd. II），Philadelphia：Carey，1841 年版，第 340 页。

④ 托马斯·霍布斯（Thomas Hobbes）：《列维坦》（"Leviathan"），威廉·莫尔斯沃斯（William Molesworth）编《英文著作集》（*English Works* Bd. 3），London：John Bohn，1841 年版，第 13 页。

不道德。由于自然由此成为人之操纵领域的部分，即人的目的性行为的部分，就必须在自然观察中抹去自然自身内在的目的。比较老的关于人对自然之主宰的理解是将这种主宰理解为一种秩序，而非一种独断性的关系。在这种秩序中，每一个较低的目的都与更高阶的目的处在一种前定和谐之中，而并非被简单地忽视。而人的目的也是自然的，关于人的灵魂的学说是"物理学"的一部分。在柏拉图的《理想国》（Politeia）开篇之处，特拉西马库斯与苏格拉底进行的讨论具有代表性。① 苏格拉底使用了牧羊人的比喻，以便用来描述统治者在国家中的地位。特拉西马库斯则指出，牧羊人把羊送到屠夫那里，也就是说，并不把羊的福祉放在眼里。苏格拉底对此回应，就牧羊这门技艺而言，此举是不重要的。牧羊人在牧羊的时候，关心的是羊的福祉。背后有着这么一个事实，即那些作为可以在它们一生中最好程度地发展的羊，是对人来说最好的。屠宰的技艺并不定义牧羊的技艺。而这一点恰恰在现代世界中改变了。在这里，市场规定了养殖者该如何养殖动物，而动物养殖也不再以动物的福祉为中心。动物保护主义者们的出发点对动物养殖者们来说是外在的，并且必须从"外部"得到认可。【484】

目的之秩序的古典思想预设了一种客观的目的论：物体并不仅仅是为了其自身为目的，而本身就是自然目的。近代本体论却仅仅将目的认识为自我保存的倾向，也就是说，维系所在之物。可以将那种把自我保存倾向定义为目的论的做法称作对目的论的颠倒。② 在现代生物学中，人们总是会提及目的论，而目的论的结构通过控制论的模型得以被模拟。在此，目的仅仅是被理解成为相应系统的目的。功能性总是借着自我保存得以定义。相反，亚里士多德将自我保存解释为一切有限者的最低级形式的对永恒者分有的追求。中世纪哲学试图将"客观的"目的论置在表象（repraesentatio）的概念之下来思考。在 15 世纪，哲学为摧毁目的论预备了道路。莱布尼兹与康德却说道，此摧毁本身也只能作为理性之特定的，虽然说从必要的目的之表达来看才能够被理解。

---

① 柏拉图（Platon）：《理想国》（*Politeia*），343B – 345B。

② 参见罗伯特·施佩曼（Robert Spaemann）《反思与自发性：费内隆研究》（*Reflexion und Spontaneität. Studien über Fénelon*），1963，标题为"市民伦理与非目的论的本体论"（"Bürgerliche Ethik und nichtteleologische Ontologie"）的那一章，第 50 – 64 页，重印于汉斯·埃柏林（Hans Ebeling）编《主体性与自我保存》（*Subjektivität und Selbsterhaltung*），Frankfurt a. M.：Suhrkamp，1976 年版，第 76ff 页。

康德是第一位讨论目的论式的命题与因果性命题之不同的理论地位的人。在康德看来，理论指的是物理，而目的论的理论功能则仅仅是一种范导式的，即将理论定位为研究实践的功能。物理的对象不需要目的论的前提就得到了构建。[①] 而生物学的对象则并非如此；虽然说对它的探讨也是物理的；但是，如果这是充分的话，那么它就不再会是一个独特的对象。如果人们说，目的论对康德来说仅仅是一种服务与因果性考察的探索性的原理，这是对康德的论点的差强人意的重构。在此论点中有一个悖论：此探索性的原理会大力推动一种最终使得对象消失的考察，同时也就没有了要考察此对象而并非另一个对象的动机；也就是说，那种构建了鸭子这个自然物种的进程，而不是那种使得路的转角处有着一株款冬、两个啤酒瓶、三块鹅卵石以及五片草叶挨在一起摆着的过程。康德认为，有机体是一种特殊类型的对象：对它们的完整重构以及由此取消它们作为特别的对象的地位，是不会发生的，草叶的牛顿不会出现。他却无法对此猜测给出一个真正有说服力的论证。

由于引导认知的原理之范导性功能对于具体的认知本身来说是具有构建性的，黑格尔得以指出且证明了康德的对象概念之抽象性。黑格尔逻辑中的目的论一章却几乎没有影响到讨论的继续发展。自然科学之反目的论的方案直到黑格尔之后才获得了它的完整力量。以活力论为形态的目的论之反击并没有达到像亚里士多德与黑格尔以及讨论过此问题那样的思辨性水准。[②] 它没有对科学的对象性形式提出询问，而尝试以此形式来把圆满实现（"隐特莱希"）作为一个对象来思考。因而，尽管它所依据的现象基础，活力论并不能够与马上就出现了的科学理论批判相制衡。此批判的核心是：如果圆满实现不再是一种特设性假设的话，它就得脱离它所对应的功能也能够得以验证，而它恰恰是为了此功能而被设定的。而恰恰并非

---

① 在撰写《自然科学之形而上学基础》的时候，他无论如何就是这样认为的。在《判断力批评》的导言里，自然被先天地预设为我们认知能力的目的的系统；就此参见约瑟夫·西蒙（Josef Simon）《目的论式的反思与因果规定》（"Teleologisches Reflektieren und kausales Bestimmen"），载《哲学研究期刊》（*Zeitschr. f. phil.*）1976 年第 30 卷第 3 册，第 369 – 88 页。在《遗作》中，此立场离批判阶段的康德之自然概念就更远了；就此见库尔特·霍布纳（Kurt Hübner）《康德〈遗作〉中的身体与经验》（"Leib und Erfahrung in Kants Opus postumum"），载《哲学研究期刊》（*Zeitschr. f. phil.*）1953 年第 7 卷，第 204 –219 页。

② 参见洛塔·希姆逊（Lothar Samson）《阿尔诺德·盖伦的自然目的论与自由》（*Naturteleologie und Freiheit bei Arnold Gehlen*），Freiburg i. Br. ：Karl Alber，1976 年版，特别是第 43 – 55 页。

如此。在活力论者们的对象性意义上来谈论圆满实现让人想起了那匹狼，据说它靠近了某人。就是否的确有这匹狼的问题，当事人回答："否则的话会是什么东西在灌木丛里窸窣作响呢?"活力论仅仅是昙花一现；反目的论的方案继续前行。它甚至还尝试性地拓展到了行动领域本身。行为主义不再依照行动的类比来以目的性的方式理解自然；相反，它试图将行动作为非对象性的自然发生的一个案例来把握，并且将行动者的目的性自我认识视为无足轻重而置之不顾——当行为主义的理论本身被理解为行动且以行为主义的方式来诠释的时候，此方案注定要失败。

行为主义不再是新的问题境况之标识，遗传学、系统理论和控制论是其标志。乍一看，这些出发点都有着一定的回归到亚里士多德的共同之处，因为它们毫无偏见地接受具有方向性的进程的现象，【486】因为此现象在不断变换的周边条件之下，却顽固地追随一个目的，而我们却试图要将这个朝向性的现象与一个有意识的和目的性的预期的思想相分离。其中，它与中世纪的神学目的论不同，同样也与近代的反目的论不同，两者都只会将目的思考为一个目的性的预期的环节。但是，恰恰如此，这些出发点就它们对目的论问题的态度而言，是模棱两可的。因为，一方面，所涉及的是这样的一个洞见，即特定的进程结构如果没有追随如倾向那样的东西的话，是根本无法得到描述的。但是，另一方面，这里所涉及的是那些想要将"合目的性的"（teleonomisch）结构，就像从莫诺（Monod）开始，人们就这样来称呼它们的那样，作为因果机械性的进程之结果来描述的各种尝试。"合目的性"（Teleonomie）这个概念应该指的是那种"偶然的合目的性"。在这个意义上，系统理论和控制论也可以是诠释为终结目的论的尝试，因为在此，合目的性的现象不再简单地被忽视了，而是作为一种合目的性，被融汇到了一个高阶的，并非目的性的解释框架中去了。从而，最近两千五百年的讨论在某种方式上又回到了它的出发点。论据像是已经穷尽了。

在此类情况下，间接的目的（intentio obliqua）则登上舞台，而且是以双重的方式：语言分析的与实践的。在我们继续关于自然进程之目的性争吵之前，我们的问题是，在这种语境之下，我们用像"终点""目的"那样的词语，到底是想指什么。就这样一个事实而言，即我们无法证明"目的因"到底是存在还是不存在的，我们问的是，在肯定和否定此类原因的时候，理性的旨趣是什么。按照不同的主导旨趣，就证明的义务的问题也就有着不同的回答。而对几乎所有哲学问题的回答，最终依赖的是就证明义务的分配而言所做的先前决定。在此情况中，基础是人们可以称为实践哲学之首要性的东西。

就此问题的分析的一面而言，我在此没有太多的东西可以奉告。最近几年，讨论变得如此的精妙，以至于我们无法寥寥几语对其加以总结。它的特性是为目的性命题寻找一个恰当的语言之困难性。只要目的论命题还是在形式上以我们所熟悉的方式定位在法则命题的模式上的话，这个困难在我看来就是无法克服的。就此，我们将目的论理解为一种颠倒了的因果性，也就是说【487】"牵引"而非"推动"。此类的尝试总是会一再失败的。目的性的进程也是因果进程，更确切地说，它捆绑了多个因果进程，我们赋予这个捆绑一个特别的同一性。这是在与人之行动的结构相类比之下发生的。因而，自然目的论是自然的解释学。它的目的是理解，而这完全就是在一个视域融合意义上来说的，即对自然进程的理解。以目的论的方式来理解植物吸收水分的过程实际上也意味着，与我们去饭馆的行为做一个较为遥远的类比。与解释学一同，目的论也一样有着解释所特有的风险性，并且同样无法作为确切的预报获得验证。与目的论式的命题相比，法则性的命题之特点则是它能够把有时发生的事情还原到一直都是这样的规律上去。目的却并不总是能得到实现的。如果我见到某人朝火车站奔跑，但他却并不登上某一列列车，而是拿出一个香烟盒的话，那么，在我不询问他的情况下，我并不能确切地知道，他是否是跑着去买烟，或是他是否错过了一趟列车。即便在我问他的情况下，我也无法确认他是否向我说了实话。或是再举一个其他的例子，我们观察在渔网里挣扎的鱼儿。我们预设，它们想挣脱出来，但是挣脱几乎没有得到实现。① 这里目的论解释指的是什么呢？很明显，它涉及的是鱼儿的运动，并且要解释后者，从而将此运动与一个一般的状况相联系。在此状况中，鱼儿的运动获得了一个意义。我们先天公设了这些运动有着一个目的论式的可理解性，在此条件下来重构此一般状况。我们问道：此正常状况该是何种样子，以便让我

① 参见拉里·莱特（Larry Wright）《反驳目的论还原论的例子》（"The Case against teleological reductionism"），载《不列颠哲学科学期刊》（*Brit. Journ. Phil. Science*）1968 年第 19 卷，安德鲁·伍德菲尔德（Andrew Woodfield）《目的论》（*Teleology*）Berkeley/Los Angeles/London：University of California Press，1979 年版，第 47 页。

们能够在与它相关联的情况下理解这些运动。与因果命题中的规律性相等价的是目的论式命题中的正常性。我们在说健康的时候，指的也是正常性，即便在我们说，大部分人都生病的时候，也是如此。正常性并非一种静态的概念。当所有的人都有病痛的时候，有病痛仍然不是"正常的"。

总结是这样的：自然目的的概念处在两个概念间界限不明确的交汇处，一方面是一个有方向的进程的结果，纯粹外在地来判断，它对系统的维持有着目的性；另一方面则是一个行动中有意识的目的。流行的反目的论的论据则称，只有设置目的的行动才会有目的。① 但这是不正确的。行动本身【488】有一个对自然目的论直接的经验作为其基础，也就是对欲求的经验。我们只有在已经在自身中有着目的的时候才会发展出意图来，而这些目的则是以需求和欲求的形式出现的，不管它们到底是自然的或是通过社会得到中介的。谁要是并未发现自身是有着愿望和意志的，我们也就无法让他理解目的的表象。

当然，我们能够将需求和欲求作为一个系统结构之附带现象来解释，使它得到增强。但是，问题并没有由此消失。系统理论并不能在方法上被安置在行动理论之前，如果不将其追溯到目的论上的话，是根本无法得到表述的。那么，到底是什么标识了那些使得一个系统自我复制的进程呢？是什么标识了顽固的追求目的的进程，使得它们有别于没有方向的进程的呢？调温仪与一股风的区别在哪里？那也就是那些对应的终点状况的不变性了。而不变性，即同一性，则是一个视角，我们用其来衡量进程的结果，并且只有借此，这些进程对我们来说才为系统。是我们来比较诸终点状况的，并且发现它们是相同的。而只有通过我们的标识，在循环性的进程中，才会有状态称为"终点状态"。只有这样，系统才成为系统。因此，它是为了我们的系统。

如果我们假设，也有着一种自在的系统，那么我们就将其称作为活生生的，并且以目的论的方式来解释它。但是，什么叫作"自在"（an sich）？它会是在指与"自为"，也就是说，有意识的不同的含义吗？那

---

① 在尼古拉·哈特曼（Nicolai Hartmann）的《目的论式思考》（*Teleogisches Denken*），1951年版，第64－67页有着非常详细的论述；也见沃夫冈·施太格缪勒（Wolfgang Stegmüller）《科学的解释与根据》卷一（*Wissenschaftliche Erklärung und Begründung* Bd. I）Berlin/New York/Heidelberg：Springer，1969年版，第581－585页。

么，目的论不就是与有意识的行动相关联的吗？的确，但是，它是作为其可能性之自然的条件与其相关联的。行动着的主体并不是一个潜伏在机器中的精灵。我们也根本不知道我们该如何做。如果目的性不是从一开始就已经"自然地"将我们的身体定义为活生生的身体的话，那么我们也就无法让我们的身体朝某一个方向运动。在一个客体的世界里，并没有什么纯粹的行动，如果说这两者没有借着那个我们称之为生命的东西已经相互之间得到了中介的话。我们无法将生命还原为客体性，只有在目的性的关联中，它才被我们构建成客体性。为了对照一个依照规律的因果关联，我们必须在一个终点状态的意义上，设定一个目的，而另一个状态则作为原因与其相关联。① 我们必须【489】构建一个区域或者随意规定，没有任何"出于自然"的东西存在。终点状况必须有着一个属性，此属性是它与另一个状态所共有的。有机体与无机体之间的区分在于，前者之终点状态并非由我们随心所欲地设定的，而是我们预设了这个终点状态，以及起始与终点状态的关联，并预设了它们是"出自自然的"。而这也就是自然目的论的含义所在。

但是，行动不仅仅通过固定下来终点状况而成为因果规则的条件。冯·赖特（Von Wright）已经指出，只有当我们设想到一个行动，而此行动介入了整体的进程，然后我们预设，a 的变化也会带来 b 的变化，在此情况下，一个前件才借此成为原因。② 没有这样一个关于这种介入行动的思想，我们就根本无法设想关于原因的思想，也就是说，我们无法将其与一个任意的、有规律的前件相区分。因为单纯的、有规律的先后发生秩序也一直都可能是这样的一个结果，即两者相互独立地从一个第三者发出。否则的话，那不就可以说，是打鸣的公鸡让太阳升起的嘛！

如果是这样的话，那么为何我们要淡化这个关联呢？到底是什么样的旨趣在客体化的时候引导我们，导致我们淡忘了目的论式的基本结构呢？

---

① 图尔·冯·于科斯库勒（Thure von Uexküll）：《人与自然》（*Der Mensch und die Natur*），Bern：Francke，1953 年版，第 165 – 168 页。同一作者的《在哲学观察方式下自然科学的需求作为当下的问题》（"Das Bedürfnis der Naturwissenschaft nach einer philosophischen Betrachtungsweise als Problem der Gegenwart"），载《生活的意义》（*Der Sinn des Lebens*）（J. V. Uexküll），Frankfurt：Suhrkamp，1977 年版，第 81 – 117 页，《分叉口》附刊 4（*Scheidewege Beiheft* 4）。

② 参见乔治·亨利克·冯·赖特（Georg Henrik von Wright）《解释与理解》（*Erklären und Verstehen*），Frankfurt：Suhrkamp，1974 年版，第 67 – 82 页。

此旨趣就是：对自然的掌控。因果性的认知是统治的知识。而什么是与此相反的旨趣呢？这是那种让我们能够将我们自身理解为同时自然而又是行动着的物的旨趣。如果人从自然出发来认识自身的话，却并不反之通过与人的类比来认识此自然，那么，他就会与自然一同变成了无主体的操纵的对象。对此，我们在斯金纳（Skinner）那里发现了例子。

"自在的"自然，以纯粹的理论意图来看的话，并未回答目的论的问题，特别是由于一个仅仅关注于自我保存的目的论在自身中总是含着偶然性的要素。自我保存着的物仅仅追求保存其存在，因为它已经在场了。而使得它存在的那个偶然性，或非目的论式的必然性，也有可能生出复制机制。自我保存这种倒转了的目的论在叔本华看来，是世界之荒谬性的标识。只有当我们进入到象征型的意义中介之领域的时候，事实的东西才会超越到目的之上，它并非对事实的重复。因而，只有在有着意义的行动中，才会确定我们该如何看待自然。最终，目的论【490】是理解意义的理性之公设。在我们看来，正统的马克思主义一方对法兰克福学派的新马克思主义社会理论的反驳，即后者无法在其解释学出发点之内在性和我们的自然史知识之间进行中介，是有道理的。[①] 我却无法见到在没有目的论式的范畴的情况下，该如何进行这样的一种中介。要让目的这个范畴突然与人一同闯入了平时只是借着因果性来理解的自然之中，这要比任何一种关于自然进程的目的性言述要更多地要求有对奇迹的信仰。

而此洞见恰恰又在当下出现，这与统治自然之盲目扩张的进程已经走到头了的这个事实相关。关于对我们环境有着一种致命的威胁的思想迫使我们重新来思考行动与自然的关系。几百年来，我们都习惯于将目的理解为人的目的，也就是说，作为特定行动序列的主观意向。现在我们见到，我们不再能负担得起忽视客观的附随效果了。它们突然从附随效果变成了本来的主要效果。因而我们应该也将它们纳入我们的目的规划中。渔网里的鱼儿通过挣扎获得的是与它想要做到的事情恰恰相反的结果。当我们在摧毁我们身处其中的小生境的时候，我们也是这样的。因而，回归到一种共生的思维就不可避免了。不可能的还有，在道德观没有改变的情况下，

---

① 参见海瑟勒（Heiseler）、施泰格瓦尔德（Steigerwald）、施莱芬斯坦（Schleifstein）编《马克思主义视野下的"法兰克福学派"》（ *Die "Frankfurter Schule" im Lichte des Marxismus* ），Frankfurt a. M.：Verlag Marxistische Blätter，1970 年版，S. 91 等处。

想要通过不断扩展的宏观规划来试图排除那些附随效果。现代的规划理论却展现，与规划的扩展一同发生的是此规划之附随效应会以更加剧烈的形式增强。① 以人为中心的思维方式本身就是有着要摧毁人类的危险的东西。当然，我们可以就此做一些思索，即我们想要维持的是自然的哪些部分，哪些风景，哪些动、植物世界，因而人们会就此获得快乐。但是，当我们以这种方式直接将自然与对人有用的东西相关联的时候，我们就已经在错误的道路上了。当下活着的那一代人并没有什么理由可以妄自从他们的技术和美学需求出发，来设立标准决定他们想要留给未来的几百年什么东西。② 它【491】并不能够为生命产生与发展的几百万年之久的历程创造出一个人工的等价品。而当我们通过与所谓的美学需求相连，来规定那些其存在取悦我们的东西的时候，我们就已经走在错误的道路上了。同样毫无意义的是，用宗教需求来规定宗教。所谓的美学和宗教需求是人们对一个恰恰不是由人之需求所定义的东西的基本需求。当我们获悉在世界一个荒无人烟之处，一个动物的物种灭绝的时候，我们感受到的悲哀是从何而来的呢？我们感到悲哀，虽然我们知道，我们自己可能从来就不会有机会见到这种动物的。以人为中心的思维有着一个自然的倾向。只有对最近几百年的反目的论的思维而言，例如，对霍布斯而言，人之需求的所有标准都是外在的。对未来而言，一切都取决于我们是否能够成功地在借着生态学为我们的自然统治之扩展所设定的一个界限中见到一个有意义的界限，即目的。只有在这个前提之下，才有可能使得生态学的意识成为好的生活之组成部分，而并非为一种为独裁做辩护的意识形态。

最后，目的论的问题有着一个政治的维度。在最近几个世纪中，政治领域得到释放的左派与右派之辩证可以被解释为这样的一种辩证，它发自将目的论的片段（disjecta membra）进行实体化的做法。目的总是有着双重含义的：它指的是那种形态，其中，某物以最佳的方式得以维持自身，而它同时也指这些物含有的可能性之内容上的完满。自我保存和自给自足的环节在一方面，而自我实现与自我圆满之环节在另一方面，在一个非目

---

① 参见弗里德里希·滕布鲁格（Friedrich Tenbruck）《对规划性理性的批判》（*Kritik der planenden Vernunft*），Freibury i. Br.：Karl Alber，1972 年版。

② 在这个关联中，值得来考察一下美国法院的一个判决，它禁止了一个已经造好了的水电站进入运行阶段，因为这会意味着，只有在那一处生活着的鱼类将会灭绝。

的论的考察中分道扬镳了。① 政治上的右派原初是通过将此在存在（Da-sein）置于其维持的条件之下而得到定义的，政治上的左派则是通过追随人类愿望之满足和实现的无限扩展得到定义的，此扩展没有任何通过目的或保持条件所设定的边界。两种立场都会翻转为其对立面，就如同所有的抽象概念一样，从而，左派有可能会变成独断的苦行者，而右派则可能会变成放荡不羁的人。这两种【492】立场抽象独立来看都是致命的。每一个聚焦在自我保存之上的抽象都会带来没落。一个想要在其系统组成上一成不变地维持自身的系统并不会带来必要的变革，然而只有通过变革，它才能够适应环境并维持自身。当然，这样的一种适应是有着界限的，它是通过好的生活之内容而得到规定的。纯粹的对被保持者之内容漫不经心的自我保存是虚无主义的；相反，如果一个体系的部分功能变得自立，并且也要求得到一种满足，也就是说，此满足的标尺并不是某种善的话，那么，此体系也就毁灭了，因为善同时也被定义为所要得到维持的东西。

总之只有在我们不将此问题局限在有机体之上，而是将此目的论问题又一次作为如亚里士多德所理解的那个问题来看的时候，也就是说，作为这样一个问题，即我们如何能够理解自然的运动，在此时，目的论之本体论问题才会有着决定性答案。对这样的一个问题做决定，即自然法概念到底是否有意义，而这种决定最终成立与否，如同列奥·施特劳斯尖锐地说到的那样，取决于我们该如何解释行星的运动。② 没有对未来的预期的概念，实际上是根本无法思考运动的。运动就只能通过微积分演算来掌控，后者将运动消解为无限多的离散的状态。从而，运动就从客体移动到主体那一边，主体必须完成到微积分的跨度。近代放弃了对运动之目的性的解释，因而，它使用微积分运算的工具进行控制。当然，莱布尼兹本人，也就是微积分的发明者，是知道其界限的。他知道当我们将要被推动者理解为其自身的时候，我们就必须在某个方式按照主体的类比来思考。可以将其称为拟人论；但是，放弃了拟人的自然观，这会不可避免地导致人对其自身而言变成了拟人论。【493】

---

① 参见罗伯特·施佩曼（Robert Spaemann）《哲学作为关于幸福生活的学说》（"Philosophie als Lehre vom glücklichen Leben"），载《对幸福的询问》（*Die Frage nach dem Glück*），君特·比恩（Günther Bien）编，Stuttgart：Frommann-Holzboog，1978 年版。

② 列奥·施特劳斯（Leo Strauss）：《自然法与历史》（*Naturrecht und Geschichte*），Hamburg：Meiner，1956 年版，第 8 页。

后　记

本译文集的主题是人格，以及人格与他者、人格与世界之间的关系。文集收录了 20 世纪和 21 世纪德国著名的哲学家的论文，例如维尔特，本译文集收录了他有关人格和人际间交互关系的两篇论文，这是国内对他的首次译介。德国弗莱堡大学的维尔特协会于 2006 年起至今出版了他的全集。关于人格的文章还有现象学家塞普的一篇从家园学角度讨论人格的论文。本译文集也收录了 2018 年去世的德国著名哲学家施佩曼的两篇论文，一篇讨论了笛卡尔以来作为西方哲学核心概念的自我，而另一篇则讨论了自然，两篇论文相辅相成，探讨了人与自然之间的关系。哈特曼的关于爱的秩序的论文讨论了人在整个宇宙论中的定位，与施佩曼关于自然的论文相呼应。另外，本译文集收录了德国观念论的著名研究者帕格勒和布伯纳的关于黑格尔的论文各一篇。总体来说，本译文集收录的论文集中以对人在存在、世界和宇宙中的定位和反思为主体，对现代性所带来的问题加以批判性反思，重思了人该以何种态度来面对他者和自然的这个根本性哲学探索。

本译文集的翻译、编辑和出版离不开中山大学哲学系的支持，特别是张伟主任的推动和支持。感谢中山大学出版社将我的这部文集作为"思想摆渡"系列中的最后一本出版，以及张伟主任的耐心和大度。这部文集中的大部分论文是我的首译，也是特意为这部论文集所选取的。但需要特别说明的是，塞普的文章是我在张伟主任的推动下翻译的，且首发于张伟主任主编的塞普文集中，因此特意致谢。帕格勒的文章先前是我在刘森林老师的推动下翻译的，现已经出版在刘森林老师编的译文集中，在此再次使用。对此，衷心感谢刘森林老师。《爱的秩序》一文由吴嘉豪校对，当时他还是博士研究生，现在他已是我的同事，在此特意致谢。同时我也要特别感谢中山大学出版社的编辑部老师，他们通过细致、耐心的工作，指出了译文的各种问题，在他们的帮助下，译文得到了很大改进，这与他们的辛勤工作是分不开的。

翻译这部文集实际使用的时间超出了我预计的时间，主要因为布伯纳的文章篇幅较大，他使用的语言翻译难度较大。我在海德堡大学的时候，是布伯纳教授的学生，对他的用语是非常熟悉的。他使用的语言属于一种德国精英文化阶层的语言，现在已经不常见，他所代表的那一代人大多已经逝去。恰恰因为他语言的独特性，在翻译中想要恰当地表达出蕴含在语言中的思想，并非易事。布伯纳是能够以自己对语言的超高驾驭而得以用自己的语言来解释黑格尔的少数学者，因而在翻译中尤其要注意到他所使用的词语的细微差别。翻译的时候，深感不易，希望读者能多多批评指正。

在校对过程中，编审老师曾提出第一篇论文《人格的概念》中"人格"（Person）的指代词为何是"他"，而非"它"的问题。这不是作者一时疏忽，而是他经过深思熟虑得出的结果。德语没有"它"与"他"的问题，而是按所指代名词是否是阴性、中性或阳性来决定指代词，例如，Person是阴性名词，就用"sie"来指代，译者必须从上下文和哲学内容之连贯性出发来决定译作"它"或"他"。由于前文作者维尔特将"人格"视为与"人"等同的，"人格"在他这篇文章中，强调的是不同的主体之间平等对话的关系的地位，因此不能将其物化，而使用"它"则是将人格视为物化的对象，这就与作者的原义背道而驰了。出于同样的原因，在讨论人格的时候，"你""我""他"的称呼是至关重要的。对马丁·布伯（Martin Buber）对话性的诠释学了解的读者，会知道这些区分的重要性。人格理论是多样化的，在心理学中"personality"指的是人的性格特征，在上下文中，则可以用"它"来指代。同样，在社会学里，人格强调的是人在社会中扮演的角色，因而也可以使用"它"来指称人格。这也正是汉斯·莱纳·塞普的论文《人格——戴着面具的自我》使用了"它"来指称人格的原因。维尔特和塞普正好代表了两种不同的人格理论。就本译文集出现的文献索引而言，国际上通用的做法是在提到古代或中世纪的经典作品，如亚里士多德、柏拉图、奥古斯丁、托马斯·阿奎那的作品的时候，通常不会提及某个特定的版本，除非作者是在直接引用，而如果仅仅是涉及内容而想要读者知道所涉及的是哪部作品的那一章时，就使用标准版。例如，亚里士多德作品的贝克码，康德的学院版码等，《康德研究》

（*Kant-Studien*）这样的国际顶级期刊的要求也是如此。因而，论文作者在脚注中，在提及经典作品的时候，有时并未提及某一个特定版本，此时，译者按国际惯例，沿用原文的标注方式。由于国外期刊对引用的格式要求不同，作者脚注中并未按国内出版规范列出各类信息，在这种情况下，译者查询后按国内规定补全了信息。

翻译这部文集，对我本人而言也是意义深远的：文集中的大多数作者对我来说，并非单纯的一个名字，而是活生生的人物。我结识维尔特的作品的契机是非常偶然的：在回国之前，我去了一次埃尔福特，在路德曾经待过的修道院里游览的时候，遇到了一位学者，与他交流之后得知他是弗莱堡大学的马库斯·恩德斯（Markus Enders）教授，他是维尔特协会的成员，之后，他给我寄送了《维尔特文集》，因此要感谢恩德斯教授和维尔特协会的慷慨和支持。实际上我在之前也见过恩德斯教授，只是我是坐在海德堡大学讲学厅中的一位听众，而他是为了庆祝尼古拉斯·库萨作品集编辑完成的学术研讨会的发言人，因此，他当时对我没有印象，而我是记得他的。有趣的是，这个研讨会中布伯纳和恩德斯教授也同时出席，当时有学者认为黑格尔受到了新柏拉图主义的影响，而布伯纳非常激动，因为他更看重的是黑格尔与亚里士多德的关系。当时的我对此背景不是很了解，也就没有意识到他激动的原因。但现在我明白了布伯纳与当时德国思想界政治哲学中亚里士多德复兴的紧密关联，因而也就能理解他当时的反应了。布伯纳是一名卓越的思想家、具有启发性的老师和一位非常具有魅力的人物。当时我只是海德堡大学哲学系的一名刚刚入学不久的学生，但也有一定的机会与布伯纳进行交流，并在他那里通过了中期考试，但由于他的身体原因，最后我在他的学生的指导下完成了硕士论文。但是，布伯纳是在我德国求学期间给我留下最深影响的老师。每次想到他都充满了感激之情，而此感激之情发自于赞叹，感激能够遇到这样卓越和出众的人。我需要由衷感激的另外一位作者是罗伯特·施佩曼先生，他是我在雷根斯堡大学的博士导师罗尔夫·勋伯格（Rolf Schönberger）的博士导师。施佩曼先生虽然是当时德国思想界和社会上的著名人物，但是他待人亲切，尽管事务繁忙，他也能够抽出时间与想要和他交流的任何人交谈。施佩曼与布伯纳可以说都是当代德国亚里士多德复兴的主要代表人物，尽管两人的